KB203773

믿음이란 한 알의 밀알이 땅에 떨어져 죽음으로 많은 열매를 맺음과 같이 진리의 열매를 위하여 스스로 죽는 것을 뜻합니다. 눈으로 볼 수는 없으나 영원히 살아 있는 진리와 목숨을 맞바꾸는 자들을 우리는 믿는 이라고 부릅니다. 「믿음의 글들」은 평생, 혹은 가장 귀한 순간에 진리를 위하여 죽거나 죽기를 결단하는 참 믿는 이들의, 참 믿는 이들을 위한, 참 믿음의 글들입니다.

"이 날들을 그대들과 더불어 살고 싶습니다."

본회퍼와 함께하는 하루

본회퍼 지음 ★ 만프레드 베버 엮음 ★ 권오진·송상섭 옮김 ★ 김현수 감수

홍성사

★ 교회력에 따른 본문

대강절과 성탄절 12월 1일~26일

주현절 1월 6일~10일

고난주간과 부활절 3월 30일~4월 30일

승천일 5월 25~27일

성령강림절 6월 4일~12일

종교개혁기념일 10월 30~31일

회개의 날 11월 21일

★ 일러두기_ 본문 성경은 '개역개정판'을 주로 사용했으며, 다른 역본을 쓴 경우에는 별도로 표기했습니다.

새로운 시작

날마다 맞는 새 아침은 우리 삶의 새로운 시작이며
매일매일은 그날로 마무리되는 완성된 전체입니다.

1월 1일
이제부터는?

"지옥으로 가는 길은 선한 결심으로 포장되어 있다." 잘 알려진 이 속담은
경솔하고 무지한 세상 지혜에서 나온 말이 아닙니다. 이 말에는 기독교적인
깊은 통찰이 엿보입니다. 연말연시에 다른 것은 다 접어 두고, 지난해에 저지른
과오를 기록해 가며 '이제부터는' 좀더 선한 결심으로 한 해를 시작하려는 이들은
아직도 하나님을 잘 모르는 사람입니다. '이제부터는'이라는 말을 얼마나 많이
반복했습니까? 이들은 좋은 의도만으로 새로운 시작을 할 수 있다고 생각합니다.
마음만 먹으면 언제든지 스스로 새로 시작할 수 있다고 믿습니다.
하지만 그것은 이교적 사고이며 악이 주는 환상입니다. 오직 하나님만이 그분이
원하실 때 인간과 새로 시작하실 수 있기 때문입니다. 인간이 원할 때 하나님과
시작할 수 있는 것이 아닙니다. 인간은 절대 할 수 없고, 단지 그것을 위해 기도할
뿐입니다.
인간이 독립적으로 자신의 생각대로 시작하는 삶에는 늘 옛것, 지나간 것밖에
없습니다. 하나님께서 계시는 곳에만 새로운 시작이 있습니다. 누구도 하나님께
새로운 시작을 명령할 수 없습니다. 인간은 그저 기도할 수 있을 뿐입니다. 우리는
스스로 할 수 있는 일이 아무것도 없고 능력의 한계에 도달해 그분이 새로운
시작을 하셔야 한다는 것을 깨달을 때에 비로소 새로운 시작을 위해 기도할 수
있습니다.

다음 발걸음

자신의 선한 결심으로만 살려는 사람은 그 결심의 동인이 무엇인지 전혀 모릅니다. 우리는 이를 자세히 살펴볼 필요가 있습니다. 우리의 선한 결심은 연약한 마음이 낳은 두려움의 결과물에 불과합니다. 이 연약한 마음은, 온갖 악과 죄가 두려워 이 악한 힘에 대항하려고 매우 인간적인 방편으로 자신을 무장하는 것입니다. 하지만 죄에 겁먹은 사람은 벌써 죄에 걸려든 것입니다. 두려움은 악이 우리에게 덮어씌우는 그물과 같은 것으로, 우리를 걸려 넘어지게 합니다. 겁먹은 사람은 이미 덫에 걸려든 것입니다. 산을 오르다 갑자기 두려움에 빠지면 중심을 잃고 맙니다. 그러므로 두려움으로 인해 품은 선한 계획은 쓸모가 없습니다. 우리는 두려움에서 품은 선한 의도나 결심만으로 새로운 시작을 할 수 없습니다. 그럼 어떻게 하면 새로운 시작을 할 수 있습니까? "손에 쟁기를 잡고 뒤를 돌아보는 자는 하나님의 나라에 합당하지 아니하니라"(눅 9:62). 쟁기를 끌고 가는 사람은 뒤를 돌아보거나 너무 멀리 바라보지 않고, 바로 앞의 다음 디딜 곳만 바라봅니다.

뒤를 돌아보는 것은 그리스도인에게 합당하지 않습니다. 불안과 근심, 죄책감은 뒤에 남겨 두십시오. 그리고 당신에게 새로운 시작을 주시는 그분만을 바라보십시오.

모든 일에는 때가 있다

하나님은 이 세상이 주는 행복으로 인해 하나님을 발견하고 그분께 감사하는 사람들에게는 이 세상에서의 행복이 일시적이라는 사실과, 마음을 영원한 것에 익숙하게 하는 것이 좋다는 것을 기억하는 시간을 허락해 주실 것입니다. …
모든 일에는 때가 있습니다. 중요한 것은 우리가 하나님과 걷는 속도를 맞추는 것입니다. 하나님보다 빨리 가서도, 뒤처져 있어도 안 됩니다. …
모든 것을 한꺼번에 다 가지려 하는 것은 만용입니다. "만사가 다 때가 있나니… 울 때가 있고 웃을 때가 있으며… 안을 때가 있고 안는 일을 멀리 할 때가 있으며… 찢을 때가 있고 꿰맬 때가 있으며…"(전 3:1, 4, 5, 7). 하나님은 이미 지난 것을 다시 찾으십니다(전 3:15). 이 말은 지난 시간이 잃어버린 것이 아님을, 그리고 하나님께서 우리의 과거를 다시 찾으심을 의미합니다. 과거에 대한 그리움이 사무치게 밀려올 때—이는 전혀 예측할 수 없는 시간에 이따금씩 찾아옵니다—우리는 그 시간이 하나님께서 우리에게 주시는 많은 '시간들' 가운데 하나라는 것을 알게 됩니다. 그럴 때 우리의 과거를, 홀로 애쓸 것이 아니라 하나님과 함께함으로 다시 찾아야 합니다.

1월 4일
주님이 아침마다 깨우치신다

날마다 맞는 새 아침은 우리 삶의 새로운 시작이며 매일매일은 그날로 마무리되는 완성된 전체입니다. 오늘은 우리의 근심과 괴로움이 끝나는 경계여야 합니다 (마 6:34; 약 4:14). 하루는 우리가 하나님을 다시 찾거나 잃는 데, 믿음을 지키거나 죄와 부끄러운 허물에 빠지는 데 충분한 시간입니다. 하나님은 우리가 경계 없이 무한정 방황하지 않도록, 아침에 저녁의 목표를 바라보며 살도록 낮과 밤을 창조하셨습니다. 어제의 태양이 매일 변함없이 새롭게 떠오르는 것처럼 하나님의 영원한 자비가 매일 아침 새롭게 우리에게 임합니다 (애 3:23). 어제의 성실하신 하나님을 오늘 아침 다시 붙잡고 하나님과 함께하는 가운데 매일매일 하나님과 새로운 삶을 시작할 수 있다는 것은 하나님께서 아침마다 우리에게 주시는 진정한 선물입니다. …

오늘에 대한 두려움이나 오늘 이루어야 할 일의 짐이 나를 깨우는 것이 아니라, 주님께서 날마다 나를 깨우십니다. 선지자의 글에 쓰여 있는 대로 주 여호와께서 "아침마다 깨우치시되… 나의 귀를 깨우치사 학자들같이 알아듣게" 하십니다 (사 50:4). 하나님은 우리 마음이 세상을 향해 열리기 전에 하나님께 열리기를 원하십니다. 우리의 귀가 셀 수 없이 많은 낮의 소리를 듣기 전 이른 새벽에 창조주와 구속자의 목소리를 듣기를 원하십니다. 하나님은 아침 첫 시간의 고요를 당신을 위해 준비하셨습니다. 그러니 그 시간은 하나님께 드려져야 합니다.

내일 일을 위하여 염려하지 말라

재물은 인간의 마음에 안정을 주고 근심을 없애 준다고 속입니다. 하지만 사실 재물은 염려의 원인이 됩니다. 마음이 재물에 매이게 되면 재물은 근심의 무게로 숨 막히게 옥죄어 옵니다. 염려는 재물을 모으게 하지만, 이렇게 모은 재물은 다시금 염려를 만듭니다. 우리는 재물을 쌓아 삶을 안정시키고 근심을 덜어 보려고 합니다. 염려를 통해 염려로부터 벗어나려고 합니다. 하지만 실제로 결과는 정반대로 나타납니다. 우리를 재물에 얽어매고 꽁꽁 묶어 버리는 사슬이 바로 염려입니다.

재물의 오용은 재물이 내일을 보장해 주리라 여길 때 생깁니다. 염려는 항상 내일을 향하지만, 엄격하게 따져 볼 때 물질은 늘 오늘을 위해 있는 것입니다. 내일의 안전을 보장하려는 것이 바로 오늘 우리를 불안하게 합니다. 하지만 "한 날의 괴로움은 그날에 겪는 것으로 족합니다"(마 6:34, 새번역). 내일은 전적으로 하나님 손에 맡기고 오늘 살아가는 데 필요한 것을 받는 사람이 진정한 의미에서 안전을 보장받은 자입니다. 하루하루 하나님께 받은 삶은 나를 내일로부터 자유롭게 합니다. 내일은 어떻게 될까 하는 생각은 끊임없이 염려하게 합니다.

구원의 시간

주현절主顯節★을 둘러싼 불확실성은 주현절의 시작만큼이나 오래되었습니다. 성탄절이 지켜지기 훨씬 전부터 주현절은 동방교회와 서방교회의 가장 큰 명절이었습니다. 언제부터 시작되었는지는 아무도 모르지만, 분명한 것은 예로부터 주현절은 네 가지 사건을 기념해 왔습니다. 그리스도의 탄생, 그리스도의 세례, 가나의 혼인 잔치, 동방 박사의 방문입니다. … 교회는 4세기 이후 성탄절을 주현절에서 분리했습니다. … 그리스도의 탄생일을 그의 세례일과 분리한 것은 큰 의미가 있습니다. 영지주의와 동방의 이단 모임에서는 그리스도의 세례일이 비로소 그리스도가 하나님의 아들이 되신 날이라는 주장을 하게 되었습니다. … 여기에는 하나님이 육신이 되어 세상에 오셨다는 것을 믿지 않으려는 위험한 오류가 내포되어 있습니다. … 하나님께서 세례를 통해 인간 예수를 당신의 아들로 받아들였다면 우리는 여전히 구원받지 못한 채로 있을 것입니다. 하지만 예수께서는 수태되고 탄생할 때부터 인간의 혈과 육을 입으신 하나님의 아들이기에 그는 진정한 인간이요, 진정한 하나님이십니다. 그래서 우리를 도와주실 수 있습니다. 그분의 탄생과 함께 우리에게 진정한 구원의 역사가 시작되었기 때문입니다. 그리고 그리스도의 탄생은 모든 인류의 구원이 되기 때문입니다.

★ 예수 그리스도의 출현을 축하하는 기독교 교회력 절기. 가톨릭와 개신교 등 서방교회에서는 동방 박사가 예수를 찾은 때로 보고, 정교회 등 동방교회에서는 세례자 요한이 예수에게 세례를 준 때로 본다. 서방교회에서는 1월 6일로 지키고 있다.

첫 번째 표적

가나의 혼인 잔치(요 2:1-11)는 예수님의 영광을 계시하는 첫 번째 표적을
보도합니다. 이는 예수님의 신적 영광을 나타내는 매우 놀라운 표적이지만,
관점에 따라 하나님의 영광을 드러내는 표적이라기에는 하찮은 문제를
해결하시는 것으로 보이기도 합니다. 하지만 중요한 것은 예수님이 보여 주시는
능력의 표적이 연회장의 하객과 신랑에게는 드러나지 않는 반면, 제자들의
믿음에만 도움이 된다는 것입니다. 예수께서는 사람들이 하나님의 아들로
인정하지 않을 수 없게 하기를 원하신 것이 아닙니다. 하나님의 아들이심을
제자들이 믿기를 원하셨던 것입니다. "제자들이 그를 믿으니라"(요 2:11). 예수님의
영광은 그분의 낮아지심에 감춰져 있어 믿음으로만 볼 수 있습니다. 이러한
관점에서 볼 때, 주현절은 성탄절과 밀접한 관계가 있습니다. 따라서 주현절은
아직 "흠모할 만한" 것이 없는(사 53:2) 분이 나타나신(태어나신) 날을 기념하며
지켰다는 것이 이해가 됩니다. 이런 면에서 주현절은 교회력에서 바로 다음 절기에
해당하는 수난절을 암시합니다.

애굽으로의 피신

아기 예수는 부모에 이끌려 피신해야만 했습니다. 하나님은 아기 예수를 베들레헴에 두고 헤롯의 유아 살해 명령에서 보호할 수는 없으셨을까요? 물론 하실 수 있었습니다. 그러나 우리는 하나님께서 무엇을 하실 수 있는지를 물어서는 안 됩니다. 그분이 진정 무엇을 원하시는지를 물어야 합니다. 하나님은 예수가 애굽으로 피신하기를 원하셨습니다. 이러한 방식으로 하나님은 처음부터 예수의 길이 박해의 길임을 보여 주십니다. 또한 하나님은 예수를 보호하시고 당신이 허락하지 않는 한 어떤 일도 예수에게 일어나지 않을 것임을 보여 주십니다. 예수는 한때 하나님의 백성이 종살이하며 고난 가운데 살아야 했던 애굽에서 사십니다. 이스라엘 왕은 그의 백성이 과거에 기거했던 곳에서 살아 봐야 했습니다. 왕으로서 자신의 백성이 겪은 역사를 몸소 경험해야 하는 것입니다. 애굽에서 이스라엘은 고난을 받았습니다. 예수의 고난도 애굽에서 시작됩니다. 낯선 땅 애굽에서 하나님의 백성과 그들의 왕이 비참하게 살아갑니다. 하지만 하나님은 그의 백성을 약속의 땅으로, 당신의 아들을 이스라엘 땅으로 불러내셨습니다. 오래전 예언자가 이스라엘 백성에 대해 이야기한 것이 예수께 성취되었습니다. "내 아들을 애굽에서 불러냈거늘"(호 11:1). 애굽으로의 피신은 우연이 아니라 하나님의 약속과 성취였습니다. 애굽에서 예수님은 자신의 백성이자 하나님의 백성, 즉 우리 모두와 온전히 하나가 되어 고난과 기쁨을 경험했습니다. 애굽이라는 낯선 곳에서 예수는 우리와 함께 있었습니다. 우리 역시 그분과 더불어 낯선 땅에서 하나님의 땅으로 옮겨 갈 것입니다.

고향으로 돌아가라는 하나님의 명령

요셉은 애굽에 있는 동안 고향으로 돌아가라는 하나님의 명령을 늘 기다리며
살았습니다. 그는 자신의 결정에 따라 움직이지 않고 하나님의 지시를
기다렸습니다. 그러던 어느 날 밤, 꿈에 하나님께서 나타나 일어나 고향으로
돌아가라고 명하셨습니다. "아기와 그의 어머니를 데리고 이스라엘 땅으로 가라
아기의 목숨을 찾던 자들이 죽었느니라"(마 2:20).
권력가 헤롯은 목적을 이루지 못하고 죽었습니다. 하지만 예수님은 사셨습니다.
교회사는 늘 이런 방식으로 진행되어 왔습니다. 먼저 하나님의 자녀나
그리스도의 제자들에 대한 고난과 박해, 생명의 위협이 있고 난 다음에 '그들이
죽었다'는 소식을 전하는 시간이 옵니다. 네로도 죽었습니다. 디오클레티아누스도
죽었습니다. 루터와 종교개혁자들의 적도 다 죽었습니다. 하지만 예수님은 살아
계시고 예수께 속한 사람들도 그분과 함께 살고 있습니다. 박해의 시기가 끝나자
한 가지 분명한 사실이 드러납니다. "예수님은 살아 계십니다." 아기 예수는
하나님의 부르심을 받고 이스라엘 땅으로 돌아오십니다. 예수님은 자신의 나라를
받으러, 왕좌에 등극하러 오십니다. 요셉은 예수와 먼저 유대에 오려고 했습니다.
이스라엘의 왕은 유대에서 나기 때문입니다. 하지만 하나님의 특별한 지시로
나사렛으로 가게 됩니다(마 2:22-23). 나사렛은 이스라엘 사람들에게 별로 좋지
않은 인상을 주는 곳이었습니다. "나사렛에서 무슨 선한 것이 날 수 있느냐"
(요 1:46). 그럼에도, 아니 바로 그런 이유에서 예수님은 나사렛에서 자라야
했는데, 이는 "선지자로 하신 말씀에 나사렛 사람이라 칭하리라 하심"을 이루기
위함입니다(마 2:23).

볼품없는 나약한 가지

"나사렛 사람이라 칭하리라"(마 2:23). 다른 구절에서 이와 같은 형식의 말씀을 찾을 수 없기 때문에 이 예언은 참으로 이해하기 어렵습니다. 하지만 우리는 성경 말씀을 정확하게 관찰하는 방법을 배워야 합니다. 이 말씀을 살펴보면, 한 명의 선지자가 아니라 **여러 선지자**가 예언했다고 되어 있습니다. 이는 앞으로 오실 왕은 비천하게 볼품없이 나타나실 것을 구약성경에서 반복적으로 여러 차례 약속해 왔음을 보여 줍니다. 물론 구약의 예언에는 나사렛에 대해 어떤 언급도 없습니다. 복음서 기자 마태는 잘 알려진 이사야의 구절과 연관 짓습니다. "이새의 줄기에서 한 싹이 나며 그 뿌리에서 한 가지가 나서 결실할 것이요"(사 11:1). 이 연약하고 보잘것없는, 나무가 잘려 나간 그루터기에서 난 싹이 바로 이스라엘의 메시야가 되리라는 것입니다(사 11:1-9). '가지'에 해당하는 히브리어는 '네제르'*nezer*입니다. 나사렛이라는 지명의 어근이기도 합니다. 복음, 즉 예수께서 가난하여 천대받고 업신여겨질 것이라는 구약의 약속이 깊숙이 숨어 있는 것입니다. 복음서는 숨겨진 구약의 약속을 찾아 줍니다. 요셉과 세상 사람들은 도무지 이해하기 어려운, 애굽에서 베들레헴으로 돌아가는 비참한 길에서 하나님이 정하신 구세주의 길이 실현되고 있습니다. 구세주는 극빈 가운데, 감춰진 곳에서 초라하게 살아야 합니다. 그분은 모든 비참한 사람들을 품고 그들의 구세주가 되기 위해 이름 없고 멸시받는 자와 삶을 같이해야 하는 것입니다.

1월 11일
하나님은 누구도 현혹하지 않으신다

예수께서는 공생애를 시작하기 직전에 사탄에게 유혹을 받으셨습니다. 하나님을 배반한 악의 권능이 다가와 메시야로서의 직무를 막 수행하려던 참에 그분을 넘어뜨리려고 했습니다(눅 4:3-4). 누가는 예수님이 시장하실 때에 사탄이 다가왔다고 기록합니다.

당신이 하나님의 아들이거든 이 돌에게 빵이 되라고 명하십시오. 당신에게 하나님의 능력이 있거든 당신 스스로를 먼저 챙기시오. 기적을 행하시오. 돌로 떡을 만들어 배부르게 드시오. 이럴 때 능력을 사용하지 않으면 무슨 소용이 있겠소? 당신이 하나님의 아들이면 능력을 증명하시오. 보시오. 당신뿐 아니라 수백만의 사람이 굶주리고 있소. 그들의 눈동자는 먹을 것을 주는 자에게만 향하오. 그들에게 먼저 빵을 주지 않는다면 그들은 당신의 말이나 하나님에게 흥미를 갖지 않을 것이오. …

예수는 그럴듯하게 들려오는 말에서 사탄의 음성을 듣습니다. 이는 보통 사람에게는 거의 불가능한 엄청난 깨달음입니다. 그리고 그분은 사탄을 물리치십니다. "사람이 떡으로만 살 것이 아니요 하나님의 입으로부터 나오는 모든 말씀으로 살 것이라"(마 4:4). 이 말씀의 의미는 사실상 이러합니다. "하나님은 누구도 현혹하지 않으신다."

믿음으로만 근심 없이 잘 수 있다

제자들이 배에 올라탔을 때 그들은 전혀 두려움이 없는 듯 보였습니다(마 8:23). 어째서 그들은 안전하게 느꼈을까요? 그들은 아름답고 잔잔한 바다를 보았기 때문에 마음이 평안했고 염려가 없었습니다. 하지만 바람이 거세게 불어오고 배에 파도가 부딪히자 평안한 마음은 사라지고 두려움이 자라기 시작했습니다. 그때 예수님은 주무시고 계셨습니다. 오직 믿음만이 근심 없이 잘 수 있게 해줍니다.(그래서 잠은 낙원을 떠오르게 하는 것입니다.) 믿음으로만, 하나님 안에서만 안심할 수 있습니다. 제자들은 잘 수 없었습니다. 평안은 사라졌고 의지할 곳은 모두 사라졌습니다. 그들이 붙잡고 있던 것은 거짓된 평안으로, 그저 두려움의 다른 형태였습니다. 그런 거짓 버팀목은 두려움을 이기지 못하고 얼마 안 가 부러집니다. 믿음만이 두려움을 이기게 하고 모든 거짓 평안을 떨치고 깨뜨려 버립니다. 믿음은 믿음 자체에 의지하는 것도 아니고, 잔잔한 바다나 좋은 상황이나 자신의 힘이나 다른 사람의 능력을 의지하는 것도 아니고, 폭풍이 몰아치건 말건 오직 하나님 한 분만을 믿는 것입니다. 이는 미신이 아니라 유일한 믿음, 결코 두려움으로 인도하지 않고 모든 두려움으로부터 해방시키는 믿음입니다.

단순한 순종

예수께서 부자 청년에게 자발적인 가난을 요구하셨을 때, 청년은 순종과 불순종 가운데 하나를 선택해야만 함을 알았습니다. 세관에 있던 레위와 그물을 던지던 베드로를 예수님이 부르셨을 때, 그 부르심이 진지했음은 의심의 여지가 없습니다. 부름 받은 이들은 모든 것을 버려두고 예수님을 따라나서야 했습니다(막 2:14; 1:16-17). 출렁이는 바다 위로 오라는 주님의 부름을 들었을 때, 베드로는 물 위로 걸어가는 모험을 감행해야 했습니다(마 14:29). 이 모든 사건에서 그들에게 주어진 요구는 오직 한 가지였습니다. 그리스도의 말씀을 의지하고, 이 말씀을 세상의 어떤 안전장치보다 더 든든한 토대로 여기라는 것입니다. 예수님의 말씀과 말씀에 대한 순종 사이에 끼어들려는 세력은 그 당시에도 오늘날 못지않게 컸습니다. 극단적인 순종, 즉 율법을 무시하는 '광신주의'를 금한다는 구실로 이성이 저항했고, 양심과 책임감, 경건, 율법과 성경의 원리까지 동원되었습니다. 그러나 예수의 부르심은 이 모든 것을 돌파하고 순종을 가능하게 했습니다. 그 부르심은 하나님 자신의 말씀이었습니다. 그러므로 단순한 순종이 요구된 것입니다. …

예수님의 구체적인 부르심과 단순한 순종은 매우 중요한 의미가 있습니다. 예수님은 자신을 믿을 수 있게 되는 구체적인 상황으로 우리를 부르십니다. 그러므로 예수님은 매우 구체적으로 부르시고, 구체적으로 이해되기를 원하십니다. 왜냐하면 오직 구체적으로 순종할 때에만 인간이 자유롭게 믿을 수 있음을 예수님은 아시기 때문입니다.

매일 필요한 훈련

나의 생각이 하나님 말씀에서 금세 벗어나고, 말씀이 필요할 때 생각나지 않는
것은 무슨 일입니까? 먹고 마시고 자는 것은 잊어버리는 일이 없지 않습니까? 왜
하나님의 말씀을 잊어버립니까? 아직 시편 기자처럼 고백할 수 없기 때문입니다.
"주의 율례들을 즐거워하며 주의 말씀을 잊지 아니하리이다"(시 119:16). 내가
좋아하는 것은 잊지 않습니다. 사실 잊고 안 잊고는 이해의 문제가 아니라 인격의
문제, 마음의 문제입니다. 몸과 마음이 매여 있는 것을 잊을 수는 없습니다.
창조와 말씀에 나타난 하나님의 율법을 사랑하려고 노력하면 할수록 매 순간
의식에 떠오릅니다. 잊는 것에 대한 묘약은 사랑하는 것뿐입니다.
하나님의 말씀이 과거에 임하셨으므로 배운 것을 날마다 반복하고 기억하는
훈련이 필요합니다. 앞으로 나아가기 위해서는 매일 하나님이 구원하기 위해
하신 일을 기억해야 합니다. … 믿음과 순종은 기억과 반복을 양식으로 삼아
살아갑니다. 지난날 나를 위해 역사하시고 오늘 그 사실을 확신하게 하는 분은
살아 계신 하나님이시기에 기억은 현재의 능력이 되는 것입니다.

우리는 시작에 대해 집요하게 질문하게 된다

성경이 태초에 대해 이야기한다는 사실은 우리도 세상 사람들도 자신감을 잃게
합니다. 우리는 태초에 관해 말할 수 있는 것이 없기 때문입니다. 태초가 시작되는
곳에서 우리의 사고는 멈추어 버립니다. 하지만 궁극적으로 모든 진실한 질문을
낳는 태초에 관해 질문하고 사고하고자 하는 우리의 열정은 강렬합니다. 우리는
시작에 관해 집요하게 질문하게 되지만, 그러한 질문이 헛되다는 것을 알고
있습니다. 왜 그렇습니까? 태초는 무한이고 우리는 무한을 그저 끝이 없는 것,
따라서 시작도 없는 것이라고 파악할 수밖에 없기 때문입니다. 태초는 자유인데
우리는 자유를 필연성 속에서만 파악할 수밖에 없기 때문이며, 따라서 모든
것에 앞선 유일한 것이 아니라 여러 개 가운데 하나로 간주하기 때문입니다. 왜
이럴 수밖에 없는가, 왜 우리는 언제나 태초에서부터 생각하고 태초와 연관
지어 생각하면서도 왜 파악할 수 없는가, 사실상 태초에 대해 질문할 수조차
없는가? 우리가 그 이유를 묻는다면 그 '왜'라는 질문은 다시 끝없는 무한으로
돌아갈 수밖에 없는 반복의 표현일 뿐, 여전히 태초에는 도달하지 못하고 맙니다.
사고는 결코 최종적인 '왜'에 답할 수 없습니다. 대답은 또 다른 '왜'를 낳을 것이기
때문입니다. … 따라서 인간의 사고 속에서 태초에 대해 유효한 진술을 하는 것은
불가능합니다.

태초에 관한 이중의 질문

창세기 1장 1절의 "태초에"에 관해 이중의 질문이 생깁니다. 하나님의 시작인가 아니면 세상과 관련한 하나님의 시작인가? 그런데 이런 질문을 한다는 것 자체가 우리는 태초의 의미를 모른다는 것을 입증합니다. 시간상 중간 지점에 있어 시작과 끝을 염려하는 사람들, 자신의 (시간에의) 속박을 깨뜨리려는 사람들, 자신의 죄 가운데서 자신의 피조성을 오로지 하나님으로부터만 알 수 있는 사람들 사이에서만 태초에 관해 논의된다면, 우리는 더 이상 하나님의 시작이었는지 아니면 세상과 관련한 하나님의 시작이었는지를 물을 수 없습니다. 왜냐하면 우리에게 태초로서의 하나님은 태초에 세상을 창조하시고 우리를 창조하신 분이며, 이 세상의 창조주라는 사실로만 하나님을 알 수 있고 다른 식으로는 알 수 없기 때문입니다. 하나님께서 세상을 창조하기 전에 무엇을 하셨는가 하는 질문에 마르틴 루터가 "하나님은 그런 쓸데없는 질문을 하는 자들을 위해 회초리를 다듬고 계셨다"라고 대답한 것은 단순히 질문을 일축한 것이 아닙니다. 하나님이 은혜로운 창조주로 여겨지지 않는 곳에서는 분노한 심판자로 인식되도록 한 것입니다. 다시 말해 항상 시작과 종말 사이의 중간에서 인식되도록 답한 것입니다. 태초에 창조하신 하나님 이전으로 거슬러 올라가는 질문은 가능하지 않습니다.

태초는 시간적 개념이 아니다

하나님께서 왜 창조를 하셨는가 하는 창조의 이유와 필연성, 세계에 대한
하나님의 계획에 대한 질문은 이제 더 이상 유효하지 않습니다. 앞에서 살펴본
바와 같이 이런 질문은 의미가 없으며, 하나님을 인정하지 않는 이의 질문으로
드러나고 맙니다. 하나님이 세상의 목적에 대해 이러저러한 사상이나 우리가 계속
찾아내야 할 사상을 지으신 것이 아닙니다. 태초에 하나님께서 **창조하셨습니다.**
어느 누구도 태초 이전으로 갈 수 없기 때문에 창조의 하나님의 배후에 관해
질문할 수 없습니다. 결국 우리가 알 수 있는 것은 '태초'가 시간의 차원에서
정의될 수 있는 개념이 아니라는 것입니다. 시간적인 개념으로서의 시작에
대해서는 그 이전을 탐지할 수 있습니다. 하지만 태초는 단 한 번을 의미합니다.
이는 수적인 개념으로서가 아니라 질적인 의미에서, 즉 반복되지 않으며 전적으로
자유로운 것이라는 의미에서 유일합니다. …
태초에, 곧 자유 속에서, 곧 무無로부터 하나님은 하늘과 땅을 창조하셨습니다.
이것이 성경이 우리에게, 시작과 끝의 중간에 서서 혼돈의 무와 시작이 없는
태초와 끝이 없는 종말로 인해 불안해하는 우리에게 주는 위로의 말씀입니다.
그것은 곧 복음이고, 그리스도이며, 부활하신 분 자신입니다. 태초에 하나님이
계셨고 종말에도 계실 것이며, 그분은 세계를 초월하여 자유하시며, 이것을
우리가 알게 하시는 것은 모두 하나님의 자비이자 은총이며 용서이고 위로입니다.

하나님이 말씀하셨다

다른 창조신화를 보면, 신성이 그 본성을 희생하며 신성의 자연적인 생산력에서
세상이 발생합니다. 따라서 창조는 하나의 자기 발전, 자기 형성, 신성의 분만으로
이해되기에 신의 본성의 한 부분으로 창조를 이해하며, 자연의 고통 즉 그
생성과 소멸은 곧 신성 자체의 고통입니다. 이와 대조적으로 성경의 하나님은
온전한 하나님, 온전한 창조주, 온전한 주인이시며, 피조물은 완전히 그분께
종속되고 순종하며 그분을 주인으로 찬양하고 경배합니다. 성경의 하나님은 결코
피조물이 아닙니다. 언제나 창조주입니다. 하나님은 또한 자연과 본질이 다릅니다.
하나님의 말씀을 배제하면, 하나님을 그가 만드신 것과 연결짓고 하나로 만드는
연속성은 없습니다. "하나님이 말씀하시되…"(창 1:3)에서 보듯이 하나님과 그의
작품 사이의 유일한 연결고리는 그 말씀입니다. 다시 말해 피조물 자체에는
그분과 연결짓는 연결고리가 없습니다. 말씀이 없으면 세상은 기반을 잃습니다.
말씀은 하나님의 본성이나 본질이 아니라 그분의 명령입니다. 하나님은 바로
이 말씀 속에서 생각하고 창조하시는 분이시며, 창조주로서 피조물을 만나기를
원하는 분이십니다. 하나님의 창조성은 그분의 본성이나 본질이 아니라, 하나님이
원하시는 대로 우리에게 당신을 주시는 의지요 명령입니다.

우리는 창조의 말씀 속에서만 창조주를 알 수 있다

하나님이 말씀으로 창조하신다는 사실은 창조가 하나님의 명령이요 지시라는 것과 이 명령이 자유로운 것임을 의미합니다. 하나님이 말씀하신다는 것은, 하나님이 전적으로 자유로우시고 창조하실 때에도 창조물에 대해 완전히 자유로우심을 뜻합니다. 그분은 피조물에 묶여 있지 않지만 피조물을 자신에게 묶습니다. 하나님은 그의 피조물 속에 본질로서 들어가시는 것이 아니며, 피조물에 대한 그분의 관계는 곧 그분의 명령입니다. 다시 말해 하나님은 세상을 초월해 계십니다. 다른 방식으로 세상에 계시지 않습니다. 하나님은 철저히 초월적인 존재이기에 세상 속에 말씀으로서 존재하시고, **말씀 속에서** 세상 가운데 계시기에 초월적인 존재이십니다. 그러므로 우리는 창조의 말씀 속에서만 창조주를 알 수 있고, 말씀 속에서만 태초를 소유합니다. 그러므로 마치 피조물의 실체, 본성, 본질이 어느 정도 하나님의 본성과 일치한다거나, 마치 피조물과 창조주 사이에 어떤 연속성이 원인과 결과같이 있다는 식으로 하나님을 인식할 수 없습니다. 다만 하나님이 말씀으로 그분의 지으신 것 속에 자신을 드러내시고, 우리가 피조물에 관한 말씀을 믿기 때문에 우리는 하나님을 창조주로 믿는 것입니다.

첫 말씀의 사역

"하나님이 이르시되 빛이 있으라 하시니 빛이 있었고"(창 1:3). 형태가 없는 깊음 위에 흑암이 있었기 때문에 빛은 형태를 만들어야 했습니다. 형태 없는 밤이 아침의 빛을 통해 형태를 갖추게 되었듯이, 빛이 형태를 드러내고 만들어 내었듯이, 태초의 빛은 혼돈을 지배하고 형태를 드러내고 만들어 냈습니다. 깊음 위의 흑암에 대한 말씀이 예수 그리스도의 수난에 대한 첫 암시였다면, 억눌리고 형태를 상실한 깊음이 빛을 통해 본래의 존재로 해방을 받은 것은 어둠 속을 비추는 빛에 대한 암시입니다(요 1:7). 그 빛은 어둠을 본래의 존재로 일깨우고 창조주를 자유롭게 찬양하게 합니다. 빛이 없으면 서로 구별할 수 있는 어떠한 형태도 없는 것처럼, 빛이 없다면 우리도 존재하지 않았을 것입니다. 서로 구별되지 않으면 하나님께 자유롭게 찬양할 수 없습니다. 억눌린 깊음은 억눌리고 무디고 부자유스럽고 불분명한 가운데서 하나님을 찬양하지만, 빛 가운데에서는 형태는 자신의 실존을 인식하고 창조주께 깊이 감사합니다. 다른 피조물에 대한 대상으로서 그리고 하나님의 대상으로서 빛에 의해 구별되고 투명하게 투시되고 명확해지고 자유를 얻게 된 존재는 창조주의 첫 말씀의 작품입니다. 하나님이 창조하신 빛 속에서 피조물은 하나님의 빛을 보게 되는 것입니다(시 36:9).

하나님의 눈길

"그 빛이 하나님이 보시기에 좋았더라"(창 1:4). 하나님이 당신의 작품을 보시고
기뻐하셨다는 것은 당신의 작품을 사랑하며 보존하기 원하신다는 것을
의미합니다. 창조와 보존, 이는 하나님의 한 행위의 양면입니다. 하나님의
작품이 훌륭하기에 하나님은 그것을 밀어내 버리거나 멸하지 않으시고 사랑하며
보존하신다는 것은 사실입니다. 하나님의 눈길을 받으며 그분의 작품은 평화를
얻으며 진정한 가치를 인정받습니다. 하나님의 눈길은 세상이 다시 공허함으로
떨어지거나 철저히 멸망하지 않도록 지키십니다. 하나님의 눈길은 비록 타락한
세상이더라도 창조하셨을 때처럼 좋게 보십니다. 당신이 지으신 것을 품으시고
버리지 않는 그 눈길 덕분에 우리가 사는 것입니다. 하나님이 지으신 작품이
선하다는 것은 이 세상이 상상할 수 있는 어떤 세상보다 더 좋다는 말이 아니라,
이 세상이 온전히 하나님으로 인해 살고 하나님을 위해 산다는 것이며, 하나님이
세상의 주인이심을 의미합니다. 여기서 말하는 선함은 악과 구분되지 않는 것이며
하나님의 통치 아래 존재한다는 것을 의미합니다. 선한 것은 하나님의 작품
자체를 말합니다. 창조물은 하나님이 스스로를 위해 만든 선한 작품입니다.

하루

하루가 저물고 다시 시작되는 일이 반복되면서 세상은 돌아갑니다. 하루는 고유한
존재와 형태와 힘을 지닙니다. … 하루는 하나님의 첫 피조물이며 하나님의 손
안에 있는 놀랍고 강력한 것입니다. 하지만 우리는 하루를 놀랍게 창조된 것으로
인식하지 못합니다. 우리는 하루를 이용하며 나아가 남용하기도 하면서 하루를
하나님의 선물로 받아들이지 않습니다. 하루를 의미 있게 살아가지 않습니다.
오늘날에는 이런 현상이 극심해져 기술 문명이 하루를 대적하는 전쟁을
벌입니다. …

형체가 없던 것이 아침의 빛으로 형체를 갖고 밤이면 다시 무형체로 사라지는
것, 빛으로 구별되던 것들이 어둠 속에서 하나의 색채로 사라지는 것, 활기찬
소리가 밤의 침묵 속에 잠기는 것, 빛 안에서 긴장하며 깨어 있다가 잠이 드는
것, 자연과 역사와 민족 가운데 깨어 있는 시간들과 잠에 빠진 시간들이 있다는
것. 이 모두가 성경이 하루의 창조에 대해 언급할 때, 즉 인간이 아직 창조되지는
않았지만 인간의 운명과 더불어 모든 것의 전조를 알려 주는 첫 하루의 창조를
언급할 때 의미하는 것입니다. 그러므로 쉼과 활동을 연합하는 리듬, 주고받는
일을 반복하는 리듬은 하나님의 주심과 취하심, 쉼과 활동을 초월하는 하나님의
자유에 대한 암시입니다. 이것이 바로 하루입니다.

단 하루 만에 혹은 몇백만 년 만에

성경이 창조의 여섯 날에 대해 말할 때 하루는 아침과 저녁으로 이루어진
하루하루를 생각할 수도 있지만, 문자 그대로의 하루를 의미하지 않고 물리적
하루의 시간을 존재케 하는 하루의 능력으로 생각할 수도 있습니다. 이것이
창조의 자연적 변증법입니다. 성경은 여기서 날에 관해 말할 때, 물리적인(시간의)
문제에 대해서는 전혀 관심이 없습니다. 성경적 사고에 따르면 창조가 수백만
년의 흐름 가운데 이루어졌는지 혹은 하루하루의 날에 일어났는지는 문제가 되지
않습니다. 우리가 후자의 경우를 더 가치 있다 여기고, 전자의 경우를 의심할
아무런 이유가 없습니다. 하지만 이러한 질문 자체는 우리의 관심이 아닙니다.
성경 기자가 인간의 언어를 사용하는 한 그는 자신의 시대와 지식 그리고 자신의
한계에 매여 있었음은 의심의 여지가 없습니다. 그리고 인간적 언어를 통해
하나님만이 우리에게 창조에 대해 말씀하고 계시다는 것도 의심할 수 없습니다.
하나님의 작품인 하루하루는 하나님의 창조가 만들어 내는 리듬입니다.

약속으로서의 하나님의 복

하나님이 인간에게 주시는 복은 그분의 약속이자 확실한 보증입니다. 복은
복을 받은 자를 구별함을 의미합니다. 복은 한 개인에게 주어져 그것이 저주로
변하기 전까지는 그에게 머물러 있습니다. 복과 저주는 하나님이 인간에게 지워
주신 짐과 같습니다. 복과 저주는 때때로 이해되거나 인식되지 못한 채 대대로
이어집니다. 그것은 매우 현실적인 것입니다. 어떤 마법 같은 것이 아니라 아주
현실적인 것입니다. "생육하고 번성하여 땅에 충만하라, 땅을 정복하라"(창 1:28)
는 축복의 말씀은 인간이 놓인 세상에서 인간을 긍정하는 것입니다. 이 긍정은
여기서 복을 받은 인간의 경험적 실존, 즉 인간의 피조성이며 세상에 속한
존재, 땅에 속한 존재임을 나타냅니다. 그런데 이 복이 저주로 바뀌면 어떻게 되는
것입니까? 이 복은 하나님이 보시기에 당신의 창조 작품이 좋았더라
(창 1:31)라는 것 외에 다른 무엇을 말하는 것은 아닙니다.

쉼과 완성

성경에서 안식이란 단순한 휴식 이상으로, 완성 후의 안식입니다. 이 안식은
세상에 깃든 하나님의 평화입니다. 그것은 하나님의 하나님 되심과 그분을
경배하는 데 우리의 시선을 향하는 것입니다. 하지만 이것은 무기력한 신의 휴식이
아니라 창조주의 안식입니다. 하나님이 세상을 방임하고 있다는 것이 아니라
창조주를 바라보고 있는 세상을 영광스럽게 하는 것입니다. 안식 가운데서도
하나님은 창조주로 계십니다. "내 아버지께서 이제까지 일하시니 나도 일한다"
(요 5:17). 하나님은 창조주이자 당신의 일을 완성한 분으로 계십니다. 우리는
하나님의 안식을, 그분의 피조 세계의 안식이기도 하다는 의미에서만 이해합니다.
그분의 안식은 우리의 안식입니다.(그분의 자유가 우리의 자유요, 그분의 선하심이 우리의
선함이 되는 것과 같습니다.) 그러므로 하나님의 안식에서 안식을 찾기까지는 마음의
평안을 모르는 아담과 우리를 위해 하나님은 당신의 안식의 날을 거룩하게
하십니다. 우리에게 이 안식은 하나님의 백성에게 주어진 약속입니다(히 4:9).

양심은 하나님 앞에서 느끼는 수치감이다

아담은 더 이상 창조주 앞에 설 수 없습니다(창 3:8-13). … 타락한 아담은 넘어질
뿐 아니라 빨리 도망칠 수도 없습니다. 아담이 하나님으로부터 숨는 이 같은
도피를 우리는 양심이라고 부릅니다. 타락 이전에는 양심이라는 것이 없었습니다.
창조주와 분열을 겪은 후에 인간은 자기 안에서도 분열을 겪게 되었습니다.
인간을 하나님에게서 도망치게 하는 것이 양심의 기능입니다. 다시 말해 한편으로
자신의 의지에 반하는 하나님이 옳다는 것을 인정하면서도 다른 한편으로
하나님에게서 도망하는 것이 안전하다고 느끼게 하는 것입니다. …
양심은 하나님에게서 멀어지며 안전하다고 느끼는 도피처로 인간을 몰아냅니다.
인간은 하나님과 거리를 두고 스스로 심판자 노릇을 하면서 하나님의 심판을
회피합니다. 그래서 인간은 실제로 자신이 판단한 선과 악에 따라 살아가면서,
동시에 자신과의 깊은 분열 가운데 살아가는 것입니다.
양심은 하나님 앞에서 느끼는 수치감이며 그 속에는 자신의 악이 감추어져
있으며, 자신을 정당화하는 동시에 자신의 의지에 반하는 타자(하나님)에 대한
암시가 그 속에 포함되어 있습니다. 양심은 죄를 범한 인간 속에 있는 하나님의
음성이 아니라, 그 음성에 대항하는 방어물입니다. 하지만 자신의 지식과 의지에
대항하는 방어물로서의 양심은 여전히 하나님의 음성을 향하게 합니다.

땅의 흙에서

하나님이 당신의 형상으로, 자유 속에서 창조하신 인간은 땅의 흙에서 취해진 존재입니다(창 2:7). 다윈이나 포이어바흐라 할지라도 여기 이야기된 것보다 강하게 (유물론적으로) 말하지 못할 것입니다. 인간은 땅의 흙에서 생겨났습니다. 땅에 대한 인간의 결속이 인간 본성의 일부입니다. …

인간을 만드는 데 사용된 땅은 하나님이 만드셨습니다. 그 흙에서 인간은 몸을 갖게 되었습니다. 몸은 인간의 본질에 속합니다. 몸은 껍데기나 외관, 그를 가두는 감옥이 아니라 그 자신입니다. 인간은 몸과 영혼을 갖고 있는 것이 아니라 몸이자 영혼입니다. 태초에 아담은 진실로 그의 몸이었습니다. 그는 하나의 몸이었습니다. 그리스도가 온전히 그의 몸인 것처럼 교회는 그리스도의 몸입니다. 몸에서 벗어나려는 인간은 창조주 하나님 앞에 있는 자신의 실존을 벗어나는 것입니다. … 인간은 그의 현존을 지상의 존재로서 갖습니다. 그는 땅 위에 사는 존재이며 잔인한 운명의 장난으로 하늘에서 떨어져 세속의 세계에서 종노릇하며 사는 존재가 아니라, 잠에 빠졌던 흙으로부터, 즉 죽은 자였으나 전능하신 하나님의 말씀으로 흙에서 불려 나온 존재입니다. 인간은 땅의 흙에 지나지 않았으나, 하나님을 통해 인간으로 부름 받은 존재입니다.

창조주의 피조물에 대한 사랑

"잠자는 자여 깨어서 죽은 자들 가운데서 일어나라 그리스도께서 너에게 비추이시리라"(엡 5:14). 미켈란젤로가 천지창조 중 〈아담의 창조〉에서 표현하고자 했던 내용입니다. 그림에서 아담은 부드러운 땅에서 쉬고 있습니다. 비스듬하게 대지에 누워 있는 아담은 땅에 굳건하게 그리고 긴밀하게 결합되어 있습니다. 그는 여전히 꿈을 꾸고 있는 듯하며 독특하고 신비해 보이지만, 여전히 땅의 일부분으로 보입니다. 창조된 땅의 복된 흙에 완전히 밀착된 첫 인간의 영광이 눈부시게 드러납니다. 땅에서의 쉼 가운데, 깊은 창조의 잠에 빠졌던 인간은 하나님의 손가락과의 직접적인 접촉을 통해 생명을 갖게 됩니다. 인간을 지으신 바로 그 손이 점점 다가와 그를 부드럽게 건드리며 생명으로 일깨우는 것입니다. 하나님의 손은 인간을 꼭 붙드시는 것이 아니라 자유롭게 놓아 주시며, 그 손의 창조적인 능력은 피조물에 대한 창조주의 사랑으로 변합니다. 다시금 피조물에게 그 사랑을 요구하십니다. 바티칸의 시스티나 성당에 있는 이 그림에 그려진 하나님의 손가락은 하나님의 창조에 대해서 깊은 명상 못지않게 많은 것을 깨닫게 합니다.

1월 29일
낙원에 있는 악

애초 아담에게 은총으로 여겨졌던 선악과를 따 먹지 말라는 금지 명령(창 3:1-3)은
어느새 율법이 되어 버려서 하나님과 인간에게 분노를 일으키게 되었습니다. …
하나님의 창조물 가운데 하나인 뱀이 악의 도구가 됩니다. … 이 이야기의 성격과
본질은, 이 모든 사건이 하나님의 피조 세계에서 일어났다는 것이며, 이해하기
어려운 사건을 이해하도록 극적으로 만들기 위해 기계 장치에서 나온 악마★가
조작하는 것이 아니라는 점입니다. … 성경은 악의 기원에 관한 정보를
제공하려는 것이 아니라, 악의 특성이 죄이자 인간의 영원한 질고임을 증언하려는
것입니다. … 나는 하나님의 피조물로서 하나님께 완전히 반역하는 악을
행하였고 이 때문에 용서받지 못할 죄가 생겨났습니다. 그러므로 단순히 나를
유혹한 사탄에게 잘못을 돌리는 것은 불가능하며, 하나님이 지어 주신 세계에서
그분의 피조물로 살아야 마땅하지만 그렇게 살기를 꺼리는 바로 그곳에 사탄은
항상 있을 것입니다.
그래서 하나님의 창조가 불완전하다고 비난하면서 내가 범한 악의 책임을
떠넘기는 것은 불가능합니다.

★ 고대 연극에서 기계 장치에서 갑자기 튀어나와 모든 문제를 초자연적으로 해결해 주는 존재를 유비한
본회퍼의 표현

피조물로 인한 창조의 파괴

하나님의 창조에서 인간의 타락은 이해될 수 없을 뿐 아니라 궁극적으로 용서받을 수 없는 것이기 때문에 **불순종**이라는 말로는 충분히 설명할 수 없습니다. 그것은 모반이고 피조물이 마땅히 취해야 할 행동에서 벗어나는 것이었습니다. 피조물이 창조주가 되려는 것이었으므로 피조물의 본성을 파괴하는 것이며, 피조성에서 이탈하여 몰락하는 것입니다. 이 몰락은 **지속적인 타락**이요, 깊은 나락으로 **떨어지는 것**이며, 하나님과의 연계가 느슨해져 계속 멀어지는 분리입니다. 그것은 모든 면에서 단순히 윤리적인 과실이 아니라 피조물에 의해 창조 세계가 파괴되는 것입니다. 즉 이 타락의 범위가 피조 세계 전체로 확장된다는 것입니다. 피조성을 잃어버린 세계는 마치 별에서 떨어져 우주의 끝없는 공간으로 떨어지는 운석처럼 방향을 잃고 떨어집니다. …

악의 근원에 대한 질문은 신학적인 질문이 아닙니다. 왜냐하면 그 질문은 죄인이 된 우리의 실존 이전으로 되돌릴 가능성을 전제하는 것이기 때문입니다. 우리는 다른 무언가에 우리 죄의 책임을 돌리게 되기 때문입니다. 신학적 질문은 악의 근원을 묻는 것이 아니라 십자가상에서 이뤄진 악에 대한 진정한 승리에 대해 묻는 것입니다. 다시 말해 죄 사함과 타락한 세상의 화해에 대해 묻는 것입니다.

아담아, 도망가지 마라!

"아담아, 네가 어디 있느냐?" … 도망가던 아담의 양심을 창조주의 말씀이
건드립니다. 이제 그는 창조주 앞에 서야 합니다. … 이 부르심은 곧장 그의 양심에
맞섭니다. 양심은 말합니다. '아담아, 너는 발가벗었다. 창조주에게서 숨어라.
너는 그분 앞에 서면 안 된다.' 하나님은 말씀하십니다. '아담아, 내 앞에 서라.' …
아담은 계속해서 도주하려고 합니다. '저는 죄를 지었으므로, 당신 앞에 설 수
없습니다.' 마치 인간이 스스로 죄를 용서할 수 있다고 생각하는 듯 말합니다.
'바로 네가 죄인이기 때문에 내 앞에 서야 한다. 도망가지 마라!' 그러나 아담은
여전히 하나님 앞에 서지 못합니다. "하나님이 주셔서 나와 함께 있게 하신 여자
그가 그 나무 열매를 내게 주므로 내가 먹었나이다"(창 3:12). 그는 자신의 죄를
자백합니다. 하지만 자백하면서도 또 회피하려 합니다. '…그 여자는 당신의
피조물입니다. 나를 타락으로 이끈 건 바로 당신이 만드신 작품입니다. 당신은 왜
완벽하게 창조하지 않으셨습니까? 그러니 제가 어쩌겠습니까?' 아담은 하나님
앞에 서지 않고 하나님의 생각을 고쳐 보려고 사탄에게 배운 기술을 그대로
사용했습니다. 창조주 하나님보다 더 좋은, 다른 하나님을 찾아 호소하면서
또다시 회피하는 것입니다. 아담은 하나님 앞에 서지도 않고, 자백하지도 않은
것입니다. 그는 선과 악에 관해 자신의 양심에 호소하면서, 선악에 관한 자신의
이 지식에 근거해 창조주에게 불평합니다. 그는 그를 부르시는 창조주의 은총을
깨닫지 못했습니다.

계명과 기도

하나님의 계명 앞에 서 있는 인간은 늘 갈림길에 서 있는 헤라클레스 같은
사람이 아닙니다. 올바른 결단을 내리려고 계속 씨름하는 사람이 아닙니다.
우리의 소원을 외치는 것과 기도하는 것은 서로 다른 것입니다.

삶의 법칙과 하나님의 계명

어떤 시대나 인간은 '삶의 기초가 되는 규범이란 무엇인가'를 생각했습니다.
그런데 그와 같은 생각들이 대체로 서로 일치하며 성경의 십계명과도 일치한다는
결론을 얻었다는 점은 주목할 만합니다. 분명하고 분별력 있게 생각하고 판단할
수 있는 사람은, 내적으로나 외적으로 삶의 형편이 큰 굴곡을 겪거나 혼란에
빠질 때에도 하나님을 두려워하고 부모를 공경하고 삶과 가정과 재산과 명예를
보호하는 일 없이는 정상적인 생활을 할 수 없음을 깨닫습니다. 꼭 기독교
신자가 되어야만 이러한 삶의 법칙을 깨닫는 것은 아닙니다. 자신의 경험과
건강한 이성에 따라 살면 됩니다. 신자는 이렇게 중요한 문제를 다른 사람들과
공유한다는 사실에 기뻐합니다. 그리고 이러한 공동의 목적을 이루기 위해
협력하고 분투할 각오가 되어 있습니다.

그렇지만 신자는 삶의 법칙과 하나님의 계명 사이의 결정적 차이를 잊지 않습니다.
삶의 법칙은 이성이 일러준 것이고, 계명은 하나님이 주신 것입니다.

"주의 계명들을 내게 숨기지 마소서"

하나님은 역사에 개입하실 때나 우리 삶에서 때로 숨어 계십니다. 하지만 그것이
우리를 불안하게 하지는 않습니다. 오히려 드러난 하나님의 계명이 우리 눈에
희미해져 우리가 무엇을 해야 할지를 계명을 통해서도 알 수 없을 때가 혹독한
시련입니다. … 하나님의 계명을 내게 숨기지 마시라는 외침은(시 119:19) 하나님의
계명을 알고 있는 사람의 마음에서 나오는 것입니다. 하나님이 우리에게 당신의
계명을 **알게 하셨기에** 하나님의 뜻을 모르는 척 변명할 수 없음은 확실합니다.
하나님은 우리가 해결할 수 없는 모순적 상황에 살도록 우리를 내버려 두시지
않습니다. 그분은 우리 삶을 윤리적인 죄에 빠져 허우적대도록 이끄시는 것이
아니라, 당신의 뜻을 알도록 하시며 그에 따라 살도록 명하시고 불순종하는
자들을 벌하십니다. 우리가 처한 문제는 우리가 생각하는 것보다 훨씬
단순합니다. 곧 우리가 하나님의 계명을 모르는 것이 아니라 행하지 않는다는 것,
그래서 불순종의 결과로 계명을 이해할 수 없게 되었다는 것이 우리의 문제입니다.
시편 119편 19절 말씀은 하나님께서 당신의 계명을 우리에게서 숨기신다고
말하는 것이 아니라, 숨기지 마시라고 은혜를 구하고 있는 것입니다. 계명의
은혜를 우리에게서 거둬들이시는 것은 하나님의 자유요 지혜입니다. 체념할
것이 아니라 "주의 계명들을 내게 숨기지 마소서"라고 간절하고 지속적인 기도를
하라는 말씀입니다.

일상적인 삶에서 인정되는 하나님의 계명

하나님의 계명 앞에 서 있는 인간은 늘 갈림길에 서 있는 헤라클레스★ 같은
사람이 아닙니다. 올바른 결단을 내리기 위해 계속 씨름하는 사람, 의무에 대한
갈등 속에 늘 괴로워하는 사람, 늘 실패하여 다시 시작해야 하는 사람이 아닙니다.
하나님의 계명은 우리가 의식적으로 경험하게 되는 위대하고 감동적이며 중대한
순간에만 나타나는 것이 아닙니다.

오히려 하나님의 계명 앞에 서 있는 사람들은 (항상 갈림길에 서 있는 것이 아니라)
참으로 자신의 길을 갈 수 있을 것입니다. 또한 그들은 올바른 결단을 내릴 수
있습니다. 그리고 그들은 전혀 내적인 갈등 없이 한 가지는 행하고 (상식적으로나
윤리적으로 긴급해 보이는) 다른 것을 내버려 둘 수도 있습니다. 그들은 이미 출발한
길에서, 마치 선한 천사에게 인도받는 것처럼 계명의 인도를 받고 계명과 동행하며
계명의 보호를 받을 수도 있습니다. 그리고 하나님의 계명은 일상적이고 사소하고
의미 없어 보이는 어휘와 문장 속에서도, 생활의 도움의 형식으로도 삶에 통일성
있는 방향을 찾도록 돕고 개인적으로 안내할 수 있습니다. 하나님의 계명의
목적은 율법의 위반을 피하거나 윤리적 갈등과 결단의 고통에서 찾아지는 것이
아니라 교회에서, 결혼과 가정 생활에서, 직장과 국가에서의 일상적인 삶에서
자유롭게 인정되는 데 있습니다.

★ 성년이 된 헤라클레스가 길을 가는데 갈림길이 나왔다. 이때 두 여자가 나타나 한 여자는 행복과 쾌락과
부를 약속하고 다른 여자는 많은 고난이 있으나 사람들의 존경과 사랑이 있는 덕의 길로 오라고 권유했다.
헤라클레스는 덕의 길, 곧 아테네로 향하는 길로 들어섰다.

매일 인도하심

하나님의 계명은 시간과 공간을 무시한 곳에서가 아니라, 시간과 장소에 결부된 가운데서 들립니다. 하나님의 계명은 분명하고 명확하고 구체적입니다. 그렇지 않다면 하나님의 계명이 아닙니다. …

그리스도 안에서 계시된 하나님의 계명은 사물이나 사람에 관한 추상적인 말이 아니라, 사람을 향한 구체적인 말씀입니다. 그 계명은 항상 사람에게 말을 걸고 요구하는 것이면서 포괄적인 동시에 구체적이므로 그에 대해 해석이나 적용의 자유가 있는 것이 아니라 순종과 불순종의 자유밖에 없습니다.

예수 그리스도 안에서 계시된 계명은 삶 전체를 포괄합니다. 그것은 윤리적인 명령처럼 삶에서 넘어서서는 안 될 경계를 지킬 뿐만 아니라 삶의 중심이며 삶을 풍성하게 채우는 것입니다. 계명은 의무이자 허락이며 금지하면서도 삶을 진정으로 해방시켜 주는 것이며 경거망동한 행동으로부터 자유하게 해줍니다. 계명은 삶이 잘못 나가고 있을 때 정지시켜 줄 뿐만 아니라, 비록 우리가 느끼지 못하지만 우리 삶에 동행하며 인도해 줍니다. 하나님의 계명은 매일의 우리 삶의 인도자입니다.

2월 5일
삶의 요소로서의 계명

우리가 항상 의식하지 못할지라도 사람은 하나님의 계명 '안에서' 살아갑니다.
하나님의 계명은 삶의 요소로서 움직임과 행동의 자유를 주며 결단하거나 행동할
때 느끼는 불안에서 해방시켜 줍니다. 그것은 확신과 평안과 신뢰와 균형과
기쁨을 의미합니다. …
내가 선을 넘어갈 때 범법이라고 위협할 뿐 아니라 계명의 내용으로 나를
설득하고 변화시킬 때 비로소 계명은 내가 결단할 때 느끼는 불안감과
불확실성에서 나를 해방시켜 줍니다. …
하나님의 계명은 인간이 하나님 앞에서 살 수 있게 해줍니다. 그래서 하나님의
계명은 허락입니다. 하나님의 계명은 자유를 명령한다는 점에서 인간이 세운 법과
차이가 있는 것입니다. 하나님의 계명은 불가능한 것을 가능케 한다는 점에서,
계명의 참된 대상은 자유이며 명령의 한계를 넘어서 있다는 점에서 스스로
하나님의 계명임을 증명합니다. 하나님의 계명은 이렇게 깊은 의미가 있으며,
결코 값싼 것이 아닙니다. 이러한 허락과 자유는 오직 하나님의 계명으로부터만
나옵니다.

하나님의 계명은 무너지지 않는다

수치에 빠진다는 말은 복이 있다는 말의 반대입니다(시 119:6). 수치는 내가
신뢰하던 것이 무너질 때 당하는 것입니다. 기대던 것이 무너지면 내 삶에
정당성과 의미를 부여할 만한 것, 근거로 삼을 만한 것이 없어지고 맙니다. 내 삶은
비웃음거리가 되고 나는 수치를 느끼게 되는 것입니다. …

내가 세상에서 사람이나 명예, 재산에 시선을 두지 않고 오직 하나님의 계명만을
찾는다면 수치를 당하지 않을 것입니다. 하나님의 계명은 무너지지 않습니다.
하나님께서 당신의 계명을 보존하시며, 계명을 바라고 지키려는 사람들을 꼭
붙들고 계시기 때문입니다. …

하나님의 계명을 바라고 지키려는 태도는, 다른 사람의 생각이나 나의 생각과
경험으로 결정하지 않고, 내가 생각하고 경험한 경건함의 개념과 다를지라도 늘
새로이 주님께서 나에게 무엇을 명하시는지 묻는 것입니다. 내가 보기에 가장
경건한 결단을 하고 '영적인' 길을 선택했을지라도 수치를 당할 수 있습니다.
하지만 하나님의 계명을 따르면 그럴 일이 없습니다. … 하나님의 계명을 올바로
듣고 하나님의 지극한 선하심을 모든 계명에서 깨닫게 되기까지는 진지한
주의력과 끊임없는 질문과 배움이 있어야 합니다.

하나님이 '나는'이라고 말씀하실 때

하나님이 '나는'이라고 말씀하실 때 하나님의 계시도 드러내십니다. 하나님은
이 세상이 스스로 운행되도록 내버려 두며 침묵하실 수도 있습니다. 그분이
왜 스스로에 대해 말씀하셔야 할까요? 하나님이 '나는'이라고 말씀하시는 것,
그것은 은혜입니다. 하나님이 '나는'이라고 말씀하실 때 처음과 마지막 것, 즉 모든
것을 말씀하십니다. 하나님이 '나는'이라고 말씀하실 때는 "네 하나님 만나기를
준비하라"(암 4:12)는 의미입니다. "나는 너의 하나님이다"라고 말씀하실 때
하나님은 많은 하나님 중 하나가 아니고 유일하신 하나님입니다! 이 말씀으로
하나님은 모든 권세가 오로지 당신께만 있음을 보여 주십니다. 명령할 수 있는
모든 권세와 순종을 요구하실 권리는 오직 그분에게만 있습니다. 하나님은
스스로를 주님으로 증거하시기에 우리를 모든 종노릇에서 해방시켜 줍니다.
우리는 하나님만을 섬기지 인간을 섬기지 않습니다. 우리가 세속적 주인의 명령을
수행할 때조차 사실상 우리는 하나님 한 분을 섬기는 것입니다. 하나님이 우리의
세속적인 삶을 위해 당신 외에 여러 주인에게 우리를 예속시키셨으므로 세속
주인의 명령과 하나님의 명령 사이에 계속적인 갈등이 있다고 생각하는 것은 큰
오류입니다. …

모든 세속 권력은 하나님의 권력에만 기초를 두고 있습니다. 그 안에서 세속
권력은 대리적 권력과 명예를 유지합니다. 그렇지 않다면 찬탈이며 그들은 순종을
요구할 권리가 없습니다. … 하나님에 대한 순종만이 우리가 누리는 자유의
근거입니다.

하나님은 홀로 하나님이 되고자 하신다

"나는 네 하나님 여호와니라 [그러므로] 너는 나 외에는 다른 신들을 네게 두지 말라"(출 20:2-3). 하나님께서 이러한 금지를 통해 우리를 혼란과 범법에서 보호하시고 당신과 교제할 수 있는 한계선을 나타내신 것은 하나님의 자비하심에 근거하고 있습니다.

"너는 나 외에는 다른 신들을 두지 말라." 이는 이해하기 쉬운 말씀이 아닙니다. 모든 시대를 통틀어 수준 높은 문화를 가진 민족들은 많은 신을 알고 있었고, 질투하여 싸우지 않고 인간의 마음에 다른 신의 여지를 남겨 두는 것이 신의 위대함과 위엄을 표현하는 것이었기 때문입니다. 인간의 관용은 이러한 신 관념에서 배운 것입니다. 하지만 하나님은 다른 신들을 허용하지 않으시고 홀로 하나님이 되기 원하십니다. 하나님은 당신의 백성을 위해 모든 것을 행하시고 모든 것이 되기 원하십니다. 또한 하나님은 당신만이 당신의 백성에게 경배받기를 원하십니다. 그분 곁에는 아무도 있을 수 없으며 모든 피조물은 그분 밑에 있습니다. 하나님은 홀로 하나님이시므로 홀로 하나님으로 인정받기 원하십니다. 여기서 문제는 우리가 하나님 대신에 다른 신을 경배하는 데 있는 것이 아니라, 하나님 곁에 다른 것을 둘 수 있다는 생각 자체에 있습니다.

'하나님'이라는 이름

"너는 네 하나님 여호와의 이름을 망령되게 부르지 말라 여호와는 그의 이름을
망령되게 부르는 자를 죄 없다 하지 아니하리라"(출 20:7). 우리가 믿는 '하나님'은,
우리가 생각할 수 있는 가장 높고 가장 거룩하고 가장 능력 있는 분이라는
일반적인 개념의 신이 아닙니다. '하나님'은 하나의 이름입니다. 이 점에서
타종교인들이 부르는 신god과 하나님이 스스로 우리에게 가르쳐 주셔서 우리가
부르는 '하나님God'과는 현저한 차이가 있습니다. 우리에게는 우리의 하나님,
주님, 여호와 곧 살아 계신 인격적인 하나님이십니다. '하나님'이라는 이름은
우리가 소유한 것 중 가장 거룩한 것으로서, 우리 스스로 만들어 낸 것이 아니라
그분이 스스로를 계시하셔서 우리가 알게 된 것입니다. 우리가 감히 '하나님'
이라고 부를 수 있는 것은 그분이 측량할 수 없는 은혜를 주셨기 때문입니다.
우리가 '하나님'이라고 부르면 곧 하나님이 우리를 부르시고 위로하시고
명령하시는 것을 듣게 됩니다. 또 우리를 위해 일하시며 창조하시며 심판하시며
새롭게 하시는 그분의 역사를 깨닫게 됩니다. "하나님이여 우리가 주께 감사하고
감사함은 주의 이름이 가까움이라"(시 75:1). "여호와의 이름은 견고한 망대라
의인은 그리로 달려가서 안전함을 얻느니라"(잠 18:10). 하나님이라는 단어 자체는
아무것도 아니지만 하나님이라는 이름은 모든 것입니다.

안식일 성수

십계명에 일하라는 계명은 없지만, 일을 쉬라는 계명은 있습니다. 이는 우리의 일반적인 사고방식과는 반대되는 계명입니다. 일과 노동은 제4계명에 당연한 듯이 전제되어 있습니다. 하나님은 사람들이 해야 하는 일이 너무나 큰 비중을 차지하기에 일이 모든 것을 약속해 준다고 믿어 일을 내려놓지 못하고 심지어 일 때문에 하나님을 잊어버릴 수도 있다는 사실을 아셨습니다. 그래서 일을 쉬라고 명령하신 것입니다. 노동이 우리를 지켜 주는 것이 아니라 하나님이 지켜 주십니다. 인간은 일 때문에 사는 것이 아니라 하나님 때문에 삽니다. 하나님은 일과 노동을 신과 종교로 삼는 모든 사람에게 이렇게 말씀하십니다. "주님께서 집을 세우지 아니하시면 집을 세우는 사람의 수고가 헛되며, 주님께서 성을 지키지 아니하시면 파수꾼의 깨어 있음이 헛된 일이다. …주님께서는, 사랑하시는 사람에게는 그가 잠을 자는 동안에도 복을 주신다"(시 127:1-2, 새번역). 따라서 우리가 주일에 쉬는 것은 인간이 일과 능력으로 사는 것이 아니라 하나님의 은혜로 말미암아 산다는 것을 드러내는 표징입니다. … 주일에 안식하는 것은 주일을 거룩하게 지키기 위한 필수 조건입니다. 노동의 기계로 전락해 피곤한 인간은 안식이 필요합니다. 쉼을 통해 사고가 분명해지고 감정이 깨끗하게 되며 우리의 의지가 새롭게 다시 세워져야 합니다.

어떻게 쉴까?

안식일에 쉬는 것은 그날을 거룩하게 하는 것입니다. 예배를 통해 하나님의 말씀이 선포되고 그 말씀을 두렵고 떨리는 마음으로, 간절함으로 들을 때 주일이 거룩하게 됩니다. 말씀이 제대로 전해지지 않으면 안식일이 거룩하게 지켜지지 않습니다. 말씀이 제대로 전해지지 않는 원인은 우선적으로 교회와 교회를 이끄는 지도자들에게 있습니다. 말씀을 바르게 전함으로써 안식일의 진정한 의미가 갱신되어야 합니다.

예수님은 안식일에 대한 유대인의 율법을 깨뜨리셨습니다. 이는 진정으로 안식일을 거룩하게 하기 위함이었습니다. 사람들이 무엇을 하고 하지 않음으로써가 아니라, 인간의 구원을 위해 예수 그리스도께서 역사하심으로 안식일이 거룩하게 됩니다. 이런 이유로 고대 그리스도인들은 안식일을 예수님이 부활하신 날로 대체해 지켰고 그날을 '주님의 날'이라 불렀습니다. 그러므로 루터가 제4계명을 문자적으로 해석하지 않고 영적으로 해석해 히브리어 안식일*sabbath*을 독일어로 축제일*Feiertag*이라 번역한 것은 정당한 것입니다. 따라서 우리의 주일, 곧 일요일에는 예수님이 우리에게 역사하시고 말씀하시도록 내어 드려야 합니다. 물론 매일 이루어져야 할 일이지만, 주일에는 특별한 방법으로 그리하실 수 있도록 일을 그치고 쉬면서 예수님의 행하심을 기다려야 합니다.

무거운 죄와 가벼운 죄

오늘날 다시금 악한과 성자가 공공연하게 보입니다. 습하고 비 오는 날의 회색빛 하늘이 계속되다가 이제 검은 구름이 뒤덮이고 번개가 치는 하늘이 되었습니다. 윤곽이 여느 때보다 극명하게 드러납니다. 현실이 그 모습을 드러내고 있습니다. 셰익스피어의 연극에 등장하는 유령들이 우리 주위에 출몰하고 있습니다. 그렇지만 악한과 성자는 윤리적 훈련과는 거의 관계없이 원초적인 간격에서 생겨납니다. 악한과 성자는 그들이 태어난 지옥의 심연과 신적인 심연을 열어젖혀 우리가 전혀 상상하지 못한 비밀을 보게 합니다.

악한 존재는 악한 행위를 하는 것보다 더 심각합니다. 거짓말쟁이가 진실을 말하는 것이 진실을 사랑하는 이가 거짓말을 하는 것보다 더 심각합니다. 인간을 증오하는 자가 형제 사랑을 실천하는 것이 인간을 사랑하는 이가 증오에 휘말리는 것보다 더 심각합니다. 거짓말쟁이의 입에 있는 진실보다는 차라리 거짓말이 낫고, 인간을 증오하는 자의 형제 사랑 실천보다는 차라리 증오가 낫습니다. 모든 죄는 동일하게 취급되어서는 안 됩니다. 죄의 종류에 따라 무게가 다릅니다. 무거운 죄와 가벼운 죄가 있습니다. 배교는 타락보다 훨씬 무거운 죄입니다. 배교자가 아무리 빛나는 덕행을 쌓을지라도 그 덕행은 신실한 자의 가장 연약한 면에 비하면 밤과 같이 캄캄하기만 합니다.

질의 향상을 통해 대중화를 막는다

인간과 인간 사이의 경계선을 범하지 않으려는 참된 감각을 회복하려는 용기, 그리고 이를 위해 개인적으로 분투하는 용기를 갖지 못한다면 우리는 인간의 가치의 무정부 상태에 빠지게 됩니다. … 자신이나 다른 사람에게 무슨 잘못을 범하고 있는지 모르고, 인간의 품격에 대한 감각과 인간 사이의 간격을 유지할 능력이 사라진 곳에는 혼란이 초래됩니다. 우리가 물질적인 편의를 위해 파렴치한 일이 아주 가까이 다가오는 것을 용인한다면 우리는 이미 자신을 포기한 것이며, 우리가 서 있는 댐에 혼돈의 홍수가 들어오는 것을 막지 못한 데 대한 책임이 있는 것입니다. 이전 시대에는 인간 평등을 외치는 것이 기독교의 책임일 수 있었겠지만, 오늘날에는 인간 사이의 경계선을 보호하고 인간의 품격을 존중하도록 열정적으로 외치는 것이 책임입니다. …질質은 모든 종류의 대중화에 맞설 가장 강력한 무기입니다. 사회적으로 볼 때 이는 지위 추구를 단념하는 것이며, 대중적 인기 스타 숭배를 깨뜨리는 것이고, 눈을 열어 위아래의 사람을 동시에 바라보는 것입니다. 또한 공공 생활에 관여할 용기를 가지면서도 사사로운 개인의 인생을 즐기는 일입니다. 문화적으로는 질에 대한 경험을 의미하며, 정신없이 바쁜 삶에서 여가와 조용한 삶으로, 분산에서 집중으로, 감각적 흥분에서 사색으로, 기교를 추구하는 것에서 예술 창조의 가치 인식으로, 속물근성에서 겸허함으로, 무절제에서 절제로 돌아가는 것입니다. 양은 공간을 차지하려고 서로 다투지만 질은 서로를 보완합니다.

2월 14일
하나님의 계명 안에서

"행위가 온전하여 여호와의 율법을 따라 행하는 자들은 복이 있음이여"(시 119:1).
우리는 시편 기자와 같이 이미 길에 접어든 자로 간주됩니다. 우리가 올바른
시작을 했는지에 대한 질문은 없습니다. 그런 질문은 열매 없는 두려움으로
몰아넣기 때문입니다. 우리는 이미 길에 들어선 자로, 이제 그 길을 가는 것
외에는 다른 생각을 할 수 없음을 깨달아야 합니다. 시작에 대해서는 더 이상
말하지도 논하지도 말고, 이미 시작한 것으로 여기고 스스로 책임을 지는 편이
좋습니다. 새로운 시작을 찾기만 하는 사람은 율법 **아래** 있는 사람입니다. 그는
율법으로 괴로움을 겪다가 죽게 됩니다. 이미 출발점을 떠난 사람은 하나님의
율법 **안에** 있고, 생명으로 보호받습니다. 그래서 이 시편의 말씀이, 하나님이
하신 일을 자기를 위해 한 것으로 간주하고 그에 반역하여 살지 않고 하나님의
율법을 행하며 그 안에서 평안을 찾는 자가 복이 있다고 찬양함으로 시작되는
것을 우리는 잘 이해할 수 있습니다.

선악을 아는 것

양심에 따르면 인간이 하나님과 다른 인간과 맺는 관계는 인간이 자기 자신과 맺는 관계로부터 생겨난다고 말합니다. 양심은 스스로를 하나님의 음성이라고, 그리고 사람과 맺는 관계의 규범이라고 속입니다. 그래서 사람은 자기 자신과 올바른 관계를 가짐으로써 하나님과 다른 사람과의 관계를 올바르게 회복하려고 합니다. 이는 전도顚倒된 것이며 선과 악을 알게 되어 하나님과 같아진 인간의 요구에 불과합니다. …

선과 악에 대한 지식을 갖게 된 인간은 자기 자신만이 아니라 하나님과 타인에 대해서도 심판자가 되어 버렸습니다. 자신의 근원에게서 분리되어 선악을 알게 되면서 인간 스스로 자신을 돌아보고 판단하는 것입니다. 애초에 인간의 삶은 하나님을 아는 것이었는데, 이제는 스스로를 이해하는 것이 되어 버렸습니다. 자신을 아는 것이 삶의 본질이요 목표가 된 것입니다. 이는 인간이 자신의 한계를 넘어서려고 애쓰는 것에도 해당합니다. 이처럼 자신을 알고자 하는 노력은 인간이 사고를 통해 자신과의 분열을 극복하려는 것이고, 자신을 자기 자신과 부단히 구분함으로써 자신과의 합일에 이르려는, 끝없는 노력입니다.

하나님의 권리와 영광

십계명이 인간의 생명과 혼인과 재산과 명예와 권리를 하나님의 이름으로
보호하고 지키게 하려는 목적이 있다는 말은, 이러한 법질서가 그 자체로
절대적이고 신적인 가치를 갖고 있다는 뜻이 아니라, 오직 그 질서 안에서 그리고
그 질서를 넘어서 하나님만을 경외하고 예배해야 한다는 뜻입니다. 그러므로
이러한 질서는 예수 그리스도의 하나님에 덧붙여지는 제2의 신적 권위가 아니라,
오히려 그리스도의 하나님이 당신께 순종하게 하시는 지점입니다. …
십계명은 스스로를 주장하지 않고 다만 하나님의 권리와 영광을 요구합니다.
예수님도 십계명에서처럼 하나님께 구체적으로 순종하는 것을 중요하게
여기셨습니다.

하나님을 위해 자신의 권리와 재산과 명예를 **포기하는** 사람은, 자신의 권리를
고집하여 하나님의 권리를 쉽게 침해하는 사람보다 이 모든 선물의 참된
근원이신 하나님을 더 높이 경외할 것입니다. 한 부자 청년에게 권리 중 하나를
내려놓으라고 예수님이 요구하신 일은, 그 청년이 어려서부터 모든 계명을 지킨
것이 하나님께 순종한 것이 아니라 이른바 하나님의 계명을 지킨다는 명분 아래
살아 계신 하나님을 무시했다는 것을 잘 보여 줍니다.

기도

우리가 기도할 수 있는 것은 자연스럽고 당연한 일이 아닙니다. 기도는 인간의 마음에서 우러나오는 자연스러운 욕구이기는 하지만, 그렇다고 우리에게 하나님에 대한 어떤 권리가 되는 것은 아닙니다. …

우리는 그리스도를 통해 믿게 된 하나님께 기도합니다. 따라서 우리의 기도는 절대로 하나님을 불러내는 주문이 될 수 없습니다. 우리는 하나님 앞에서 우리를 설명할 필요도 없습니다. 하나님은 우리가 기도하기도 전에 우리에게 무엇이 필요한지 다 알고 계시기 때문입니다. 그러므로 우리는 큰 신뢰와 기쁨에 찬 확신 속에서 기도할 수 있게 됩니다. 오래전부터 우리를 알고 계시는 하나님 아버지의 마음에 닿는 기도는 형식이나 말의 많고 적음이 아니라 신뢰하는 믿음입니다. 올바른 기도는 어떤 행위나 훈련, 경건한 자세에 따른 것이 아니라, 하나님 아버지의 마음에 간청하는 아이의 부탁입니다. 그래서 기도는 절대 하나님 앞에서 혹은 나 자신이나 다른 사람들 앞에서 드러내고 과시하는 것일 수 없습니다. 하나님께서 나의 필요를 모르신다면 당연히 **무엇을**, **어떻게** 말씀드리고 표현할지, 어떤 내용을 말씀드릴지 말지의 **여부**를 고민하겠지만, 믿음으로 기도한다면 이런 고민이나 외식이 불필요합니다.

간단히 말해 기도는 은밀한 것입니다. 그래서 모든 면에서 기도는 공개되는 것과 반대됩니다. 기도하는 자는 자기를 잊어버리고 하나님만을 부르며 알고자 합니다. 기도는 세상에 공개하는 것이 아니라 오로지 하나님께만 향하는 것이기 때문에, 과시와는 전혀 무관한 행위입니다.

하나님을 믿는다는 것은 감정에 좌우되는 것이 아니다

우리는 종교를 감정의 고취가 있어야 하는 것이라고 말하곤 합니다. 그래서 종교적 감정이 타오르기까지 오래 기다립니다. 때로는 몇 년을, 심지어는 생명이 다하도록 영적이고 종교적인 감정이 고취되기를 고대합니다. 하지만 이러한 생각은 큰 착각에서 나온 것입니다. 백 번을 양보해 종교에 그런 감정적인 면이 있다고 인정하더라도 하나님을 믿는다는 것은 그런 감정에 좌우되는 것이 아닙니다. 우리가 하나님을 만나고 싶은 감정이 들지 않을 때도 하나님은 여전히 계십니다. 이러한 생각에 혼란을 느낄 수 있습니다. 누구든 자기의 감정과 느낌에 너무 의존하면 피폐해집니다. 예술 활동이나 학문과 마찬가지로 종교도 흥분과 경이로운 순간이 있는 반면, 냉철한 작업과 훈련의 시간이 필요합니다. 하나님과의 교제에도 훈련이 필요합니다. 그렇지 않으면 하나님이 우리를 놀랍게 만나 주실 때 그 교제에 걸맞은 단어와 언어와 어투를 알지 못할 것입니다. 우리는 하나님의 언어를 배우기 위해 애써야 합니다. 그분과 대화하기 위해 진지하게 노력해야 합니다. 종교를 감상적인 것으로 착각하는 것은 심각하고 치명적인 오류입니다. 하나님을 믿는 것은 한 인간이 할 수 있는 가장 어렵고도 거룩한 일입니다. 하나님이 나를 만나고자 부르시는데, '나는 종교적으로는 마음이 내키지 않아' 하고 자신을 위로하고 있다면 얼마나 불쌍한 모습입니까?

말씀과 응답

그리스도인의 삶은 기도에 그 성패가 달려 있습니다. 그들의 삶의 핵심은 기도이기 때문입니다. 루터는 구두장이가 구두를, 재단사가 옷을 만들어야 하듯이 그리스도인은 기도를 해야 한다고 했습니다. 기도하지 않는 사람은 신자가 아닙니다. 그러나 오늘날 소수의 사람들만 이 사실을 압니다. 이는 기도한다는 것이 무엇인지를 그리스도인들이 잘 모르고 있음을 나타냅니다. 기도는 단순히 필요한 것을 구하거나 감사함을 의미하지 않습니다. 기도는 먼저 침묵하면서 하나님 말씀이 우리에게 무엇을 말하는지 묵상하는 것입니다. 그리고 주신 말씀에 말이나 행동으로 응답하는 것입니다. …

기도는 하나님이 우리에게 다가오셨으므로 우리도 하나님께 다가가는 것이고 그분 곁에 머물고자 하는 것입니다. 우리는 그리스도가 계시기 때문에 기도할 수 있습니다. 그리스도가 우리 기도의 기초입니다. 그리스도를 통해서 하나님이 우리의 아버지가 되셨기 때문입니다. …

그리스도는 우리 기도의 힘입니다. 우리는 그 힘과 능력 안에서 쉬지 않고 기도할 수 있습니다(살전 5:16-18). 그리스도가 우리를 하나님께로 이끄는 힘이 되시기 때문에 기도는 우리를 기쁘고 강하게 해줍니다. 그래서 기도하는 자는 더 이상 슬픔이나 두려움에 거하지 않습니다. 기도할 때 그리스도께서, 하나님께서 우리 곁에 계십니다. 하나님께 가까이 가십시오. 하나님께서도 여러분에게 가까이 다가오실 것입니다.

2월 20일

하나님의 말씀-인간의 기도

시편은 성경 전체를 놓고 볼 때 아주 독특한 지위를 차지합니다. 시편은 하나님의 말씀인 동시에 몇몇 예외를 제외하고는 인간의 기도이기도 합니다. 우리는 이를 어떻게 이해해야 합니까? 하나님의 말씀이 어떻게 동시에 하나님께 드리는 기도가 될 수 있을까요? 시편으로 기도하다 보면 발견하게 되는 사실이 이 질문에 답해 줍니다. 처음에는 자신의 기도로 생각하며 따라해 보지만, 곧 따라 기도할 수 없는, 자신과 관련 없다고 생각되는 구절들을 만나게 됩니다. 예를 들어 무죄를 호소하는 시편, 복수를 호소하는 시편, 일부이긴 하지만 극도의 고난을 묘사하는 시편이 그러합니다. 그럼에도 믿음이 있는 신자라면 이런 기도문을 '종교적으로 미숙한 단계에 있는' 진부한 옛 기도문으로 간주해 폐기해 버릴 수 없습니다. 이러한 기도도 성경의 말씀입니다.

따라서 우리는 성경 말씀을 우리 마음대로 처리하길 원치 않지만, 동시에 이러한 말씀들 그대로 따라 기도할 수 없다는 사실도 깨닫게 됩니다. …

우리의 입술로 읊고 싶지 않은 시편, 우리를 머뭇거리게 하고 계속 따라 할 수 없는 시편의 기도는 분명 우리가 아닌 어떤 다른 분이 하시는 기도임을 짐작하게 합니다. 다시 말해 자신의 무죄를 주장하고 하나님의 심판을 호소하며 극심한 고통으로 나아가신 분은 예수 그리스도밖에 없습니다.

시편, 그리스도가 대리자로서 드리는 기도

인간이 경험할 수 있는 모든 어려움과 질병과 고난에 대해 잘 알면서도 죄가 전혀 없으며 의로우신 인간 예수 그리스도께서 시편에서 자신의 교회의 입을 통해 기도하십니다. 시편은 참된 의미에서 예수 그리스도의 기도서입니다. 예수님은 시편으로 기도하셨고, 이제 시편은 모든 시대를 위한 그리스도의 기도가 되었습니다. 기도하는 그리스도께서 시편에서 우리를 만나 주시기 때문에, 이제야 우리는 어떻게 시편이 하나님께 드리는 기도인 동시에 하나님 자신의 말씀일 수 있는지를 이해할 수 있게 되었습니다. 예수 그리스도께서 당신의 교회에서 시편으로 기도하십니다. 그분의 교회도, 신자 한 사람 한 사람도 기도합니다. 하지만 실제로 그들은 그리스도께서 그들 안에서 기도하시기 때문에 기도하는 것입니다. 그렇기 때문에 자신의 이름으로 기도하는 것이 아니라 그리스도의 이름으로 기도합니다. 따라서 신자는 자신의 본능적인 욕구를 따라 기도하는 것이 아니라 인간이 되신 예수 그리스도 안에서 기도하는 것입니다. 신자가 기도할 수 있는 근거는 인간 되신 예수 그리스도의 기도입니다. 그러므로 신자의 기도만이 기도 응답이라는 약속을 받습니다. …

그리스도께서 중보자가 되셨습니다. 시편은 그리스도께서 자신의 교회를 위한 대리자로서 드리는 기도입니다.

위대한 기도 학교

시편은 기도를 배울 수 있는 위대한 학교입니다. 첫째, 우리는 시편에서 기도가 무엇인지를 배웁니다. 즉 기도란 하나님의 말씀에 근거해, 약속에 근거해 드리는 것입니다. 신자의 기도는 언제나 계시된 말씀이라는 견고한 기초 위에서 드리는 것이며 우리의 이기적이고 막연한 바람과는 관계가 없습니다. 참되고 완전한 인간이신 예수 그리스도의 기도의 기초 위에서 우리도 기도합니다. 이것이 성경에서 말하는, 성령께서 우리 안에 내주하시면서 우리를 위해 기도하시고, 또 그리스도께서 우리를 위해 기도하시며, 우리가 예수 그리스도의 이름으로만 하나님께 바르게 기도할 수 있다는 의미입니다.

둘째, 시편의 기도에서 우리는 무엇을 기도해야 하는지 배웁니다. 시편에서 드리는 기도의 범위는 개인의 경험을 넘어서는 것입니다. 따라서 개인은 신앙 속에서 포괄적인 그리스도의 기도를 하는 것임이 분명합니다. 즉 참된 인간이셨고 이 기도에 담겨 있는 경험의 온전한 척도가 되시는 그리스도의 기도를 믿음으로 드리는 것입니다. …

셋째, 시편의 기도는 우리에게 공동체로서 기도하는 법을 가르쳐 줍니다. 그리스도의 몸인 교회가 기도하고, 개인으로서 내 기도는 교회 전체 기도의 극히 작은 일부라는 것을 알게 됩니다. 나는 그리스도의 몸과 함께 기도하는 법을 배웁니다. 그럼으로써 나는 개인적인 관심사를 넘어서 공동체적인 기도를 사심 없이 할 수 있습니다. …

우리가 시편의 기도에 더 깊이 들어가 성장하고, 시편을 우리의 기도로 삼아 더 많이 기도하면 우리의 기도는 더 명료해지고 풍성해질 것입니다.

기도의 탄식

우리가 바라는 바로 인한 탄식과 기도의 탄식은 서로 다릅니다. 전자는 우리가 생각하는 필요에서 나오는 탄식이요, 후자는 하나님이 우리에게 필요한 것이 무엇인지 가르쳐 주셔서 그것을 볼 때 나오는 탄식입니다. 전자는 절망적으로 요구하는 행위요, 후자는 겸손과 확신 가운데 하나님께 나아가는 것입니다. 우리의 마음만으로는 올바른 탄식의 기도할 수 없습니다. 하나님이 성령님을 통해 우리에게 가르쳐 주셔야만 가능합니다. 하나님 앞에서 올바른 탄식 안에는 말로 표현할 수 없었던 절실한 필요가 농축되어 있습니다. 로마서 8장 26절에 "성령이 말할 수 없는 탄식으로 우리를 위해 친히 간구하시느니라"라고 기록되어 있습니다. 올바른 탄식은 하나님 앞에 반드시 드러나고 그 기도를 주께서 들으십니다(시 38:9).

우리 소원이 외부 환경을 고쳐 잘되게 하는 것에 초점이 맞춰지면, 기도는 늘 자신에게서 시작됩니다. 우리는 얼마나 자주 그리고 간절하게 사람들이 변화되기를, 이 세상의 악한 세력이 망하게 되기를, 새로운 의가 세워지기를 바랍니까? 하지만 그것으로는 우리에게 변하는 것이 없습니다. 모든 회개와 변화, 새롭게 됨은 언제나 나 자신에게서 시작되어야 합니다. "내 길을 굳게 정하사 주의 율례를 지키게 하소서"(시 119:5). 이러한 기도가 약속이 있는 기도입니다. "게으른 자의 욕망이 자기를 죽이나니 이는 자기의 손으로 일하기를 싫어함이니라"(잠 21:25). 하지만 우리는 게으르지 말고 해야 할 일이 많이 있습니다. 이러한 기도를 드리는 자는 지체하지 않고 가장 필요한 곳에서부터, 즉 자기 자신으로부터 행동으로 나아가야 합니다.

감사와 배움

감사는 정직한 마음에서 나와야 합니다(시 119:7). 그렇지 않은 감사는 위선이요 불손한 모습입니다. 하나님의 계시의 말씀이 마음을 감동시키고 우리가 그 말씀을 순종하려고 하는 곳에서만 이 땅에서와 하늘로부터 오는 선물에 대해 진심으로 감사할 수 있습니다. …

이 세상의 감사는 궁극적으로 항상 자기 자신에게 집중되어 있습니다. 사람들은 감사를 통해 위로부터의 인정을 구하고 자신의 행운을 정당화하는 것입니다. 감사를 표현하면서 받은 선물이 정당한 소유가 되는 만족감을 얻습니다. 하지만 경건한 사람들에게는 감사를 표현해서는 안 될 때가 있습니다. 누가복음에서 한 바리새인은 하나님께 감사드렸지만 그것이 실제로는 죄를 짓는 게 되었습니다(눅 18:11). 감사하면서도 자기 자신만 생각했기 때문입니다. 그들은 많은 선물을 겸손함으로 받지 않고 오히려 이웃에게 그릇되게 사용했습니다. 그러므로 그는 정직한 마음으로 감사한 것이 아닙니다. 정직한 마음이었다면 감사를 통해 자기 자신을 드러내거나 하나님 앞에 무언가 드러내 보이고 자랑할 것이 있는 자처럼 행하지 않았을 것입니다. 오히려 시편의 기도와 같이 "주의 의로운 판단을 배우기" 시작한 자로서 자신을 나타내야 했을 것입니다(시 119:7). … 우리는 하나님의 판단을 알고 그것을 배우고자 하기 때문에 하나님께 감사합니다. 그래서 하나님의 '의로운 판단'에 비추어 볼 때 여전히 모든 면에서 부족함이 많은 자이기에 늘 배움에 성실하게 임하는 사람으로서 하나님께 감사하는 것입니다.

2월 25일
기도 속에 있는 작은 것과 큰 것

작은 것에 대해 감사하는 사람만이 큰 것도 받을 수 있습니다. 날마다 주시는 은혜에 감사하지 않으면 하나님께서 준비하신 커다란 영적 선물을 주실 수가 없습니다. 우리는 작은 영적 깨달음이나 경험, 사랑에 만족해서는 안 된다고 생각합니다. 그리고 항상 더 큰 것을 욕심냅니다(렘 45:5). 우리는 하나님께서 다른 그리스도인에게 주신 견고한 확신이나 강한 믿음, 풍부한 영적 체험이 왜 나에게는 없는지 한탄하기도 합니다. 심지어 그러한 불평을 경건하게 여기기도 합니다. 큰 것을 구하고 얻기 위해 기도하면서 일상적인 작은 선물—실제로는 작은 것이 아닌데—에 대해 감사하는 법을 잊기도 합니다. 하지만 작은 것을 감사하게 받지 않는 사람에게 어떻게 큰 것을 맡기실 수 있겠습니까? 우리가 속한 그리스도인 공동체에 날마다 감사하지 않는 것은, 극적인 영적 체험이 없다고, 피부로 느낄 만한 풍성함이 없다고, 연약하고 믿음도 작고 어려움만 많다고 불평하는 것은, 우리 모두를 위해 예수 그리스도 안에서 풍요함을 마련하시고 우리의 공동체를 성장하게 하시려는 하나님의 사역을 방해하는 것입니다.

감사

감사는 마음에서 흘러나오는 인간 심성의 자연스러운 소산이 아니라, 오직 하나님의 말씀으로 말미암은 것입니다. 그래서 감사는 배우고 연습해야 합니다. …

감사는 주시는 이의 선물을 넘어 받는 자의 사랑에서 나옵니다. …

감사는 주는 것을 기꺼이 받는 겸손에서 나옵니다. 교만한 자는 당연히 받아야 하는 것만 받고 은혜의 선물은 거절합니다. …

감사하는 이에게는 모든 것이 선물입니다. 스스로의 공로로는 한 치의 선한 것도 얻을 수 없음을 알기 때문입니다. …

나는 감사하는 마음에서 지나온 과거와 바른 관계를 맺게 됩니다. 감사하는 마음에서 나의 과거는 나의 현재를 풍요롭게 만듭니다. 감사하는 마음이 없다면 나의 과거는 깊은 어두움과 알 수 없는 수수께끼로 휘감긴 채 허무의 심연으로 떨어집니다. 나의 과거를 잃어버리지 않고 완전히 새롭게 얻기 위해서는 후회가 감사와 연합되어야 합니다. 감사와 후회가 섞여 나의 삶이 조화로운 하나 됨으로 나타납니다. …

망각에서 감사하지 않는 마음이 시작됩니다. 망각은 무관심을 낳고 무관심은 불만을 낳고 불만은 의심을 낳고 의심은 저주를 불러옵니다.

침묵

하루를 시작하는 이른 아침에 침묵하는 이유는, 하나님께서 하루의 첫 말씀을
하셔야 하기 때문입니다. 하루를 마치는 잠자리에 들기 전에 침묵하는 이유도
하나님께서 하루의 마지막 말씀을 하셔야 하기 때문입니다. 오로지 하나님의
말씀을 듣기 위해 침묵하는 것입니다. 다시 말해 하나님의 말씀을 무시하지 않고
존중하고 받아들이기 위해서입니다. 그러니 침묵이란 하나님의 말씀을 기다리는
것이고 그 말씀으로 인해 축복을 받는 것입니다. …
말씀 앞에서 침묵하는 것은 하루 전체에 영향을 끼칩니다. 말씀 앞에서의 침묵을
배우면 우리는 일상에서 침묵과 말을 조화롭게 조절하게 됩니다. 침묵에는
용납되지 않는 침묵, 즉 자신의 편안함을 위한 침묵, 교만으로 인한 침묵,
상대방을 무시하는 침묵도 있습니다. 그러므로 침묵 자체가 중요한 것은 아닙니다.
그리스도인의 침묵은 듣기 위한 침묵으로서 언제든지 깰 수 있는 겸손한
침묵입니다. 이러한 침묵은 하나님의 말씀 속에 이루어지는 침묵입니다. …
고요함 속에는 사고를 명쾌하게 하고 마음을 정화시키며 본질적인 것에 집중하게
하는 놀라운 힘이 있습니다. 이는 일반적인 사실이기도 합니다. 하지만 말씀
앞에서의 침묵은 하나님의 말씀을 올바르게 듣고 적절한 시점에 올바르게
전하도록 합니다. 많은 불필요한 말을 줄이게 될 것입니다.

묵상

묵상할 때 말을 사용해 생각하며 기도하려 애쓸 필요는 없습니다. 침묵 가운데 말씀을 들으면서 떠오르는 생각이나 기도가 더 유익할 때가 많습니다. 묵상할 때 새로운 생각을 찾아내려고 할 필요도 없습니다. 그러면 오히려 곁길로 인도하며 허영심만 채워 줄 때가 많습니다. 우리가 읽고 이해한 말씀이 마음에 파고들어 거하는 것으로 진정 충분합니다. 목자들의 말을 마리아가 "마음에 새기어 생각"한 것처럼(눅 2:19), 어떤 사람의 말이 우리가 특별히 노력하지 않아도 한동안 계속 맴돌며 생각하게 하고 마음을 빼앗아 불안하게도 하고 행복하게도 하는 것처럼, 묵상할 때에 하나님도 말씀으로 우리 마음속에 들어와 머물기를 원하십니다. 우리를 감동시키고 우리 안에서 일하기를 원하십니다. …

묵상을 할 때 뜻밖의 특별한 체험이 꼭 있어야 하는 것은 아닙니다. 그런 체험이 주어질 수도 있습니다. 하지만 그렇지 않다고 해서 묵상이 헛되거나 무의미한 것은 결코 아닙니다. 때로는 묵상 시간에 내면적 고갈과 냉담함과 싫증, 심지어 무력감까지 느끼게 될 것입니다. 그렇다고 그런 경험에 얽매여 묵상을 게을리 하거나 중단하지 말아야 합니다. 무엇보다 꾸준히 인내하며 성실하게 묵상 시간을 유지해야 합니다.

"하나님, 당신을 부릅니다"

하나님, 이른 아침에 당신을 부릅니다.

기도하게 도우시고 생각을 당신께 집중하게 하소서.

저 홀로는 그렇게 할 수 없나이다.

제 안에는 어두움이 있으나 당신에게는 빛이 있습니다.

저는 외로우나 당신은 저를 떠나지 않습니다.

저는 겁이 많으나 당신에게는 도움이 있습니다.

저는 불안하나 당신에게는 평안이 있습니다.

제 안에는 쓰디쓴 아픔이 있으나 당신에게는 인내가 있습니다.

저는 당신의 길을 이해하지 못하나

당신은 저를 위한 올바른 길을 알고 계십니다.

하늘에 계신 아버지!

밤의 안식을 주셔서 감사와 찬양을 드립니다.

새로운 날을 주셔서 감사와 찬양을 드립니다.

지난날 제 삶에 베푸신 인자하심과 성실하심에 감사와 찬양을 드립니다.

당신은 이제까지 제게 수없이 많은 좋은 일을 행하셨습니다.

이제는 당신이 주시는 힘겨운 일도 기꺼이 받아들이게 하옵소서.

당신은 제가 감당할 수 없는 짐을 지게 하지 않으실 것이니까요.

자녀의 삶에 모든 것이 합력해서 선을 이루게 하시는 분이시니까요.

하나님의 고난에 참여함

종교적인 행위로 그리스도인이 되는 것이 아니라
세상의 삶에서 하나님의 고난에 참여함으로
그리스도인이 되는 것입니다.

3월 1일
인간 사랑의 길

그리스도의 수난은 수난절부터 시작된 것이 아니라 그분이 복음을 전파한 첫날부터 시작된 것입니다. 그리스도가 이 세상에 대한 권리를 포기한 것은 골고다 언덕에서부터가 아니라 훨씬 전부터였습니다. 누가복음 4장 5-8절은 이를 잘 설명해 줍니다. 예수님은 단번에 세상의 주가 되실 수 있었습니다. 유대인들이 꿈꾸고 희망하던 메시야로서 이스라엘을 해방하고 영광스럽고 명예로운 국가로 세울 수 있었습니다. 예수님은 공생애 사역을 시작하기도 전에 천하만국에 대한 통치권을 제안받은 대단한 분입니다. 더욱더 대단한 것은 그분이 이 제안을 거절하셨다는 사실입니다. …

그 통치권을 얻으려면 그분으로서는 도저히 받아들일 수 없는, 너무 큰 대가를 치러야 함을 알았습니다. 바로 하나님의 뜻에 대한 순종을 저버리는 것이었습니다. …

그분은 자신을 노예 삼으려는 마귀의 정체를 알아차리고는 하나님의 자유로운 아들로 남으셨습니다. "주 너의 하나님께 경배하고 다만 그를 섬기라"(눅 4:8). 예수님은 이 말씀이 무엇을 의미하는지 아셨습니다. 낮아지며 수치와 핍박을 당하고 이해받지 못하고 미움 받으며 십자가에서 죽는 것을 의미함을 아셨습니다. 이 사실을 잘 알면서도 예수님은 처음부터 이 길을 택하셨습니다. 그 길은 하나님의 길이기에 순종의 길이요 자유의 길이었습니다. 그러므로 그 길은 또한 인간 사랑의 길이었습니다.

확고한 기반

우리가 하나님께 기대하고 간구해도 되는 모든 것은 예수님 안에서 발견할 수 있습니다. 우리의 바람대로 이것도 해야 하고 저것도 할 수 있는 신은 예수 그리스도의 하나님과는 무관합니다. 하나님께서 우리에게 무엇을 약속하고 성취하시는지 알기 위해 우리는 자주 고요하게 예수님의 삶과 말씀과 행동과 고난과 죽음에 깊이, 긴 시간 빠져들어야 합니다.

분명한 것은, 우리가 늘 하나님 곁에서 그분의 임재 아래 살 수 있으며 이 삶은 완전히 새로운 삶이라는 사실입니다. 또 하나님께는 불가능이 없기 때문에 우리 삶에도 불가능이 없으며, 하나님의 허락 없이는 이 땅의 어떤 세력도 우리를 건드리지 못한다는 것입니다. 또한 위험이나 곤란도 우리를 하나님께로 더 가까이 인도해 줄 뿐입니다. 우리는 하나님께 아무것도 요구할 자격이 없으나, 그럼에도 모든 것을 간구할 수 있습니다. 확신하건대 고통 가운데 우리의 기쁨이 숨겨져 있고, 죽음 가운데 우리의 생명이 감춰져 있으며, 이 모든 상황 가운데 우리를 지탱해 주는 하나님과 교제할 수 있습니다. 이 모든 것에 대해서 하나님은 예수 그리스도 안에서 긍정하셨습니다. 우리는 "아멘"이라고 말합니다(고후 1:20). 이러한 긍정과 "아멘"은 우리가 서 있는 확고한 기반이 됩니다. … 이 세상이 인간이신 예수 그리스도를 받아들일 영광이 주어졌기에, 그리고 예수님과 같은 인간이 사셨기에, 오직 그렇기 때문에 우리가 이 땅에서 살 의미가 있는 것입니다. 예수님께서 살지 않으셨다면, 이 땅에서의 삶은 우리가 알고 존경하고 사랑하는 수많은 사람이 있음에도 무의미한 것이 될 것입니다.

어디에도 참된 목자는 없었다

구주께서는 자신의 백성, 즉 하나님의 백성을 불쌍하게 바라보셨습니다
(마 9:36). 예수님은 작은 무리가 부름을 받아 당신을 따르는 것으로 만족하실
수 없었습니다. 그렇다고 제자들과 함께 상류층으로 살면서, 위대한 종교
창설자들처럼 군중과 거리를 두고 더 수준 높은 지식과 완전한 삶의 윤리를
전수하기를 원하신 것도 아니었습니다. 예수님은 자신의 모든 백성을 위해 오셨고
사역하셨고 고난을 당하셨습니다. 제자들은 스승을 독차지하려고 했습니다.
그래서 사람들이 데리고 오는 어린아이들과 거리의 가난한 걸인들이 예수님을
성가시게 하는 것을 막으려 했습니다(막 10:48). 그러나 제자들은 예수님이 그들로
인해 사역이 제한되지 않기를 바라신다는 사실을 깨달아야 했습니다. 예수님의
하나님 나라의 복음과 구원자로서의 능력은 자신의 백성 가운데서 발견한 가난한
자들과 병든 자들을 위한 것이었습니다. 군중의 모습이 제자들에게 거부감과
분노 혹은 업신여기는 마음을 일으켰을 법하지만, 예수님의 마음에는 그들을
향한 깊은 연민과 아픔이 있었습니다. 예수님은 그들을 정죄하지도 책망하지도
않으셨습니다. 하나님이 사랑하시는 백성이 학대당하고 바닥에 쓰러져
있습니다. 그 책임은 그들 가운데서 하나님의 사역으로 그들을 채워 주어야 하는
일꾼들에게 있습니다. 로마인들이 그렇게 만든 것이 아니라, 하나님의 말씀으로
섬기도록 부르심 받은 이들이 말씀을 오용했기 때문에 그렇게 된 것입니다.
어디에도 참된 목자는 없었습니다.

3월 4일
허비할 시간이 없다

"추수할 것이 많다!"(마 9:37-38). 곡식이 희어져 추수하여 곡간에 들일 때가
되었습니다. 가난하고 고난당하는 자들을 본향인 하나님 나라로 인도해야 할
시간이 다가왔습니다. 예수님은 수많은 사람들 너머로 하나님의 약속의 시간이
도래함을 보셨습니다. 서기관과 율법주의자는 짓밟히고 다 타버린, 황폐한
들판만 보았습니다. 하지만 예수님은 하나님 나라를 위해 무르익은 곡식이
물결치는 들판을 보셨습니다. '추수할 것이 많구나!' 오직 그분의 자비와 사랑만이
그것을 보았습니다. 이제는 허비할 시간이 없습니다. 추수기를 늦출 수 없습니다.
"그런데 일꾼이 적다." 예수님처럼 이러한 자비의 눈길을 가진 이가 적다는 것이
이상합니까? 예수님의 마음을 공유하고 예수님을 통해 상황을 보는 눈을 갖게
된 이들이 아니면 누가 이 일에 함께할 수 있겠습니까? 예수님은 도움의 손길을
찾습니다. 예수님 혼자서는 이 일을 하실 수 없습니다. 예수님을 도와 함께 일할
사람은 누구입니까? 오직 하나님만이 그런 사람들을 아시고 그들을 당신의
아들에게 주실 수 있습니다. 누가 스스로 예수의 동역자로 자원할 수 있겠습니까?
제자들마저도 그렇게 할 수 없었습니다. 다만 추수하는 주인에게 적기에 일꾼으로
보내 달라고 간청해야 합니다. 왜냐하면 때가 찼기 때문입니다.

축복과 십자가, 십자가와 축복

성경에는 건강, 행복, 능력 등에 대한 내용이 그다지 많지 않다고 당신은 생각할지 모릅니다. 저는 정말 그러한지 여러 번 생각해 보았습니다. 적어도 구약에서는 그렇지 않음을 어렵지 않게 발견할 수 있습니다. 구약에서 하나님과 인간의 행복 사이의 신학적인 매개 개념은 제가 이해하는 한 '축복'이라는 개념인 것 같습니다. 구약성경에서 예를 들어 족장들에게 중요한 것은 행복이 아니라 지상의 모든 부를 포함한 하나님의 복입니다. 이 복은 이 땅에서 하나님을 위해 사는 것을 의미하기 때문에 모든 약속을 담고 있습니다. …

그렇다면 구약의 축복을 십자가에 대립시켜야 합니까? 이는 십자가와 고난으로부터 하나의 원리를 만들어 내는 것에 불과합니다. …

구약성경에서도 복 받은 사람이 많은 고통을 당해야 했고(아브라함, 이삭, 야곱, 요셉), 구약성경 어디에서도(신약성경은 물론이고) 행복과 고난, 축복과 십자가를 서로 배타적인 대립 개념으로 제시하는 것을 저는 보지 못했습니다. 이 내용과 관련한 구약성경과 신약성경의 차이점은, 단지 구약에서는 축복이 십자가를 내포하고 신약에서는 십자가가 축복을 내포한다는 사실뿐이라고 봅니다.

고난당하고 버림받으심

예수 그리스도는 고난당할 뿐 아니라 버림받으셔야 했습니다. 하나님의 약속의 말씀이 성취되기 위해 필연적인 일이었습니다. 고난과 버림받는 것이 동일한 것은 아닙니다. 예수님은 고난 속에서 추앙받는 그리스도가 될 수도 있었습니다. 그와 같은 고난으로 오히려 세상의 동정과 감탄을 한 몸에 받을 수 있습니다. 고난은 비극이기는 하지만 그 안에 나름의 가치와 명예, 존엄성이 들어 있습니다. 하지만 예수님은 고난당할 뿐 아니라 버림받으신 그리스도입니다. 버림받는 것은 고난 속에 있는 모든 존귀와 명예까지도 빼앗김을 뜻합니다. 고난과 버림받음은 예수 그리스도의 십자가가 어떤 것인지를 요약해 주는 표현입니다. 십자가의 죽음은 버림받고 이 세상에서 쫓겨나 조롱받은 자로서의 죽음입니다. 예수님이 이러한 죽음을 겪어야 했던 것은 하나님의 필연적인 뜻이었습니다. 이 절대적인, 필연적인 뜻을 방해하는 모든 시도는 사탄적인 것입니다. 심지어 제자들에 의해 시도된다 하더라도 그러합니다. 이러한 시도는 그리스도가 그리스도 되시는 것을 막으려는 것이기 때문입니다. …

그러므로 예수님은 제자들도 고난을 받아야 한다는 사실을 분명하고 확실하게 말하셔야 했습니다. 그리스도가 고난당하고 버림받는 자로서만 그리스도가 될 수 있듯이, 제자들도 고난당하고 버림받는 자로서만, 예수님과 함께 십자가에 달리는 자로서만 제자가 될 수 있는 것입니다.

제자도는 예수 그리스도의 인격과 하나 되는 것을 의미합니다. 제자도는 그를 따르는 자를 그리스도의 법 아래, 즉 십자가 아래 있게 합니다.

복음은 값싼 믿음의 위로가 아니다

십자가는 불행이나 가혹한 운명이 아니라 우리가 예수 그리스도와 결속되었기에
필연적으로 다가오는 고난입니다. 우연한 것이 아니라 필연적인 고난입니다.
십자가는 자연인으로서 실존에 관계된 고난이 아니라 그리스도인에게 반드시
다가오는 고난입니다. 십자가의 본질은 고난만이 아니라 버림받음을 포함하는데,
엄밀히 말해 어떤 행동이나 고백 때문이 아니라 예수 그리스도로 인해 버림받는
것을 의미합니다. 제자도를 진지하게 받아들이지 않고 복음을 값싼 믿음의
위로로 만든 사람들, 그래서 우리의 자연적인 실존과 그리스도인으로서의 삶의
현실을 구별하지 않는 사람들은 십자가를 불행이라든가 삶에서 발생하는 절박한
일이나 불안으로 이해할 수밖에 없습니다. …
시편 기자의 처절한 탄식(시 69:7-9)에서 보듯, 고난 가운데 버림받고 사람들에게
업신여김과 배척을 당하는 것이 십자가의 고난의 특징인데, 일상의 삶과
그리스도인의 삶을 구별하지 않고 종교 생활을 하는 사람들에게는 잘 이해가 되지
않습니다. 십자가는 그리스도와 함께 고난을 당하는 것입니다.

환상에 빠지지 않기

새 언약이 죽어 가는 자에게 생명을 선포하고 생명과 죽음이 그리스도의
십자가에서 충돌해 생명이 죽음을 삼켜 버리는 진리를 볼 때, 우리는 십자가 아래
서 있는 교회를 믿습니다. 우리는 도덕이나 문화적인 모든 환상을 버리고 분명한
이성으로 현실을 직시할 때만 진실로 믿을 수 있습니다. 그렇지 않으면 우리의
믿음은 환상이나 착시 현상에 불과합니다. 믿는 자는 비관주의자가 아니며
그렇다고 낙관주의자도 될 수 없습니다. 두 가지 모두 환상이기 때문입니다. 믿는
자는 현실을 어떤 특정한 빛을 통해 보지 않고 있는 그대로 직시합니다. 그러나
그는 그가 보고 있는 것을 넘어 때로는 보고 있는 것과 정반대로 하나님과 그분의
능력을 믿습니다. 그는 세상을 믿지 않습니다. 세상이 더 발전할 것이며 더 나은
방향으로 나아갈 것이라 믿지 않습니다. 세상을 향상시키는 자신의 능력이나 선한
의지를 믿지 않습니다. 그는 인간을 믿지 않으며, 인간 속의 선함이 결국은 승리할
것이라는 간절한 호소마저도 믿지 않습니다. 인간의 능력으로 유지되는 교회도
믿지 않습니다. 오직 불가능한 일을 행하시는 하나님만을 믿습니다. 하나님께서
사망에서 생명을 창조하시며 죽어 가는 교회를 생명으로 불러내심을 믿습니다.
우리의 약함과 악함에도 불구하고 모든 것을 우리를 통해 그분 홀로 행하심을
믿습니다.

정의, 진리, 인간성, 자유라는 고귀한 가치

예수 그리스도의 이름을 부르는 곳에는 어디에나 예수님이 계셔서 지켜 주시며
또 요구하시기도 합니다. 정의, 진리, 인간성과 자유를 추구하며 투쟁하며
다시금 예수 그리스도의 이름을 부르는 법을 배우게 된 모든 사람에게 동일하게
적용됩니다. 예수의 이름은 그 이름을 부르는 사람들과 그들이 표명하는 고귀한
가치를 보호하는 동시에 그들과 그들의 가치에 부여되는 의무이기도 합니다. …
중세 시대에 그러했듯이 그리스도의 이름으로 권력을 조용히, 꾸준히 확장하거나,
예수 그리스도의 이름을 인간의 이름과 가치와 결합함으로써 세상 앞에서
정당화하는 것을 말하는 것이 아닙니다. …
예수 이름을 이 세상이 받아들이게 하는 것은 '기독교 문화' 때문이 아닙니다.
억압받는 고귀한 가치들과 그것을 수호하려는 사람들에게 피난처가 되고
정당성을 부여하며 보호하는 동시에 요구해 오신 분은 바로 십자가에 달리신
그리스도이십니다.

대리적인 삶

우리의 생명이신 예수님은 성육신하신 하나님의 아들로 우리의 삶을 대신하여 사셨기 때문에, 예수님으로 말미암아 모든 인간의 삶은 본질적으로 대리적인 삶입니다. 예수님은 당신의 완전성을 얻기 위해 노력한 한 개인이 아니라 당신 안에 모든 인간의 자아를 받아들이고 감당하는 대리자로 사셨습니다. 그분의 모든 삶과 행동, 고난은 우리를 대신하신 것이었습니다. 본래 인간이 살며 행해야 했고 고난당해야 했던 삶이 예수님 안에서 성취되었습니다. 그분은 인간의 실존적이고 현실적인 대표로서 사셨기 때문에 언제나 책임을 지시는 분이었습니다. 그분은 생명 자체이므로 그분으로 말미암아 모든 삶은 대리적인 삶으로 규정됩니다. …

대리성에 입각한 삶과 행위의 관점에서 본다면 책임은 인간과 인간관계에서 아주 본질적인 것입니다. 그리스도께서 인간이 되어 인간이 져야 할 모든 책임을 대신해 감당하셨습니다. 사물과 조건과 가치를 지키기 위한 책임도 존재합니다. 하지만 오직 사물이나 조건이나 가치의 근원과 본질과 목표가 그리스도를 통해 (요 1:4), 즉 인간이 되신 하나님을 통해 엄밀하게 보존될 때에만 그러한 책임이 존재합니다. 모든 사물과 가치를 포함한 세상은 인간을 지향해 지어졌던 창조 당시의 모습을 그리스도를 통해 다시 찾게 됩니다.

대리적 삶의 오용

대리적이고 책임지는 삶은 다른 사람들에게 자신의 생명을 완전히 내어 줄 때에만 이루어집니다. 자신을 아끼지 않는 사람만이 책임지는 삶을 살 수 있고, 이는 이러한 사람만이 진정으로 **살고 있다**는 의미입니다. …

대리적 삶을 살면서 두 가지 오용을 조심해야 합니다. 자신을 절대화하거나 타인을 절대화하는 것입니다. 전자의 경우는 책임 관계가 폭력과 독재로 발전합니다. 이 경우는 자신을 아끼지 않는 사람만이 책임 있게 행동할 수 있음을 깨닫지 못하는 경우입니다. 후자의 경우는 내가 책임져야 하는 다른 사람이 잘 되는 것을 절대화하여 다른 모든 책임은 무시하는 것입니다. 이것은 그리스도 안에서 모든 사람의 하나님이신 분 앞에서의 책임을 무시하고 제멋대로 행동하는 것입니다. 두 경우 모두 예수 그리스도 안에서의 책임 있는 삶의 근원과 본질과 목적을 부정하는 것이며 책임은 자신이 만든 추상적인 우상으로 전락하고 맙니다.

3월 12일
감당하시는 하나님

고난은 지나가기까지 견디고 감당해야 합니다. 세상이 고난을 감당하려 하면 결국 그 고난 때문에 멸망하지만, 그리스도께 맡기면 그리스도 안에서 고난은 극복됩니다. 이런 이유로 그리스도께서 세상을 위해 대리적으로 고난을 받으셨습니다. … 예수 그리스도의 교회는 십자가를 지고 그리스도를 따름으로써 세상을 위해 대리적으로 하나님 앞에 섭니다. 하나님은 짐을 지는 분이십니다. 하나님의 아들이 우리의 육체의 짐을 지셨습니다. 그래서 십자가를 지셨고 우리의 모든 죄를 지셨으며, 이를 통해 화해를 이루셨습니다. 그리스도를 따르는 이들도 짐을 지도록 부름을 받았습니다. 그리스도인이 된다는 것은 짐을 지는 것을 의미합니다. 그리스도께서 짐을 지면서 하나님과 교제하신 것처럼, 제자들도 짐을 짐으로써 그리스도와 교제하는 것입니다.

인간은 자신에게 지워진 짐을 벗어 버릴 수도 있습니다. 하지만 그런다고 해서 그 짐에서 자유로워지는 것은 아닙니다. 오히려 훨씬 더 무겁고 감당할 수 없는 짐을 지게 됩니다. 자신이 스스로 선택한 자아의 멍에를 지게 되는 것입니다.

예수님은 온갖 고통과 짐에 허덕이는 사람을 모두 불러서 그들의 멍에를 벗어 버리고 쉬운 그분의 멍에와 가벼운 그분의 짐을 지라고 하십니다(마 11:30). 그분의 멍에, 그분의 짐은 십자가입니다. 십자가를 지고 살아간다는 것은 비참하고 절망적인 것이 아니라, 우리의 영혼을 소생시키고 안식을 주며 가장 큰 기쁨이 되는 일입니다. 여기서 우리는 우리 스스로 만든 율법과 짐을 지는 것이 아니라 우리를 아시고 우리와 함께 멍에를 지시는 그분의 멍에를 지는 것입니다. 이 멍에를 질 때, 우리는 그분이 곁에 계시며 그분과 교제하고 있다는 확신을 얻을 수 있습니다. 그리스도를 따르는 자가 그분의 십자가를 질 때에 발견하는 것은 바로 그리스도입니다.

3월 13일
그릇된 염려

"의를 위하여 박해를 받은 자는 복이 있나니 천국이 그들의 것임이라"(마 5:10).
여기서 예수님은 하나님의 의라든가 그리스도를 위해 받는 박해에 대해 말씀하신
것이 아니라, 정의로운 일, 진실되고 선하고 인간적인 일로 인해 박해와 핍박을
받는 사람들에게 복이 있다 하신 것입니다(벧전 3:14; 2:20). 산상설교의 이 말씀에
따르면, 그리스도에 대한 신앙을 고백함으로써 고난을 받을 때에만 선한 양심을
가질 수 있다고 여기면서, 의롭고 선하고 진실된 일을 위하여 고난당하는 것은
회피하는 그리스도인의 잘못된 불안, 즉 정의를 위해 고난당하는 것을 하찮게
여기고 몸을 사리는 것은 분명히 잘못된 것입니다. 예수님은 꼭 당신의 이름으로
받는 고난이 아니라 하더라도 정의를 위해 고난 받는 자들을 받아 주십니다.
그들을 보호해 주시고 책임져 주시며 정당한 권리를 부여해 주십니다. 그렇기
때문에 의를 위해 박해받는 사람들이 그리스도께 인도됩니다. 그들이 고난당하며
대가를 치를 때 그리스도의 이름을 부르며 자신을 그리스도인이라고 고백하는
일이 일어납니다. 왜냐하면 그가 그리스도께 속해 있다는 사실을 이 시간에야
비로소 깨달았기 때문입니다. 이것은 우리가 실제로 겪었던 경험입니다.★

★ 나치 법정 앞에서 심문받는 사람들에게 있었던 일이다.

행동이 없는 기다림, 침묵하는 방관

사람들은 대부분 직접 경험해 보지 않고는 잘 배우려 하지 않는다는 점을
기억해야 합니다. 첫째, 이는 많은 사람이 왜 미리 예방책을 취하지 못하는지를
설명해 줍니다.(사람들은 미련하게도 너무 늦게까지 스스로 위험을 피할 수 있다고 생각합니다.)
둘째, 타인의 고난에 대한 인식이 왜 그렇게 무딘지 이해할 수 있게 됩니다.
자신에게 고난과 위험이 다가와 두려움이 몰려올 때에야 비로소 타인에 대한
동정이 싹트는 게 사실입니다. … 성경은 그리스도가 모든 사람이 당해야 하는
고난을 모두 자신의 고난처럼 몸소 겪었다고 기록하고 있습니다. 이는 우리가
감히 이해할 수도 없는 고귀한 생각입니다. 그분은 이 모든 것을 자원해서
감당하셨습니다. 우리는 그리스도가 아니며 우리의 행동과 고난으로 이
세상을 구원하도록 부름 받지 않았습니다. 우리는 주인이 아니라 단지 역사의
주인이신 주님의 손에 들려 있는 공구에 불과합니다. 그래서 우리는 이웃의
고난을 부분적으로만 경험하고 동참할 수 있습니다. 비록 우리가 그리스도는
아니지만 그리스도인이 되려 한다면 책임 있는 행동으로 예수 그리스도의
넓은 가슴에 안겨 있는 이웃의 고난에 작은 부분이라도 동참해야 합니다. 이는
진실한 연민으로 자원하여 이웃과 함께 고난당하기 위해 자신을 위험에 던짐을
의미합니다. 이 연민은 두려움에서가 아니라 우리를 해방하고 구원하는, 모든
고난당하는 자들을 향한 그리스도의 사랑에서 샘솟는 것입니다. 행동이 없는
막연한 기다림이나 침묵하는 방관은 그리스도인의 자세가 아닙니다.

"어찌하여 나를 잊으셨나이까?"

"어찌하여 나를 잊으셨나이까?"(시 42:9). 모든 것이 자신을 반대하는 것 같고 이 땅의 모든 소망이 사라지며 세상의 거대한 역사 가운데서 자신은 완전히 망한 것 같을 때, 인생의 목표에 실패하는 듯하고 모든 것이 아무 의미도 없는 듯한 순간에 그리스도인은 이렇게 질문하게 됩니다. 중요한 것은 '누구에게 질문하는가'입니다. 어두운 운명이 아니라, 나의 반석이요 나의 생명이 쉴 수 있는 영원한 기초이신 하나님께 질문해야 합니다. 내가 의심에 빠질 때, 하나님은 바위처럼 견고하게 서 계십니다. 내가 이리저리 흔들릴 때에도 하나님은 흔들리지 않습니다. 내가 신실하지 못할 때도 하나님은 신실하십니다. …

믿음 때문에 부끄러움과 모욕을 당하는 일은 수천 년 전부터 경건한 자들의 표징이었습니다. "너의 하나님이 어디 있느냐?" 하고 날마다 하나님의 이름이 의심받고 모욕당하면 몸과 영혼이 아프게 됩니다. 극심한 고난 가운데서 하나님의 인자를, 죄와 허물 가운데서 용서를, 죽음 가운데서 생명을, 실패 가운데서 승리를, 버려짐 가운데서 하나님의 자비로운 임재를 믿음으로 세상 앞에서, 원수들 앞에서 나의 하나님을 고백하게 됩니다. 예수 그리스도의 십자가에서 하나님을 발견한 자는 하나님께서 이 세상 가운데 놀랍게 숨어 계심을, 가장 멀리 계신다고 생각하는 순간에 나와 가장 가깝게 계신다는 사실을 알게 됩니다.

3월 16일
성육신하신 분

하나님은 누구십니까? 우리처럼 인간이 되신 분입니다. 그분은 완전하신 인간입니다. 그래서 그분에게는 인간의 모든 모습이 전혀 생소하지 않습니다. 내가 인간인 것처럼 예수 그리스도도 그러하셨습니다. 인간이신 예수 그리스도를 우리는 하나님이라 부릅니다. 이 말은 우리가 먼저 하나님이 누구신지 알았다는 뜻은 아닙니다. '이 사람은 하나님이시다'라는 진술은 그분의 인간 되심에 무언가를 덧붙여야 하는 것이라는 의미도 아닙니다. '이 사람은 하나님이시다'라는 진술이 자연적인 의미에서 그리스도의 신성은 인성에 속하고 인성은 신성에 속한다는 뜻으로 생각해서는 안 됩니다. 예수 그리스도의 신성은 이분의 인성에 덧붙여진 어떤 것이 아닙니다. '이 사람이 하나님'이라는 진술, 즉 인간이신 예수 그리스도에게 적용되는 이 진술은 **위로부터 온 수직적인 진술**입니다. 인간이신 예수 그리스도는 어떠한 것도 추가하지 않고 어떠한 것도 제거하지 않은 채 하나님으로서 온전한 인간성을 나타내십니다. … 우리의 믿음은 이 인간이신 예수 그리스도로부터 점화되는 것입니다. … 예수 그리스도가 하나님이라 불릴 때에 그분의 전지전능하심이 거론되어서는 안 됩니다. 오히려 그의 구유와 십자가를 말해야 합니다. 전지전능하심이나 무소부재와 같은 신적인 속성은 그곳에서는 찾아볼 수가 없습니다.

하나님의 사랑은 모호한 관념이 아니다

하나님이 인간이 되셨으며 더 이상 관념이 아니라 인간이 되신 분으로 알려질 수 있었듯이, 하나님의 사랑도 세상의 형태를 취했습니다. 오직 이와 같이 하나님의 사랑은 세상에 존재하며, 결코 모호한 관념이 아닙니다.

복음이 말하는 전부가 바로 사랑이며, 이 사랑은 사람들과 관계 맺는 방법이 아니라는 점에서 모든 철학과 구별됩니다. 이 사랑은 예수 그리스도 안에서 이루어진 하나님과 세상과의 교제로 이끌려 들어가는 것입니다. '사랑'은 하나님의 추상적인 속성으로 존재하는 것이 아니라, 하나님의 사랑을 받는 사람들과 세상에 일어난 실제 사건으로 존재합니다. 또한 '사랑'은 인간의 속성으로서 존재하는 것이 아니라, 나와 인간과 세상을 향한 하나님 사랑에 근거해, 인간과 인간, 그리고 세상이 실제로 서로 하나 되고 함께함으로 존재합니다. 하나님의 사랑이 세상 속에 들어와 모든 세상적인 것들의 오해와 모호성에 자신을 맡겼듯이, 기독교적인 사랑도 다른 방식이 아니라 이 세상에 존재하면서 오해와 편견의 대상이 되는 수많은 구체적이고 세상적인 행위 가운데 존재합니다. …

하나님의 사랑은 자기애로 흐려지고 왜곡된 우리의 시각을 바꿔 주어 이웃과 세상의 진정한 현실이 어떠한지를 분명히 보게 합니다. 그렇게 함으로써, 오직 그렇게 함으로써만 우리에게 진정한 책임이 무엇인지 인식하게 해줍니다.

우리에게 내린 사랑

"새 계명을 너희에게 준다"라고 예수께서 말씀하셨습니다(요 13:34). 이는 예수를 진정으로 아는 사람들은 이웃과 함께 예수의 계명을 따라 새로운 삶을 시작해야 함을 의미합니다. 새 계명의 내용이 무엇입니까? "내가 너희를 사랑한 것과 같이 너희도 서로 사랑하라!"

우리를 향한 예수 그리스도의 사랑은 어떤 것입니까? 한낱 들려오는 말에 불과할까요? 그 사랑을 경험한 적이 있습니까? 실제로 그 사랑을 경험한 자만이 다른 사람을 진정으로 사랑할 수 있습니다. 예수의 사랑은 영원에서 와서 영원을 향해 가는 사랑입니다. 그 사랑은 시간에 제한되지 않습니다. 영원의 존재인 우리를 영원토록 감싸 줍니다. 예수의 사랑은 어떠한 것에도 방해받지 않습니다. 우리를 향한 하나님의 영원한 신실하심을 보여 주기 때문입니다. 예수의 사랑은 내 이웃에게 유익하다면 어떠한 아픔이나 희생이나 고난도 아끼지 않고 기꺼이 감당하는 사랑입니다. 순전히 우리를 위해 이 땅에서 모욕과 조롱과 미움을 감당하시고 십자가에서 죽으신 사랑입니다. 예수의 사랑은 스스로 십자가를 지는 사랑입니다. 우리를 있는 모습 그대로 받아 주시는 사랑입니다. 마치 어머니가 아이를 있는 그대로 사랑하시는 것처럼 말이지요. 아이가 곤경에 처해 있거나 아플 때 어머니의 사랑이 더 필요하듯이 예수의 사랑도 그러합니다. 예수님은 우리의 모습 그대로 받아 주십니다.

경건한 자들에게 거침이 되는 돌

하나님이 인간으로 낮아지신 '신인God-man'은 경건한 사람들에게, 아니 모든 사람에게 거리낌을 주었습니다. … 소위 경건한 이들은 그분이 스스로를 경건한 사람으로 여기며 하나님의 아들이라 주장하는 것을 도저히 이해할 수 없었습니다. 그가 "나는 너희에게 이르노니"(마 5:22), "네 죄 사함을 받았느니라" (마 9:2)라고 말하는 권위는 대체 어디에서 오는 것일까요? 예수님이 이미 하나님처럼 여겨졌다면 사람들은 그의 주장을 기꺼이 받아들였을 것입니다. 사람들이 요구하던 대로 표적으로 증명해 주었다면 그를 믿었을 것입니다. 그런데 표적으로 증명하면 딱 좋을 순간이면, 예수님은 뒤로 물러서셨습니다. 이러한 태도에 사람들은 그를 거리꼈습니다. 하지만 이 사실은 매우 중요합니다. "당신이 그리스도냐"라는 질문에 기적과 표적으로 답하셨다면 우리와 똑같은 사람으로 성육신하셨다는 진리는 성립되지 않습니다. 어떤 결정적인 순간에 예외가 생기는 것이기 때문입니다. …

기적으로 자신을 증명하셨다면 그를 믿었겠지만 우리의 구원은 되지 못합니다. 기적에 대한 믿음은 성육신하신 하나님에 대한 인격적인 믿음이 아니라 단순히 초월적인 사실에 대한 인정이기 때문입니다. 그건 믿음이 아닙니다. … 눈에 보이는 증거를 포기할 때, 나는 비로소 하나님을 믿는 것입니다.

3월 20일
성공한 자, 실패한 자

성공이 모든 일의 기준이 되고 어떤 일의 가치를 부여해 주는 세상에서
십자가에서 처형당한 자의 모습은 참으로 생소합니다. 기껏해야 사람들의
동정심을 유발합니다. 생각이나 사상이 중요한 것이 아니라 실제적인 행동과
결과가 결정적인 것 아닙니까? 성공이 있다면 그 과정에서 일어난 모든
불의는 감추어지는 것 아니겠습니까? 그 성공 안에서 모든 죄도 덮어지는
것 아니겠습니까? 그러니 성공한 자에게 당신의 방식이 틀렸다고 누가
항의하겠습니까? 과거의 일은 다 잊고 성공한 자는 그의 방식대로 미래를 향해
계속 달려가는 것 아니겠습니까? 하지만 십자가는 성공 지향적인 모든 생각을
완전히 뒤집습니다. 십자가는 성공만을 향해 있는 생각을 부정하기 때문입니다. …
심판 아래에만 인간과 하나님의 화해가 있습니다. … 하나님께서 십자가를
인정하신 것은 모든 성공한 자에 대한 심판입니다. 실패한 자들은 내가
실패해서가 아니라 하나님의 신적 사랑에 근거한 심판을 받아들였기 때문에
하나님 앞에 설 수 있음을 알아야 합니다. 그리스도의 십자가, 이 세상에서의
실패가 진정한 성공이라는 사실이 세상을 다스리시는 하나님의 영적 신비입니다.
물론 이 신비는 그리스도의 교회의 고난을 통해서나 다른 곳에서도 나타나기도
하지만, 그것으로 항상 적용되는 어떤 공식을 만들 수는 없습니다.

원수들 가운데서

우리는 언제나 친구들 가운데, 특히 정직하고 존경할 만한 사람 가운데 있고 싶어
합니다. 그런데 예수 그리스도는 원수에게 둘러싸여 있었습니다. 바로 그곳에
예수님은 있고자 하셨습니다. 그러므로 우리도 그런 곳에 있어야 합니다. 이 점이
우리가 이단이나 타종교와 다른 점입니다. 그들은 종교적인 사람들끼리 모이고자
합니다. 하지만 그리스도는 당신처럼 우리도 원수 사이에 있기를 원하십니다.
그리스도는 원수 가운데서 하나님의 사랑 속에 죽으면서 기도하셨습니다.
"아버지 저들을 사하여 주옵소서 자기들이 하는 것을 알지 못함이니이다"
(눅 23:34). 그리스도는 원수들 한가운데서 승리를 얻고자 하십니다. 그러므로
물러서거나 따로 떨어져 지내지 말고, 모든 사람이 다 좋게 여기는 일을 하도록
하십시오. "여러분의 힘으로 되는 일이라면 모든 사람과 평화롭게 지내십시오"
(롬 12:18, 공동번역). … 우리 마음은 늘 평화로 가득 차야 합니다. 모든 사람과
평화롭게 지낸다는 것은 평화를 위해 하나님 말씀에 관련해서도 침묵하고
있어야 한다는 말입니까? 그것은 절대 아닙니다. 그렇다면 하나님께서 이 세상과
인간들과 맺으신 평화보다 더 평화로운 말이나 일이 있습니까? 여기서 "여러분의
힘으로 되는 일이라면"이라고 표현한 것은, 여러분에게 달려 있지 않은 일도
있다는 것이며, 그 한 가지는 하나님의 말씀에 대해 침묵하면 안 된다는 점을
말하기 위함입니다. 우리는 상처 받고 분열된 세상을 향해 평화의 메시지를,
하나님과 인간이 평화롭게 된 메시지를 전달해야 할 의무가 있습니다. 예수님은
우리가 원수 되었을 때 화평을 이루셨습니다(롬 5:10). 이 화평과 평화를 모든
사람에게 전해 줍시다.

하나님의 때

윤리적으로 건강한 사람들은 실패의 경험을 통해, 시험을 견디려면 힘을 더 키워야 한다는 사실을 깨닫게 됩니다. 그러므로 그들에게 실패는 결코 돌이킬 수 없는 일이 아닙니다. 그리스도인들은 시험이 올 때마다 자신의 모든 힘이 소진됨을 느낍니다. 이 순간이 신자에게는 돌이킬 수 없는, 암울한 시간이 될 수 있습니다. 따라서 그리스도인은 자신의 힘으로 끝까지 버티지 않고 겸손하게 기도합니다. "우리를 시험에 들게 하지 마시옵고!" …

낮과 밤을 운행하시는 하나님은 갈증의 때도 주시고 위로의 때도 주십니다. 폭풍우의 순간도 주시고 순탄한 항해의 시간도 주십니다. 또 걱정과 불안의 시간도 주시고 기쁨의 시간도 주십니다. …

그리스도인들에게 중요한 것은 현재 처한 상황이 아니라 이 상황에서 하나님이 나를 어떻게 다루고 계시는지를 아는 것입니다.

하나님은 나를 밀어내기도 하시고 다시 받아들이기도 하십니다. 나의 일을 망하게도 하시고 다시 일으키기도 하십니다. "나는 여호와라 다른 이가 없느니라 나는 빛도 짓고 어둠도 창조하며 나는 평안도 짓고 환난도 창조하나니 나는 여호와라 이 모든 일들을 행하는 자니라"(사 45:6-7). 그리스도인은 삶을 자신이 생각하는 대로 살 것이 아니라 하나님의 시간에 따라 살아야 합니다. 그럴 때 그리스도인은 시험 가운데 산다거나 유혹을 당하고 있다고 말하지 않습니다. 오히려 평안할 때에 하나님께서 시험의 때를 허락하시지 않도록 기도합니다.

"우리를 시험에 들게 하지 마시옵소서!"

시험의 때는 올 수밖에 없지 않습니까? 그러면 "우리를 시험에 들게 하지 마시옵소서"라고 기도하는 것이 잘못된 것 아닙니까? 올 수밖에 없는 시험의 때를 잘 극복할 힘을 달라고 기도하는 것이 더 현명하지 않습니까? 이런 생각은 우리가 가장 크고 어려운 시험을 거친 그리스도보다도 시험에 대해 잘 알고 있다고 여기며 그분보다 경건하고자 하는 데서 나오는 것입니다. 어떤 이는 '시험은 와야 하지 않는가?' 하고 생각합니다. 그런데 왜 와야 합니까? 하나님께서 당신의 백성을 사탄에게 내어 주셔야 한다는 것입니까? 그들을 배교의 나락으로 인도하셔야 한다는 것입니까?

하나님께서 사탄에게 그러한 권능을 허용하셔야 합니까? 우리가 누구이기에 시험이 와야만 한다고 말할 수 있단 말입니까? 우리가 하나님께 충고라도 할 수 있다는 말입니까? 만일 우리가 도저히 납득할 수 없는 **하나님의 필요**에 따라 실제로 시험이 와야 한다면, 정말 그렇다면, 가장 어려운 시험을 견딘 분께서 이에 맞서 기도하도록 우리를 부르십니다. 그래서 우리는 운명으로 여기고 체념하는 심정으로 우리를 시험에 내어 줄 것이 아니라 하나님이 사탄에게 굴복하는 듯 보이는 흑암의 필연성으로부터 구원해 주시기를, 다시 말해 사탄을 발아래 두어 밟으실 하나님의 권능과 자유에 호소하며 이렇게 기도해야 합니다. "우리를 시험에 들게 하지 **마시옵소서!**"(마 6:13).

광야에서

복음서는 예수님이 마귀에게 시험을 받으실 때에 성령에 이끌려 광야로
가셨다고 기록합니다(마 4:1). 그런데 하나님께서 아들이 시험을 이길 수 있도록
사탄에게 저항할 힘과 무기를 주는 것으로 시작되지 않고, 성령께서 예수를
광야로 몰아내심으로, 즉 외로움과 고독, 버림받음을 느끼게 함으로 시작합니다.
하나님께서는 인간과 자연의 도움을 아들에게서 모두 빼앗으십니다. 시험의 때에
예수님은 약하고 외롭고 배고파야 하셨습니다. 하나님께서는 때로 시험의 때에
홀로 있게 하십니다. 아브라함도 모리아 산에서 홀로 시험에 직면했습니다(창 22).
그렇습니다. 시험의 때에 하나님은 사람들을 홀로 남겨 두십니다. 역대하
32장 31절에서 히스기야를 시험하고자 떠나셨다는 사실이나, 시편 기자들이
항상 "하나님이여, 나를 버리고 떠나지 마옵소서!"(시 38:22; 71:9; 119:8), "주의
얼굴을 내게서 숨기지 마시고… 나의 구원의 하나님이시여, 나를 버리지 마시고
떠나지 마소서!"(시 27:9)라고 부르짖는 의미가 무엇인지 이해해야 합니다.
윤리적으로, 종교적으로 생각할 때 도저히 이해하기 어렵지만, 하나님께서는
시험의 때에 자비의 모습으로 우리 가까이 계시면서 영적 은사로 무장시키는 대신
우리를 버려두고 아주 멀리 떠나는 모습으로 당신을 계시하십니다. 그렇게 우리는
광야에 있게 됩니다.

가인의 표

가인부터 죽음의 역사가 시작됩니다. 죽음으로 향하는 삶을 살면서 **생명**을 향한 갈증에 자신을 소진한 아담이 가인을 낳았는데, 그는 **살인자**가 되었습니다. 아담의 아들 가인에게 새로운 것은, 그가 스스로 하나님처럼 되어 사람의 생명을 건드린다는 것입니다. 생명나무의 실과를 먹지 못하게 된 인간은 더욱 탐욕스럽게 죽음의 열매를 건드리려고 합니다. 생명을 파괴하려고 합니다. 오직 창조주만이 생명을 앗아갈 수 있습니다. 가인은 이 창조주의 권리를 스스로 획득하여 살인자가 되고 맙니다. …

죽음의 역사는 가인의 표 아래 전개됩니다. 십자가의 그리스도, 즉 죽임 당한 하나님의 아들은 가인의 역사를 끝장냅니다. 그리하여 인간의 보편 역사도 종결됩니다. …

십자가 아래에서 온 인류는 죽습니다. 그러나 그리스도가 사셨습니다. 십자가는 생명의 나무가 되었고, 이 세상 한복판에, 이 저주받은 땅 위에 새롭게 생명으로 세워지게 되었습니다. … 그리고 이 생명나무의 열매를 따 먹은 자는 더는 배고프지도 목마르지도 않게 됩니다.

그리스도인과 이방인

사람들은 고난의 때에 하나님께로 나아가 도움을 구합니다.

행복과 먹을 것을 구하고, 병과 죄책과 죽음에서 구원해 달라고 기도합니다.

모든 사람이 그렇게 구합니다.

그리스도인이나 이방인이나 모두가 그렇게 합니다.

사람들은 고난당하시는 하나님께 나아갑니다.

가난하고 조롱당하며 거할 곳도 먹을 것도 없으신 하나님을 발견합니다.

죄와 약함과 죽음이 그분을 삼키는 것을 봅니다.

그리스도인들은 고난당하시는 하나님 곁에 섭니다.

하나님께서는 고난 가운데 있는 모든 사람을 찾아오십니다.

당신의 양식으로 육신과 영혼을 배부르게 하십니다.

그리스도인과 이방인을 위해 십자가에서 죽으셨습니다.

그리고 그들 모두를 용서하셨습니다.

예수 그리스도의 참된 대리적 삶

예수 그리스도는 책임 있게 살아가시는 분입니다. 자신의 윤리적인 완성에 도달하고자 애쓰는 개인이 아니십니다. 오히려 그분은 모든 인간의 자아를 받아들이고 감당하는 분으로 살아가십니다. 이런 점에서 그분의 전 생애와 행적, 고난은 대리적인 삶입니다. 실제로 인간이 되신 그리스도는 모든 사람의 자리에 서셨습니다. 사람들이 살고 행동하고 겪어야 하는 모든 것이 그분에게 일어났습니다. … 책임 있는 행동은 대리적인 행동입니다.

모든 인류를 위한 예수 그리스도의 책임의 내용은 사랑이요, 그 형태는 자유입니다. 여기서 말하는 사랑은 인간을 향해 실현된 하나님의 사랑과 하나님을 향한 인간의 사랑을 의미합니다. 예수 그리스도는 인간을 향한 하나님의 성육신적 사랑이기 때문에, 그분은 추상적이고 윤리적인 사상의 전파자가 아니라 하나님의 사랑을 구체적으로 행하신 분입니다. …

예수님이 중요하게 생각하신 것은 윤리적인 새로운 이상, 곧 스스로의 선함을 제시하거나 실현하는 것이 아니라 오직 현실의 인간을 향한 하나님의 사랑이었습니다. 그렇기 때문에 그분은 인간의 죄책 속으로 들어오실 수 있었고, **인간의 죄의 대가를 친히 짊어지실 수 있었습니다.**

인간의 죄책 가운데 들어오신 예수님

예수님은 모든 인간을 낮추면서 유일하게 완전한 분으로 인정받으시려는 것이
아닙니다. 유일하게 죄가 없는 분으로, 죄로 인해 멸망의 길을 가고 있는 인간들을
멸시하고자 하는 것도 아니요, 비참한 인류의 폐허 위에서 특정한 인간적인
이념의 승리를 부각시키려 하시는 것도 아닙니다. 현실 속의 인간을 향한 사랑이
그분을 죄책 가운데 있는 인간과 교제하게 합니다. 예수님은 당신이 사랑하는
사람들이 죄책의 삶에서 벗어나기를 바라시지 않습니다.
사람들을 죄책 가운데 내버려 두는 사랑은 현실의 인간을 사랑의 대상으로
삼는 것이 아닙니다. 그래서 예수님은 인간을 위한 대리적 책임 속에서 현실의
인간을 위한 사랑 때문에 죄책을 짊어지셨습니다. 그렇습니다. 모든 인간의 죄가
그분에게 지워졌습니다. 그분은 그것을 외면하지 않고 겸손하게 그리고 무한한
사랑으로 지십니다. 예수님은 책임 있게 행동하는 현실 속의 인간으로, 삶의
현실로 들어온 인간으로서 죄인이 되신 것입니다. 인간을 향한 하나님의 사랑으로
인해 그분의 역사적 실존, 즉 성육신이 일어났기에, 그리스도로 하여금 모든 죄를
짊어지게 하는 것은 곧 하나님의 사랑입니다. 인간을 향한 희생적 사랑으로 인해
예수님은 죄 없는 완전함에서 나와 스스로 인간의 죄책 속으로 들어오시며 그
죄책을 친히 짊어지십니다.

죄책을 대신 지는 것

예수님이 중요하게 생각하신 것은 윤리적인 새로운 이상이나 자신의 선함을
선포하거나 실현하는 것이 아닙니다(마 19:17). 그분이 죄를 짊어지게 한 동기는
오직 사랑입니다. 예수님은 죄가 없음에도 자신을 비우는 사랑으로 인간의 죄책
속으로 들어와 인간의 죄를 짊어지셨습니다. 무죄함과 죄책 감당은 예수님 안에서
밀접하게 결합되어 있습니다. 예수님은 죄 없는 분으로서 죄책을 짊어지셨고,
죄책의 짐 아래서 스스로 죄 없는 분임을 입증하셨습니다. 모든 책임적 대리
행위는 죄가 없으나 죄인이 되신 예수 그리스도 안에 그 근원이 있습니다. …
예수 그리스도의 관심은 전적으로 사람들에게 있었습니다. 이것은 현실의 인간을
향한, 자신을 비우는 사랑 때문에 가능한 것입니다.

죄인이 되는 것

예수님이 모든 사람의 죄책을 짊어지셨으므로 책임 있게 행하는 사람은
모두 죄책을 지게 됩니다. 죄책을 회피하려 하는 사람은 인간 존재의 궁극적
현실로부터 이탈하는 것이며, 죄가 없음에도 죄책을 짊어지신 예수 그리스도의
구속의 신비에서 이탈하는 것입니다. 또한 이러한 구속 행위에 주어지는 하나님의
'의롭다 칭하심'의 선물도 누릴 수 없게 됩니다. 그러한 사람은 자신의 결백을 다른
사람에 대한 책임보다 중요시하기 때문에, 이런 식으로 스스로 죄책을 해결받지
못하고 짊어지게 된다는 것을 보지 못합니다. 또한 자신의 무죄를 진정으로
증명하는 것은 바로 다른 사람들을 위해 그들의 죄책의 공동체 안으로 들어가는
것이라는 사실을 모르는 것입니다. 예수 그리스도로 말미암아, 죄 없는 자가
이타적인 사랑으로 죄인이 되는 것은 책임 있는 행동의 본질에 속하게 되었습니다.

하나님의 고난에 참여함

예수님이 겟세마네 동산에서 이렇게 물으십니다. "너희가 나와 함께 한 시간도 이렇게 깨어 있을 수 없더냐"(마 26:40). 이는 종교적인 인간이 하나님께 기대하는 모든 것을 뒤집어엎는 말씀입니다. 사람들은 하나님을 믿지 않는 세상에서 하나님의 고난을 함께 지도록 부름 받습니다. 따라서 우리는 하나님을 믿지 않는 세상에서 살면서 불경건함을 종교적으로 가리거나 포장하는 시도를 포기해야 합니다. 다시 말해 우리는 '세상의' 방식으로 살면서 하나님의 고난에 동참해야 합니다. 우리는 '세상의' 방식으로 살도록 허락받았으며, 잘못된 종교적 얽매임과 장애물에서 해방되었습니다. 그리스도인이 된다는 것은 특정한 방식의 종교인이 된다든지, 어떤 방법에 근거해서 무엇이 되는 것이 아니라(예를 들어 죄인, 회개하는 자, 성인 등), 인간이 되는 것입니다. 그리스도는 우리 안에서 특정한 인간 유형을 만드는 것이 아니라, 인간을 만드십니다.

종교적인 행위로 그리스도인이 되는 것이 아니라 세상의 삶에서 하나님의 고난에 참여함으로 그리스도인이 되는 것입니다. 자신의 곤궁, 문제, 죄, 불안에서 벗어나 예수님의 길에 들어서서 메시야의 성취된 구속 사건에 동참하는 것이 바로 회개입니다.

"그는 실로 우리의 질고를 지고 우리의 슬픔을 당하였거늘 우리는 생각하기를 그는 징벌을 받아 하나님께 맞으며 고난을 당한다 하였노라 그가 찔림은 우리의 허물 때문이요 그가 상함은 우리의 죄악 때문이라 그가 징계를 받으므로 우리는 평화를 누리고 그가 채찍에 맞으므로 우리는 나음을 받았도다"(사 53:4-5).

4월
수난절과 부활절

수난절과 부활절이 가져다주는 해방은
우리의 생각이 개인이 처한 상황을 뛰어넘어
모든 삶과 모든 고난과 모든 사건의 궁극적 의미에까지 미치게 하여
큰 소망을 붙잡게 해준다는 것입니다.

4월 1일
모두가 하나님에 대해 실족하게 되는 곳

그리스도는 오직 십자가를 통해 생명으로, 부활로, 승리로 가십니다. 이 진리는 놀라우면서도 많은 사람이 끔찍해하는 성경의 주제입니다. 생각해 보십시오. 하나님께서 이 세상에서 보여 주시는 유일한 표적은 십자가입니다. 그리스도는 이 땅에서 하늘로 영광스럽게 들려 올라가신 것이 아니라 십자가에 달리셔야 했습니다. 그런데 그 십자가가 서 있는 곳에 부활이 가까이 있습니다. 모든 사람이 하나님에 대해 실족하고 그분의 능력에 실망하는 그곳에 하나님이 계시고 그리스도가 살아서 가까이 계십니다. 배교자가 되느냐 아니면 진실한 신자로 남느냐 하는 위기의 갈림길에서 하나님이, 또 그리스도가 우리를 기다리고 계십니다. 흑암의 권세가 하나님의 빛을 집어삼키고 꺾으려 하는 곳에서 하나님은 승리의 나팔을 불고 어둠을 심판하십니다. 이 원리는 그리스도가 교회에 다가올 마지막 때를 생각하실 때도 그대로 적용되었습니다(마 24:6-14). 제자들이 예수의 죽음 후에 올 재림의 징조에 대해 물었습니다. 이 재림은 일회적인 것이 아니라 영원한 재림입니다. 성경에서 종말의 시간이란 예수의 죽음과 마지막 심판 사이의 시간을 의미합니다. 따라서 매일매일이 종말의 시간입니다. 이와 같이 신약은 예수 그리스도의 죽음을 이 세상의 운명을 정하는 중요하고 결정적인 사건으로 봅니다.

고난이란 전혀 다른 차원의 것이다

감옥에서 두 번째 맞는 고난 주간입니다. 제가 받은 편지들에서 제 '고난'에 대해
쓴 글들을 읽으면 마음이 거북해집니다. 고난의 의미를 세속화하는 것처럼
들리기 때문입니다. 고난과 같은 것을 드라마틱하게 만들어서는 안 됩니다. 제가
오늘날의 다른 일반적인 사람들보다 더 많이 '고난당한다'고 할 수 있는지는
의문입니다. 물론 끔찍한 일들이 많지만 어디엔들 그러한 것이 없겠습니까?
예전에 가톨릭 신자들이 이와 같은 일들을 어떻게 말없이 받아들였는지 놀라곤
했습니다. 그들이 우리보다 능력이 많아서 그렇게 했을까요? 아마도 그들은
역사를 통해 실제로 고난과 순교가 무엇을 의미하는지 더 잘 알고 있었던 것
같습니다. 나는 신체적 고난이나 고통도 반드시 '고난'에 속한다고 믿습니다.
우리는 정신적 고난을 강조하는 경향이 있습니다. 그러나 그리스도께서 우리를
정신적 고난에서 해방하셨으며, 신약성경과 초대교회의 순교자 열전에서는 나는
정신적 고난이라는 말을 본 적이 없습니다. 그리고 '교회가 고난을 당하는 것'과
교회에서 봉사하는 어떤 한 사람이 이러저러한 어려움을 당하는 것에는 큰
차이가 있겠지요. 나는 고난에 대한 우리의 생각이 바뀌어야 한다고 생각합니다.
솔직히 말해 우리가 얼마나 많이 우리의 고난에 대해 말해 왔는지 깨닫고는
부끄러워집니다. 아니, 고난은 전혀 다른 것임이 분명합니다. 고난이란 지금까지
내가 겪어 온 것과는 전혀 다른 차원의 것입니다.

십자가를 질 수 있게 하기 위하여

예수님은 제자들이 당신과 함께 고난과 굴욕, 수치와 경멸의 대상이 되게
하시기 전에 그들을 불러 모으고 당신이 하나님의 영광을 지닌 주님이심을 보여
주셨습니다(마 17:1-9). 예수님은 제자들이 스승과 함께 인간들의 죄, 악과 미움의
수렁으로 빠져야만 하는 때가 이르기 전에 그들을 높은 산으로 인도하십니다.
하나님의 도움이 거기서 오기 때문입니다(시 121:1). 사람들이 얼굴에 주먹질을
하고 침을 뱉고, 그분의 옷을 찢고 피로 물들이기 전에, 제자들은 하나님의
광채로 빛나는 예수님을 보았습니다. 얼굴은 하나님의 얼굴과 같이 광채가
났고 입으신 옷은 눈부시게 빛났습니다. 겟세마네에서 예수님의 고난을 몸소
경험하게 될 제자들이 이 영광의 순간을 통해 변화한 하나님의 아들을 영원하신
하나님으로 바라볼 수 있었던 것은 참으로 큰 은혜였습니다. 이를 통해 제자들은
부활을 알게 되고 십자가로 나아갈 수 있었습니다. 이 점에서 제자들은 우리와
같습니다. 이를 아는 우리는 십자가를 질 수 있어야 합니다.
변화하신 예수님 옆에는 모세와 엘리야가 서 있었습니다. 율법과 선지자의 대표가
예수께 영광을 돌리고 말씀을 나눕니다. … 하나님의 구원의 신비인 십자가에
대해 말합니다. 구약과 신약이 변화한 예수님의 빛 가운데 만나 대화합니다. 이제
약속이 성취됩니다. 십자가로 모든 것이 완성됩니다.

4월 4일
십자가 아래에서

우리는 주 예수 그리스도를 통해 하나님과 화평을 이룹니다(롬 5:1). 그리하여 우리를 향한 하나님의 전쟁이 끝나게 되었습니다. … 예수 그리스도가 우리를 위해 하나님의 진노를 받으며 십자가에서 죽임 당하셨습니다. 하나님 스스로 이 일을 이루기 위해 그분을 이 땅에 보내신 것입니다. …이해할 수 없는 놀라운 신비가 여기에 있습니다. 하나님께서 예수 그리스도를 통해 우리와 화평을 이루신 것입니다. 십자가 아래 평화가 있습니다. 십자가에는 하나님의 뜻에 대한 완전한 순종, 곧 우리의 뜻에 대한 부정이 있습니다. 십자가에는 하나님 안에 있는 쉼과 평화가 있습니다. 십자가에서 우리의 모든 죄를 용서받고 우리 양심이 화평을 누리게 됩니다. 이 십자가 아래에서 "우리가 믿음으로 서 있는 이 은혜에 들어감을 얻었으며"(롬 5:2), 이로써 우리는 매일 하나님과 화평을 누립니다. 세상에서 하나님과 화평을 누리게 하는 유일한 길이 십자가에 있습니다. 오직 예수 안에서만 하나님의 진노가 풀리고 우리가 하나님의 뜻으로 들어갈 수 있습니다. 그러므로 교회에게 예수 그리스도의 십자가는 장차 도래할 하나님의 영광의 소망과 기쁨의 영원한 이유가 됩니다. "하나님의 영광을 바라고 즐거워하느니라" (롬 5:2). 십자가에서 하나님의 의와 승리가 이 땅에 시작되었습니다. 때가 되면 감춰진 이 진리가 온 세계에 밝히 드러날 것입니다. 우리가 십자가 아래에서 얻은 평화가 하나님 나라에서 영원하고 영광스러운 평화로 지속될 것입니다.

빈 무덤은 수수께끼

이 세상에서 빈 무덤은 모호한 역사적 사실입니다. 반면 믿는 자들에게 빈 무덤은 부활이라는 기적에서 필연적으로 나타나는 현상으로 부활 사건을 확증하는 하나님의 역사적 표징, 즉 역사 가운데 인간을 다루시는 하나님이 주신 표징입니다. 부활을 역사적으로 증명할 증거는 없습니다. …

여전히 과학적으로 수수께끼로 남아 있는 부활 사건에 대해 역사가들은 이 사건이 인간이 가진 세계관의 가정이라고 주장합니다. 하지만 그런 가정은 역사 가운데 행하시는 하나님의 행동에 믿음의 근거를 두는 신자들에게는 별로 새롭지도 않고, 무게 있는 주장도 아닙니다. 여전히 빈 무덤은 수수께끼로 남아 있고, 예수의 부활에 대한 신앙을 강요할 수도 없습니다. 그렇지만 믿는 자들에게 이 수수께끼는 역사에 나타난 하나님의 신적인 흔적이요, 진정한 실체의 증거입니다. 학문적인 연구나 탐구로는 부활을 증명할 수도 반증할 수도 없습니다. 부활은 하나님의 기적이기 때문입니다. 부활하신 분을 살아 계신 하나님으로 믿는 우리 신자들은 말씀의 증거 안에서 부활을 역사 속에 나타난 하나님의 행동으로 이해하게 됩니다. 이 부활은 기적의 특성이 그러하듯 과학의 관점에서는 단지 수수께끼로 보일 수밖에 없습니다.

소망을 이루는 방법

환난은 인내를 이루어 냅니다(롬 5:3). '인내'를 문자적으로 번역하면 '끝까지 버티는 것', '짐을 벗어 버리지 않고 짊어지는 것'입니다. 오늘날 너무도 적은 교회만이 짐을 감당하고 지는 축복에 대해 알고 있습니다. 짐을 떨쳐 버리지 않고 적극적으로 지면서 쓰러지지 않는 인내, 곧 예수님이 십자가를 지셨던 그 자세로 짐을 감당하며 그 아래에 머물고 낮은 곳에서 그리스도를 발견하는 엄청난 축복을 잘 모릅니다. …

하나님의 화평은 참고 인내하고 감당하는 자에게 임합니다. 인내는 연단을 이루어 냅니다(롬 5:4). 그리스도인의 삶은 말이 아니라 연단으로 이루어집니다. 연단 없이는 신자라고 말할 수 없습니다. 여기서 말하는 연단은 인생에서의 연단이 아니라 하나님이 주시는 연단입니다. 하나님이 주시는 모든 종류의 연단이 아니라 신앙을 지키고 하나님과의 평화를 유지하는 연단, 예수 그리스도의 십자가 연단을 말합니다. 인내하는 자는 체험을 얻을 수 있지만 인내하지 못하는 자는 아무 체험도 얻지 못할 것입니다. …

연단은 소망을 이룹니다. 시련을 극복하면 승리로 이어지기 때문입니다. 큰 파도를 하나씩 이겨 나갈 때마다 우리는 목적지에 점점 가까워집니다. 그러므로 연단, 즉 체험이 있을 때마다 소망이 자랍니다. 고난과 시련을 겪으면서 신자는 영원한 영광의 도래를 바라볼 수 있습니다. 소망은 우리를 실망시키지 않습니다(롬 5:5). 소망이 있는 곳에는 패배가 있을 수 없습니다.

4월 7일
화해의 십자가

예수 그리스도는 십자가에서 처형된 화해자이십니다. 이는 인간이 예수
그리스도를 거부함으로써 하나님이 없는 세상이 되었으며, 인간의 어떤
노력으로도 저주를 피할 수 없게 되었음을 의미합니다. 세상은 그리스도의
십자가를 통해 확정적으로 인장印章을 받은 셈입니다. 하지만 그리스도의
십자가는 세상과 하나님의 화해의 십자가입니다.…
화해의 십자가는 하나님 없이 사는 경건하지 못한 세상의 한복판에서 하나님
앞에서 살아가도록 인생을 해방시킨 것입니다. 그것은 참으로 세상 속에서 살아갈
수 있도록 인생을 해방합니다. 화해의 십자가를 선포하는 것이 참된 해방인
것은 이 십자가를 통해 더 이상 세상을 신격화하는 허황된 시도를 하지 않을
것이기 때문입니다. 또 십자가는 '기독교적인 것'과 '세상적인 것' 사이의 분리,
긴장, 갈등을 극복하게 하고 십자가에서 이뤄진, 세상과 하나님의 화해를 믿는
가운데서 단순하게 행동하고 살아가도록 부르기 때문입니다. 오직 십자가에서
죽으신 그리스도를 선포함으로써만 참다운 '세상적 삶'을 누릴 수 있습니다.
참다운 '세상적 삶'은 이 선포와 모순되지 않습니다. 그리고 이 '세상적 삶'이라는
말은 선포와 나란히 세상의 자율성을 인정한다는 것도 아닙니다. 그리스도 선포
안에서, 그리스도 선포와 함께, 그리스도 선포 아래서만 진정한 세상적 삶이
가능하고, 구체적으로 실현됩니다.

보라, 때가 가까이 왔으니

예수님은 최후의 만찬 때까지 제자들에게 한 가지 비밀을 밝히지 않으셨습니다. 고난의 길에 대해서는 분명하게 여러 번 밝히셨지만, 그 깊고 깊은 비밀에 대해서는 그때까지 완전하게 계시하지 않으셨습니다. 성만찬으로 마지막 교제를 나누는 그 순간에야 예수님은 자신이 배신자를 통해 죄인들의 손에 넘겨질 것이라고 하셨습니다. "너희 중의 한 사람이 나를 팔리라"라고 밝히셨습니다(참고. 마 26:20-25).

원수들 스스로는 예수를 어찌할 수 없습니다. 그를 넘겨줄 친구, 그것도 아주 가까운 친구에게 달려 있습니다. 그 친구는 예수를 배반하는 제자입니다. 끔찍한 일은 내부에서 일어나는 법입니다. 골고다로 향하는 예수의 길은 제자의 배신으로 시작됐습니다. 몇몇 제자가 겟세마네에서 잠을 자는 것도 이해하기 어렵지만 (마 26:40), 그 사이 한 제자는 그를 배신합니다. 결국 모든 제자가 그를 버리고 도망합니다(마 26:56).

겟세마네의 밤은 이렇게 완성됩니다. "**보라, 때가 가까이 왔으니.**" 평소 예수님이 예견하고 말씀하시던 그때가 가까웠습니다. 제자들이 알고 떨던, 예수님은 준비하고 있었지만 제자들은 아직 준비되지 않았던 바로 그 시간이 온 것입니다. 이 세상 어떤 것으로도 미룰 수 없는 때가 가까이 온 것입니다. "보라, 때가 가까이 왔으니 인자가 죄인의 손에 팔리는도다"(참고. 마 26:45-50).

넘겨지심

"팔리는도다" 하고 예수님은 말씀하십니다. 이는 세상이 예수를 어찌했다는 것이 아니라 그를 따르던 사람들이 인도하여 넘겨주고 포기함을 의미합니다. 그분을 보호하던 손길이 모두 사라집니다. 그들은 더 이상 그분으로 인한 짐을 지고자 하지 않고 남들에게 넘겨줍니다. 이렇게 예수님은 버림받으십니다. 보호하던 친구들의 손은 힘없이 떨어지고, 죄인들의 손이 이제는 원하는 대로 그분을 다룰 것입니다. 감히 예수님을 만지는 것도 허락되지 않았던 불경건한 손들이 그분을 체포하게 될 것이었습니다. 그들은 예수님을 두고 장난치며 조롱하고 침 뱉고 때릴 것입니다. 우리는 더 이상 이 상황을 바꿀 수 없습니다. 이것이 예수님이 말씀하신 배신입니다. 더 이상 그분을 위해 개입할 사람도 없고, 사람들의 권력에 넘겨진 예수님은 세상의 조롱과 횡포를 당하게 됩니다. 그의 편에는 이제 아무도 없게 됩니다. 자기 사람들에 의해 세상에 넘겨지시기 때문입니다.

예수님은 당신 앞에 무엇이 기다리고 있는지 잘 알고 계셨습니다. 확고하고 단호하게 제자들을 불러 말씀하십니다. "일어나라 함께 가자"(마 26:46). 이전에는 위협적인 적들도 그분의 위엄과 권위 앞에서 물러서야 했습니다. 예수님이 그들 가운데서 지나가셔도 그들은 그분의 때가 오기 전에는 그분 앞에서 힘을 쓸 수 없었습니다(눅 4:28-30). 그분의 때가 이르지 않았기 때문입니다. 그러나 이제는 때가 가까이 왔습니다. 이제 예수님은 자유롭고 강한 결심으로 나아가십니다. 그분이 배신당할 때가 온 것이 이제는 의심할 바 없이 분명해졌습니다. 예수님은 말씀하십니다. "보라 나를 파는 자가 가까이 왔느니라"(마 26:46).

이해할 수 없고 설명할 수 없는

"말씀하실 때에 열둘 중의 하나인 유다가 왔는데… 큰 무리가 칼과 몽치를 가지고 그와 함께하였더라"(마 26:47). 이제 우리는 예수와 유다, 두 인물에 집중할 수밖에 없습니다. 제자들과 추종하는 무리는 뒤로 물러나 있습니다. 이들은 해야 할 일을 제대로 하지 못하고 있습니다. 두 사람만이 해야 할 일을 수행하고 있습니다. 유다가 누구입니까? 이는 오래전부터 기독교를 고민하게 하는 질문입니다. 하지만 우리는 먼저 복음서 기자가 기록하고 있는 대로 받아들일 필요가 있습니다. **"열둘 중의 하나인 유다"**라고 기록되어 있습니다. 이 짧은 서술에서 어떤 전율이 느껴집니까? 유다가 열둘 중 하나였다는 것 외에 무엇을 더 적을 수 있었을까요? 이미 이 표현이 모든 것을 말하고 있지 않습니까? 다시 말해 유다의 깊고 어두운 비밀과 더불어 그의 행위의 끔찍함을 말해 주고 있지 않습니까? '열둘 중의 하나'라는 말은, 일어날 수 없는 일인데, 일어나서는 안 되는 일인데, 불가능한 일이었는데 그렇게 되었다는 것입니다. 정말 그렇습니다. 우리는 이 일을 이해할 수도, 설명할 수도 없습니다. 이 사건은 도저히 납득이 되지 않는 영원한 수수께끼입니다. 그럼에도 일어났습니다. '열둘 중의 하나'라는 말은 유다가 밤낮으로 예수와 함께 있었을 뿐 아니라, 그분이 그를 친히 불러 선택하셨음을 의미합니다. 예수님이 당신을 배반하고 팔 사람을 처음부터 아셨다는 이 사실은 참으로 이해하기 어려운 신비한 비밀입니다.

열정적인 사랑과 미움

"친구여 네가 무엇을 하려고 왔는지 행하라"(마 26:50). 예수님이 제자 유다를
얼마나 사랑하시는지 들리십니까? 배반의 순간에도 유다를 친구로 부르고
계시지 않습니까? 예수님은 이 순간에도 유다가 가버리기를 원하지 않으십니다.
유다가 당신에게 입 맞추는 것을 허락하십니다. 그를 배척하지 않으십니다.
유다는 예수께 입을 맞춰야만 했습니다. 그와 예수님의 교제는 이렇게
완성되어야 했습니다. 예수님은 유다가 왜 왔는지 아셨습니다. "네가 무엇을
하려고 왔는지 행하라." '유다야, 네가 인자를 입맞춤으로 배신하느냐?' 제자의
충성처럼 보이는 마지막 표현이 배반의 표현이 되고, 열정적인 사랑으로 보이는
마지막 사인이 더 강렬한 미움의 표현이 됩니다. 분열된 유다의 마음을 보여
줍니다. 예수에 대해 승리하게 해주는 우월한 힘을 의식하는 동시에 마지막으로
순종적인 표현을 취합니다. 유다의 입맞춤은 내면에서 깊은 분열이 일어나는
사람의 행동이었습니다.
예수를 떠날 수도 없지만 결국은 그를 버리고 마는 모순 덩어리 유다는 과연
누구일까요? 여기서 유다의 이름을 생각하지 않을 수 없습니다. 그의 이름은
'감사'를 뜻하기 때문입니다. 이 입맞춤을 감사의 표현인 동시에 유다와 같이
내면이 분열된 이들이 예수께 행한 영원한 거절의 표현으로 이해할 수는
없을까요? 도대체 누가 유다입니까? 누가 배신자일까요? 우리는 이 질문에
제자들처럼 물어볼 수밖에 없지 않을까요? "주여, 혹시 저입니까? 저는 아니지요?"

우리는 모두 영적인 거지

하나님께서 친히 우리에게 오셔서 은혜를 베푸십니다. 영원에서 시간으로 들어오는 이 길이 바로 예수 그리스도의 길입니다. 역설처럼 들리는 이 소식이 힘 있게 전파되었습니다. 이 메시지에 따르면 인간으로부터 어떤 선한 것이 발생한다는 것은 회의적일 수밖에 없습니다.

수난절과 부활절을 앞두고 있습니다. 하나님께서 역사 가운데 강력히 행하신 날을 앞두고 있습니다. 하나님은 그 사건으로 당신의 심판과 은혜를 온 세상에 보여 주셨습니다. 심판이라 함은 구주 예수 그리스도가 십자가에 달리신 시간을 뜻하며, 은혜라 함은 승리가 죽음을 삼킨 시간을 뜻합니다. 인간은 이 일에 기여한 바가 없습니다. 오직 하나님께서 스스로 이루셨습니다. 하나님이 한없는 사랑으로 인간에게 다가오셨습니다. 인간의 모든 것을 심판하시고 행위와는 상관없이 은혜를 베푸셨습니다(롬 11:6). 루터가 임종을 맞이하는 마지막 순간에 쓴 쪽지가 그의 책상에서 발견됐습니다. 쪽지에 이렇게 쓰여 있습니다. "우리는 모두 영적인 거지일 뿐이다. 이는 인간이 존재하는 한 불변의 진리다. 그분이 우리의 영적인 왕이요, 생명의 주님이요, 모든 은혜의 주인이시다. 우리의 소망과 생명은 그분의 은혜 안에서 서기도 하고 넘어지기도 하는 것이다. 모든 역사와 모든 길이 그분의 것이요, 은혜도 그분의 것이다. 우리의 예배와 생명 또한 모두 그분의 것이다. 영광도 모든 피조물 위에 계시는 그분께만 돌려야 한다."

4월 13일
하나님의 헤아릴 수 없는 사랑

하나님께서 인간을 사랑하시는 근거는 인간에게 있지 않고 오직 하나님께
있습니다. 우리가 현실의 인간으로 살아가고 곁에 있는 현실의 사람들을 사랑할
수 있는 근거도 오로지 하나님의 성육신에 있으며, 인간을 향한 하나님의 헤아릴
수 없는 사랑에 있습니다.

"보라, 이 사람이로다!"★ '하나님의 심판을 받은 이 사람을 보라!' 고통과 슬픔에
잠긴 모습. 바로 이것이 세상과 하나님을 화해하게 하는 화해자의 모습입니다.
인류의 모든 죄의 짐이 그에게 지워졌습니다. 그 죄가 하나님의 정죄 아래 그분을
수치와 죽음으로 내몰았습니다. 하나님과 세상의 화해는 그렇게 값비싼 대가를
치르고 이루어졌습니다.

하나님이 자신에게 심판을 집행하실 때만 그분과 세상, 인간과 인간 사이에
화평을 이룰 수 있는 것입니다. 이러한 심판과 고난과 죽음의 신비로운 비밀은
세상과 사람들을 향한 하나님의 사랑입니다. 그리스도에게 일어난 모든 일은 그분
안에서 모든 인류에게 동일하게 일어났습니다. 하나님께 심판을 받은 자로서만
인간은 하나님 앞에 살아갈 수 있습니다. 십자가에 못 박혀 죽은 사람만이
하나님과 화평을 누리게 됩니다. 십자가에 달린 그분의 모습에서 인간은 자신을
인식하고 발견합니다. 십자가에서 심판받고 죗값을 치러 하나님께 받아들여진 것,
이것이 인간의 참된 현실입니다.

★ 라틴어로 에케 호모 *Ecce homo*.(요 19:5.)

모든 희망이 사라졌는가?

"아버지 내 영혼을 아버지 손에 부탁하나이다"(눅 23:46). 예수님은 큰 소리로 이렇게 기도하셨습니다. 그리고 "다 이루었다" 하시고 머리를 숙이니 영혼이 떠나가셨습니다(요 19:30). 이렇게 해서 모든 것이 하나님이 계획하신 대로 되었습니다. 하나님의 사랑이 이 땅에 나타나 굴욕과 수치를 당하셨습니다. 악한 세상으로 인해 하나님의 진노가 무섭게 나타나 당신의 아들을 십자가에서 죽게 했습니다. 이 세상의 악함이 하나님의 아들을 십자가에 못 박은 것입니다. 이 수난의 날에는 부활과 함께 모든 것이 새로운 국면을 맞게 될 것이라고 미리 생각하지 않으려 합니다. 제자들이 그러했듯, 예수의 죽음과 함께 모든 희망이 물거품처럼 사라진 상황을 생각해 보고자 합니다. 뿔뿔이 흩어져 왜 이런 일이 일어나야 했는지 절망 가운데 번민하고 괴로워하던 그들을 생각해 보고자 합니다. 우리가 이들과 같은 진지함으로 예수의 죽음을 받아들일 때, 부활의 메시지가 우리에게 무엇을 가져다줄 수 있는지 진정으로 이해하게 될 것입니다.

삶 가운데 있는 십자가

많은 그리스도인이 예수 그리스도의 십자가 앞에 무릎을 꿇습니다. 그런데 삶 가운데 겪게 되는 여러 고난에 대해서는 저항하고 방어적인 자세를 취합니다. 예수의 십자가를 사랑한다고 말하고 그렇게 믿으면서도 각자 삶에서 만나는 십자가를 미워합니다. 실상은 그리스도의 십자가를 미워하는 것입니다. 모든 수단을 동원해 십자가를 피하려 함으로써 십자가를 조롱하고 있는 것입니다. 자기 생애에 닥치는 고난과 어려움을 받아들이지 않고 악한 것이라고 여기는 사람은 아직 하나님과 화평을 누리지 못하는 것입니다. 세상과의 평화를 구하는 사람입니다. 아마 그런 사람은 예수 그리스도의 십자가를 통해 자기 내면의 평안, 자기 문제의 해결만을 구했을 것입니다. 이는 예수의 십자가를 이용하는 것이지 사랑한 것은 아닙니다. 단지 나를 위한 화평을 찾습니다. 이런 평화는 인생에 환난이 닥치면 금세 사라지고 맙니다. 이는 하나님과의 화평이 아닙니다. 이런 사람은 하나님이 주시는 고난을 싫어하기 때문입니다. … 그리스도의 십자가를 사랑하고 그 안에서 진정한 평화를 얻은 자는 누구든지 자신의 삶 가운데 만나는 고난과 어려움도 사랑합니다. 결국 성경이 우리에게 말하는 대로 고백합니다. "우리가 환난 중에도 즐거워하나니"(롬 5:3).

4월 16일
정결케 하는 새 바람

부활절은 어떤 것입니까? 우리의 관심은 늘 사망보다는 죽는 것에 집중됩니다. 사망의 문제를 어떻게 극복하는지보다는 당면한 죽는 것을 어떻게 다룰지가 우리에게는 더 중요하게 다가오기 때문입니다. **소크라테스는 죽는 것을 극복했지만, 그리스도는 사망을 극복하셨습니다.**

"맨 나중에 멸망 받을 원수는 사망이니라"(고전 15:26). 죽는 것을 처리하는 것이 사망을 처리하는 것은 아닙니다. 이 둘은 서로 다른 차원의 문제입니다. 죽는 것을 극복하는 것은 인간의 영역에서도 가능하지만, 사망을 극복하는 것은 부활을 뜻합니다.

죽는 방법으로부터가 아니라 그리스도의 부활로부터 오는 새로운 바람, 정결케 하는 바람이 우리가 사는 세상에 불어옵니다. … 소수의 사람이라 해도 진실로 이것을 믿고 세상에서의 삶 가운데 그 영향을 발휘한다면 많은 것이 달라졌을 것입니다. 부활에 근거하여 사는 삶이 부활절의 참 의미입니다.

대다수 사람들은 자신이 실제로 무엇에 근거하여 사는지를 모릅니다. 사람들의 정신을 혼돈케 하는 것이 사방을 둘러싸고 있습니다. 사람들은 이런 문제를 해결하고 자유케 해주는 말씀을 무의식중에 기다리고 있습니다. … 부활절이 아마도 미래의 과제를 준비할 마지막 기회가 될 수 있습니다.

부활절 메시지

부활절은 결국 빛이 승리하는 빛과 어둠의 싸움에 관한 메시지가 아닙니다. 사실 어둠이란 아무것도 아닙니다. 생명이 있어야 죽음이 있는 것과 마찬가지입니다. 부활절은 겨울과 봄의 싸움도 아니요, 얼음과 태양의 싸움도 아닙니다. 죄를 지은 인간과 사랑의 하나님 사이의 싸움에 관한 것입니다. 더 정확하게는 거룩하신 하나님의 사랑과 악한 인간성의 싸움입니다. 이 싸움에서 하나님은 십자가에서 패배하신 듯 보이지만, 사실 패배하심으로 이틀 뒤 부활절에 승리하신 것입니다. … 십자가의 날, 성금요일은 빛이 오면 물러가야 하는 어둠의 날이 아닙니다. … 그날은 인간이 되신 하나님, 인격이 되신 사랑의 본체께서 하나님이 되려고 하는 인간들에게 살해되신 날입니다. … 이때 한 가지만이 도움이 될 수 있습니다. 인류 가운데 나타난 영원부터 계신 하나님의 능력의 역사만이 이 싸움을 끝낼 수 있습니다. 부활절은 이 세상의 유한하고 찰나적인 역사가 아니라 세상 너머에서 일어난 초월적인 사건입니다. 다시 말해 사망에서 일으키신 하나님의 직접적인 간섭입니다. 부활절의 메시지는 단순히 불멸하는 영혼에 대한 이야기가 아니라, 끔찍하고 놀랍도록 두려운 죽음에서의 부활, 육과 영, 곧 전인의 죽음에서의 부활, 하나님의 권능의 역사로 가능한 부활에 관한 메시지입니다. 이것이 우리가 부활절에 들어야 하는 참된 선포입니다.

부활절에 듣는 두려운 말씀

"그리스도께서 다시 살아나신 일이 없으면 너희의 믿음도 헛되고 너희가 여전히 죄 가운데 있을 것이요"(고전 15:17). 이는 부활절에 듣기에는 두려운 말씀입니다. 가만히 가슴에 담아 그 의미를 곱씹어 보면 부활의 날에 즐거움을 빼앗아 가는, 지나치게 진지하고 심지어 위험스럽기까지 한 메시지라는 생각이 듭니다. 그렇지만 깊이 묵상하면 기독교 절기 중에 우리의 존재 자체, 즉 영적인 자아를 향해 도전하며 하나님의 엄숙한 심판으로 이끌면서 분명한 결단으로 인도하는 절기가 하나뿐이 아님을 금세 알 수 있습니다. 성탄절에 임하는 성육신의 메시지가 그러하고, 이 부활의 복음이 그러합니다. 그러므로 이 메시지에서 오는 도전을 새롭게, 또 의미심장하게 받아들이고 그 의미가 우리 심령 속에 강하게 역사하게 해야만 부활절을 진정으로 누릴 수 있습니다. 그래야만 부활의 참기쁨을 맛볼 수 있습니다. 그렇지 않으면 그저 감성이 우리를 지배합니다. 그리스도가 부활하지 않았다면 우리의 믿음은 헛된 것이며 우리는 하나님과의 관계에서 여전히 죄 문제가 해결되지 않은 채 살고 있을 것입니다. 그러면 우리는 모든 사람 가운데 가장 불쌍한 자들이 되는 것입니다. 바꿔 말하면, 그리스도가 다시 살지 못하셨다면 우리 삶을 지탱해 주는 기둥이 뽑혀 버린 것과 같은 것입니다. 모든 것이 무너지고 인생의 의미가 다 사라져 버립니다. 사도 바울은 부활에 우리 인생이 달려 있다고 말합니다.

4월 19일

부활에 관한 옛 질문

사도 바울이 '부활'이라는 단어를 어떤 의미로 사용했는지 이해하는 것은 매우
중요합니다. 거기에 모든 것이 달려 있습니다. 부활이란 무엇입니까? 우리에게
과연 어떤 의미가 있습니까? 부활에 관한 이 질문에 대한 답을 얻기 위해 노력하지
않을 수 없습니다. 예부터 비껴갈 수 없는 질문입니다. 놀랍게도 지구상의 모든
인류는 늘 새롭게 찾아오는 봄을 경험하면서 어둠과 빛의 힘겨운 전쟁에서
결국은 빛이 승리하게 될 거라고 추정합니다. 매년 반복되는 놀라운 자연의
연출이 인간의 마음에 부활의 소망을 일깨워 줍니다. 모든 어둠이 물러가고 밝은
세상이 도래할 것이라 기대합니다. … 자연의 '죽음'에는 생명의 씨앗이 이미
들어 있습니다. 따라서 죽음은 정말로 죽음이 아니라 시간이 지난 후에 말라 버린
듯한 육체에서 새로운 생명이 시작되는 생명의 주기입니다. 생명과 빛은 반드시
이깁니다. 결국 죽음과 어둠은 생명과 빛에 포함되어 있는, 겉으로 나타나는
현상일 뿐입니다. 이런 생각과 사상은 예부터 인류가 근원적으로 가지고 있는
귀중한 공동의 자산입니다. 현대화된 부활 신앙은 이러한 사상을 떠올리는 것에
머물 뿐, 기독교에는 부활에 관해 전혀 다른 메시지가 있다는 사실을 놓치고
있습니다.

하나님의 권세의 말씀

하나님은 사망에 대해 권세 있는 승리를 선언하셨습니다. 사망을 멸하고 예수 그리스도를 죽음에서 일으키셨습니다. 이 사건이 대체 무엇을 의미합니까? 우리는 이 엄청난 일을 어떻게 이해해야 합니까? 수많은 의문과 질문이 우리 마음과 생각 가운데 일어납니다. 몸의 부활은 어떻게 되는 것입니까? 빈 무덤의 의미는 무엇입니까? 제자들에게 나타나 보이신 것을 어떻게 이해해야 합니까? 이렇게 호기심을 자극하는 질문, 미신적인 관심에서 나온 질문, 신비스러운 일에 대한 이끌림이 얼마나 많습니까? 이런 관심에서 수많은 질문을 끄집어내 오지만 유익도 만족할 만한 답도 얻지 못합니다. 분명 예수의 무덤은 비어 있었습니다. 하지만 더 중요한 것은 하나님께서 그리스도가 당신과 하나 됨을 나타내시고 영원한 생명으로 그분을 어루만지셨다는 사실입니다. 하나님은 실존하시고 그분의 사랑은 살아 있는 사랑이기에 그리스도도 지금 우리 가운데 살아 계시는 것입니다. 그것으로 충분하지 않습니까? 우리가 '어떻게'라는 질문을 아무리 반복하고 고민한다 하더라도 달라지는 것이 없지 않습니까? 하나님은 살아 계시고 인간의 죄악으로 인한 십자가에도 불구하고 하나님의 사랑은 영원합니다. 따라서 우리는 더 이상 죄 가운데 있지 않습니다. 하나님께서 우리를 용서하셨기 때문입니다. 하나님은 그리스도를 받으셨고 그리스도는 우리를 받으셨습니다. 예수께서 사심으로 우리의 믿음은 새로운 의미를 갖게 됩니다. 이제 우리는 모든 인류 중에 가장 복 있는 사람이 됩니다. 죄 범한 인간에 대한 하나님의 긍정이 우리의 모든 행위에 새로운 의미를 부여합니다. 이것이 부활절의 의미입니다.

그리스도를 향한 하나님의 긍정

예수 그리스도의 부활은 그리스도와 그분의 대속(속죄) 사역에 대한 하나님의 긍정입니다. 십자가는 끝이었습니다. 그것은 하나님의 아들의 죽음인 동시에 모든 육체에 대한 저주와 심판이었습니다. 그렇다고 이 십자가가 예수에 대한 최종 선언이었다면, 이 세상은 여전히 사망 아래 소망 없는 파멸의 길을 가고 있을 것입니다. 그뿐 아니라 이 세상이 하나님과의 전쟁에서 승리를 얻었을 것입니다. 하지만 홀로 우리의 구원을 완성하신 하나님께서 그리스도를 죽음의 잠에서 일으키셨습니다. 이는 새로운 시작이었습니다. 위로부터 오는 기적의 완성이라고 볼 수 있습니다. 이 기적은 정해진 자연법칙에 따라 겨울이 지나면 봄이 오는 것과는 비교할 수 없는 하나님의 자유와 권능으로, 사망을 완전히 부숴 버린 새로운 역사의 시작이었습니다. … 아들은 자신의 신적인 영원한 영광을 다시 얻었고, 아버지는 다시 아들을 얻었습니다. 이리하여 예수님은 태초의 모습이던 하나님의 그리스도로서 다시 확증되고 영화롭게 되셨습니다. 부활로 그리스도가 전 인류를 위해 대리적으로 행하신 속죄가 하나님께 인정되고 받아들여졌습니다. 예수님은 십자가에서 절망의 절규를 토하셨습니다(막 15:34). 그리고 당신의 생명을 하나님의 손에 의탁하셨습니다. 삶과 사역을 온전히 하나님의 처분에 맡기셨습니다. 그의 부활을 통해 하나님께서 당신의 아들과 그의 순종의 사역에 대해 긍정하신 것을 우리는 확증할 수 있습니다.

우리에 대한 하나님의 긍정

예수 그리스도의 부활은 우리에 대한 하나님의 긍정입니다. 그리스도는 우리의 죄를 위해 내어 주셨고 죽으셨다가 우리를 의롭다 하기 위해 죽음에서 살아나셨습니다(롬 4:25). 그리스도의 죽음은 우리와 우리 죄에 대한 하나님의 사형 선고였습니다. 그리스도가 다시 살아나신 일이 없으면 이 사형 선고는 여전히 우리에게 유효한 것이요, 우리는 여전히 죄 가운데 있을 것입니다(고전 15:17). 하지만 그리스도가 죽음에서 다시 사셨기 때문에 우리에게 임했던 선고는 그 효력을 잃었습니다. 그리고 우리는 그리스도와 함께 부활하여 살아났습니다(고전 15:20-23). 예수님이 성육신을 통해 인간의 본성을 취하심으로 우리를 양자 삼았기 때문에 가능하게 되었습니다. 우리가 그분으로 인해 양자가 되었기 때문에, 그분에게 일어나는 일이 우리에게까지 일어납니다. 이 진리는 경험적이라기보다 하나님 말씀에 대한 믿음으로 인정해야 하는 하나님의 선포입니다. …
예수 그리스도의 부활은 믿음을 요구합니다. 부활 사건을 경험하고 목격한 사람들의 증거가 여러 모양으로 나타나며 그 모두가 공통적으로 예수의 부활을 분명하게 증거하고 있습니다. 부활하신 예수님은 당신을 세상에 타나내지 않으시고 제자들에게 나타나 보이셨습니다(행 10:40-41). 부활의 기적을 세상이 객관적으로 인정할 만하게 공정한 절차를 밟아 모두에게 보이신 것이 아닙니다. 그분은 믿음으로 인정되기를 원하십니다. 또 믿는 자들을 통해 전파되고 믿어지기를 바라십니다.

4월 23일
피조물에 대한 하나님의 긍정

예수 그리스도의 부활은 모든 피조물에 대한 하나님의 긍정입니다. 부활함으로 자연을 파괴하지 않고 오히려 새로운 형태로 다시 창조하신 것입니다. 예수님의 육신이 무덤에서 나왔습니다. 그래서 빈 무덤이 되었습니다(막 16:6). 죽어서 썩게 될 몸이 죽지 않고 썩지 않는 변화된 몸으로 존재하는 것이 어떻게 가능한지, 어떻게 상상해야 하는지(고전 15:35-36) 많은 부분이 우리에게는 신비로 남아 있습니다. 예수님이 제자들에게 다양하게 나타나셨다는 기록을 통해 분명하게 알 수 있는 것은 부활하신 주님의 육신이 우리의 상상력을 벗어나는 범주라는 사실뿐입니다. 하나님께서 당신의 첫 창조를 다시 일으켜 세우셨습니다. 첫 창조와 동일한 선상에서 재창조를 이뤄 내셨습니다. 이념 속의 그리스도가 아니라, 육체가 된 그리스도가 세상에 사셨습니다. 그분은 이 땅에 새로운 미래, 곧 새로운 언약을 주셨습니다. 하나님께서 창조하신 이 땅에 하나님의 아들이 사셨고 그의 십자가가 세워졌습니다. 이 땅에서 부활한 하나님의 아들이 그의 제자들에게 나타나셨습니다. 그리고 그리스도는 마지막 날, 다시 이 땅에 오실 것입니다. 누구든지 부활하신 그리스도를 영접하는 자는 더 이상 이 세상에서 물러나 은둔할 수도 없고, 이 세상에 매인 노예가 될 수도 없습니다. 진정으로 부활을 이해하는 사람은 옛 창조의 한복판에서 하나님이 놀라운 새 창조의 역사를 이루신 것을 이해하기 때문입니다.

기독교적인 부활 소망

일반적인 근동 지방의 종교들과 달리 구약성경의 신앙은 구속의 종교가 아닙니다. 그럼에도 기독교는 언제나 구속의 종교로 일컬어집니다. … 사람들은 기독교의 핵심 메시지가 부활의 소망을 선포하는 것이고, 그렇게 함으로써 참된 구속의 종교가 탄생하게 되었다고 이야기합니다. 이런 주장에는 죽음의 한계를 넘어서는 피안에 강조점이 있습니다. 하지만 저는 바로 여기에 오류와 모순이 있다고 생각합니다. 이럴 경우 구속이란 걱정과 고난, 불안과 갈망, 죄와 죽음에서 벗어나 더 나은 피안의 세계로 나아가는 것입니다. 이것이 정말 복음서에서 그리스도가 선포하고 바울이 선포한 것의 핵심일까요? 저는 그렇지 않다고 생각합니다. 기독교의 부활 소망은 신화적인 부활 소망과는 다릅니다. 신약성경의 부활 소망은 완전히 새로우면서도 구약성경보다도 더 분명한 방법으로 이 땅에서의 삶을 지시하기 때문입니다. 따라서 그리스도인은 구속 신화를 믿는 사람들처럼 지상에서의 과제와 어려움에서 영원의 세계로 도피하려고 할 것이 아니라, 그리스도와 함께 이 땅에서의 삶을 온전히 철저하게 경험하고 맛보아야 합니다. 그렇게 할 때 십자가에서 죽고 부활하신 그리스도가 우리와 함께하는 것이며 우리 또한 그리스도와 함께 십자가에서 죽고 부활하게 되는 것입니다. 이 땅의 삶을 성급하게 포기하거나 가볍게 여겨서는 안 됩니다. 이 점에서 구약과 신약 성경은 동일한 맥락을 유지하고 있습니다. 신화적인 구원에 대한 소망은 인간이 한계 상황을 경험할 때 생겨납니다. 그러나 그리스도께서는 인간을 삶의 한가운데서 붙들고 계십니다.

새로운 창조

수난일에 돌아가신 예수 그리스도와 부활주일에 다시 살아나신 주님. 이것이
무에서의 창조, 태초의 창조입니다. 그리스도가 십자가에서 죽으신 것은 부활의
가능성을 제시한 것이 아니라 오히려 불가능성, 무無를 의미했습니다. 죽으신
그리스도와 부활하신 그리스도 사이에는 어떤 중간 과정도, 연속성도 없으며
오직 태초에 무에서 천지를 창조하신 하나님의 자유만이 있을 뿐입니다. …
태초부터 스스로 계신 하나님은 살아 계십니다. 그분은 모든 허무와 공허를
파하시고 예수의 부활을 통해 새로운 창조를 이루십니다. 예수의 부활을 통해
우리는 창조주 하나님을 다시 알게 됩니다. 예수님이 부활하지 않으셨다면
창조주는 죽은 하나님이 되어 스스로를 증명하지도 못하시기 때문입니다.
하나님의 창조로부터 우리는 다시 그분의 부활의 능력을 알게 됩니다. 그는 무를
지배하시는 분이시기 때문입니다.

세상과 하나님의 화해

예수 그리스도를 바라보는 자는 세상과 하나님을 동시에 봅니다. 이제부터 그는 세상을 보지 않고서는 하나님을 볼 수 없고, 하나님을 보지 않고서는 세상을 볼 수 없습니다. "보라, 이 사람이로다!" 이 사람 안에서 세상과 하나님의 화해가 이루어졌습니다. 세상은 파괴가 아니라 화해로 정복됩니다.

이념, 프로그램, 양심, 의무, 책임감, 미덕이 아니라 오직 하나님의 완전한 사랑만이 세상의 현실을 직면하여 극복할 수 있습니다. 그것을 성취하는 것은 보편적인 사랑의 이념이 아니라, 예수 그리스도 안에서 실제 삶으로 실현한 하나님의 사랑입니다. 세상을 향한 하나님의 이러한 사랑은 현실에서 떠나 고상한 영혼의 세계로 후퇴하는 것이 아니라, 세상의 현실을 처절하게 경험하고 감수합니다. … 그렇게 고난당하신 그분께서는 세상의 죄를 용서하십니다. 그래서 화해가 이루어지는 것입니다.

불가해한 신비

하나님이 세상에 대한 죄가 당신에게 있다고 선언하시고, 그렇게 하심으로 세상의 죄를 없애시는 것은, 세상 기준에서의 모든 의롭고 경건한 사고를 이해할 수 없는 방식으로 뒤엎는 것입니다. 하나님은 스스로 치욕의 길을 택하셔서 화해를 청하시고 그렇게 하심으로 세상에 자유를 선포하십니다. 하나님은 우리의 죄로 인한 책임을 당신이 지길 원하시고, 우리의 죄 때문에 생긴 형벌과 고난을 친히 감당하십니다. 하나님이 불경건을 대변하시고, 사랑이 증오를 대변하며, 가장 경건하신 분이 죄인을 대변하십니다. 이제 하나님이 친히 감당하지 않거나 감수하지 않거나 속죄하지 않으시는 불신앙, 증오, 죄는 없습니다. 이제 하나님과 화해하지 않거나 평화를 누리지 않는 현실도, 그런 세상도 없습니다. 이런 일을 하나님은 사랑하시는 아들 예수 그리스도 안에서 이루셨습니다. 성육신하신 하나님, 세상을 향한 하나님의 사랑의 불가해한 신비를 보십시오! 하나님은 인간을 사랑하십니다. 이 세상을 사랑하십니다. 이상적인 인간이 아니라 현실의 인간을, 이상적인 세상이 아니라 현실의 세상을 사랑하십니다.

의심하는 자

아무리 영광스러운 기적의 복음이 있다 해도 내가 경험하지 못하고 내 삶에 적용하지 못한다면 무슨 소용이 있겠습니까? 죽음은 현실입니다. 막연한 희망이 근거 없는 믿음을 갖게 합니다. 그래서 예수님의 제자 도마가 그러했듯이 어느 세대나 의심이 있기 마련입니다(요 20:25). 성경에 기록된 몇 안 되는 도마의 증언을 통해(요 11:16; 14:5) 우리는 그가 희생과 죽음을 각오한 제자이지만, 예수에 대해 품은 의문을 감추지 않고 이야기하며 확실한 대답을 원한 제자로 알고 있습니다. 그는 예수의 죽음 이후 제자들을 떠나 부활주일에 그들과 함께하지 않았습니다. 그는 건강하지 않은 열정에 빠지고 싶지 않았습니다. "내가 그의 손의 못 자국을 보며 내 손가락을 그 못 자국에 넣으며 내 손을 그 옆구리에 넣어 보지 않고는 믿지 아니하겠노라"(요 20:25). 제자들이 주님의 부활 소식을 전할 때, 그는 이렇게 단호하게 말했습니다. 믿음을 스스로 발견하거나 그렇지 않으면 아예 믿음을 갖지 않겠다고 하는 것은 맞는 말이지만, 그가 추구한 방식은 옳지 않습니다. 그는 믿음을 부인했음에도 제자들과 함께했습니다. 이것이 상당히 중요합니다. 확신만 생긴다면 기꺼이 믿고자 함을 보여 주는 것이며, 그의 의심이 진지함을 보여 주는 것이기 때문입니다. 그럼에도 부활하신 주께서 의심하는 한 사람을 방문하여 의심을 극복하게 하고 부활과 생명의 믿음을 심으시는 것은 주님의 일방적인, 자유로운 은혜의 선물입니다.

회심을 택할 자유

예수님은 문들이 굳게 닫혀 있었음에도 제자들이 있는 집 안으로 들어오십니다 (요 20:26-28). 그분의 현존 방식이 기적적인 것임이 분명합니다. 예수님은 평안을 전하는 인사를 모두에게 하지만, 이번에는 특별히 마음에 평안이 없는 도마에게 하십니다. 예수님은 의심하는 제자 한 사람을 위해 오신 것입니다. 도마에게 주신 첫 말씀을 통해 얼마나 도마의 마음을 잘 아시는지 알 수 있습니다. 그분은 마리아에게는 허락하지 않았던(요 20:17), 당신의 몸을 만지는 것을 도마에게는 허락하십니다. 우리가 예수님께 무언가 받기 원하는 것과 예수님이 우리에게 무언가를 주시는 것은 차이가 있습니다. 마리아는 그분의 몸을 만지지 못했습니다. 하지만 도마는 듣고 보고 만지도록 허락받았습니다. 주께서 의심하는 제자를 위해 당신을 시험하도록 낮추신 것입니다. "믿음 없는 자가 되지 말고 믿는 자가 되라"(요 20:27). 근접하긴 했지만 아직 믿음의 결단을 하지 못하고 있는 도마를 예수님은 안타까운 마음으로 부르십니다. 아직은 완전히 당신을 부정하지 않는 제자를 부르시며 회심을 택할 자유를 주십니다. 도마가 손을 뻗어 예수님을 만져 보았는지는 모릅니다. 그것은 중요하지 않습니다. 중요한 것은 도마의 마음에 부활의 믿음이 솟아올랐다는 것입니다. "나의 주님이시요 나의 하나님이시니이다." 이것이 온전한 부활절 고백입니다. 이 의심하는 자 외에는 아무도 이런 고백을 주께 드리지 않았습니다.

빛으로 다시 오신 예수님

구약성경의 하루는 저녁에 시작해 다음 날 해가 지면서 끝납니다. 그것은 기다리며 기대하는 시간입니다. 반면 신약성경 공동체의 하루는 해 뜨는 이른 아침에 시작해 새로운 아침의 여명이 오면서 끝납니다. 이는 성취의 시간이요 주님의 부활의 시간입니다. 그리스도는 밤에 태어나신, 어둠 가운데 빛나는 빛이셨습니다. 그리스도가 십자가에서 고난당하고 죽으셨을 때 한낮이 밤이 되었습니다. 그러나 부활의 날 새벽에 그리스도는 승리자로서 무덤에서 나오셨습니다. …

"주를 사랑하는 자들은 해가 힘 있게 돋음 같게 하시옵소서"(삿 5:31). 새벽은 부활하신 그리스도의 공동체에 속한 것입니다. 동이 터 오면 죽음과 죄와 사탄을 굴복시키고 인류에 새 생명과 구원을 주신 그리스도의 부활의 그 아침을 기억하게 됩니다. 더 이상 밤의 공포와 두려움을 느끼지 않는 오늘날의 우리는 믿음의 조상들이 아침마다 빛이 다시 찾아오는 것을 보고 느꼈던 그 기쁨을 얼마나 알고 있을까요? 어두운 밤에 우리 생명을 지키고 새로운 아침을 다시 일으키시는 삼위일체 하나님, 창조주 하나님 아버지께 다시 새벽을 깨우며 찬양하는 법을 배우지 않으시겠습니까?

인간에 대한 하나님의 긍정

부활하신 그리스도는 새로운 인류를 품고 계십니다.
이는 새로운 인류에 대한 하나님의
궁극적이고 영광스러운 긍정입니다.

새 인류와 새 세상

그리스도의 부활의 기적은 우리를 지배하는 죽음의 우상화를 무너뜨립니다. 죽음으로 모든 것이 끝난다면, 죽음에 대한 공포와 죽음에 대한 무시가 결합됩니다. 죽음이 마지막이라면 이 땅의 삶이 전부거나 아무것도 아닌 것이 됩니다. … 이 땅의 생명에 대한 극단적인 긍정이나 부정은 죽음에 큰 가치를 둔다는 사실을 드러냅니다. 모든 것을 소유하려 하거나 모든 것을 버리는 것은 죽음을 열광적으로 신봉하는 이들에게서 나타납니다. 하지만 죽음의 세력이 무너지고 부활과 새로운 생명의 기적이 죽음의 세상 한가운데서 빛을 발하는 곳에서는, 사람들이 이 땅의 삶이 영원하리라 여기지 않고 삶을 있는 그대로 받아들입니다. 이들은 삶을 전부라거나 아무것도 아니라고 여기는 것이 아니라, 선과 악, 중요한 것과 중요하지 않은 것, 기쁨과 아픔을 분별해 냅니다. 이들은 생명에 필사적으로 매달리지도, 그렇다고 생명을 경솔하게 버리지도 않습니다. 이들은 주어진 시간에 만족하며 이 땅의 것에 대해 영원한 가치를 부여하지 않습니다. 이들은 죽음이 가진 제한된 권한을 인정합니다. 하지만 오직 죽음을 넘어선 곳에서 죽음을 이긴 부활의 능력으로 올 새 인류와 새 세상을 기다립니다. 부활하신 그리스도는 새로운 인류를 품고 계십니다. 이는 새로운 인류에 대한 하나님의 궁극적이고 영광스러운 긍정입니다.

5월 2일
하나님 앞에서 우리의 존재

우리는 예수 그리스도 안에서 인간이 되어 십자가에서 처형되고 부활하신 하나님을 믿습니다. 우리는 성육신, 즉 인간이 되신 하나님을 통해 피조물을 향한 하나님의 사랑을 알게 되고, 십자가를 통해 모든 육체에 대한 하나님의 심판을 알게 되고, 부활을 통해 새로운 세상에 대한 그분의 의지를 알게 됩니다. 이 세 가지를 찢어 별개로 보는 것만큼 잘못된 일은 없습니다. 성육신, 십자가, 부활을 통해 전체가 유지되기 때문입니다. 성육신의 신학과 십자가의 신학과 부활의 신학을 각각 별개의 체계로 세우고 그중 하나를 잘못되게 절대화하는 것은 적절하지 못하듯이, 그리스도인의 삶에 대해서도 이런 방식을 적용하여 생각하는 것은 잘못된 것입니다. 예를 들어 성육신에만 기초한 기독교 윤리는 쉽게 타협적인 해결책으로 나아갈 것이고, 십자가 신학이나 부활 신학에 기초한 윤리는 급진주의나 열광주의가 될 수 있습니다. 결국 세 신학이 하나가 되는 곳에서만 분쟁이 해결됩니다.

예수 그리스도께서 인간이 되셨다는 것은 하나님께서 당신이 창조한 현실 세계로 들어가심을 의미하며, 이는 우리가 하나님 앞에서 인간이 될 수 있고 인간이 되어야 한다는 것을 의미합니다. … 십자가에서 죽으신 예수 그리스도는 하나님께서 타락한 피조물에게 내리시는 최종적인 판결을 의미합니다. … 부활하여 다시 사신 예수 그리스도는, 하나님께서 사랑과 전능한 힘으로 사망에게 종말을 선포하시고 새롭게 창조된 생명의 세계를 우리에게 주시는 것을 의미합니다.

그리스도는 우리를 당신의 형상으로 만들어 가신다

불신자들은 자신의 생각과 사상으로 이 세상을 만들어 갑니다. 하지만 그리스도는 우리 인간을 당신과 같은 형상으로 만들어 가십니다. 그리스도를 본질적으로 선하고 경건한 인생을 위한 교사로 이해한다면 그리스도의 모습을 오해하게 되듯이, 인간에게서 오직 선하고 경건한 인생을 위한 교훈만을 보려고 한다면 인간의 모습도 잘못 이해될 것입니다. 기독교 신앙이 고백하는 대로 그리스도는 인간이 되신 분, 십자가에서 죽으신 분, 부활하신 분입니다. 성경이 말하는 인간의 형성形性(형상을 이루는 것)은 그분의 형상대로 변화되는 것입니다. 성육신하여 인간이 되신 그분과 같은 형상이 되는 것은 현실의 인간이 됨을 의미합니다. 우리는 인간이 되어야 하고 또 될 수 있습니다. 초인이 되려는 이상, 인간의 한계를 넘어서려는 모든 노력, 영웅이 되려는 생각, 반신반인半神半人은 모두 현실의 인간으로부터 이탈하는 것입니다. 그러한 인간은 실제로 존재하지 않기 때문입니다. 현실의 인간은 멸시할 대상도, 신격화의 대상도 아닙니다. 인간은 하나님의 사랑의 대상입니다.

새사람

진정한 인간은 자유 안에서 자신을 창조하신 분의 피조물이 될 수 있습니다. 성육신하신 분과 같은 형상으로 만들어진다는 것은 현실에 존재하는 인간이 될 수 있다는 것을 의미합니다. 현실의 모습과 다른, 더 낫고 더 이상적인 인간이 되고자 하는 모든 겉치레, 위선, 긴장과 강박관념은 필요 없습니다. 하나님은 현실의 인간을 사랑하십니다. 하나님도 현실의 인간이 되셨습니다.

십자가에서 죽으신 분과 같은 형상으로 만들어진다는 것은 하나님의 심판을 받은 인간이 된다는 것입니다. 인간은 죄로 인해 사형 선고를 받고 살아가며, 하나님 앞에서 매일 죽어야 하는 표를 몸에 지닌 존재입니다. 심판과 은혜를 통하지 않고서는 하나님 앞에 설 수 없음을 그는 자신의 삶으로 증명합니다. …
부활하신 분과 같은 형상으로 만들어진다는 것은 하나님 앞에서 새로운 인간이 되는 것을 의미합니다. 새로운 인간은 죽음 한가운데서 생명으로 충만합니다. 그는 죄의 한복판에서도 의롭습니다. 그는 옛사람의 모습이지만 새로운 피조물입니다. 그의 비밀은 세상에 감춰져 있습니다. 그가 살아 있는 것은 그리스도가 살아 계시기 때문이며, 그는 오직 그리스도 안에서만 살아 있습니다. "내게 사는 것이 그리스도니"(빌 1:21).

형성하는 능력

우리는 교회의 프로그램에 지쳤습니다. 가볍고 피상적인 소위 실천적 기독교도 지난날 교리적 기독교처럼 식상해졌습니다. 그런 실천적 기독교도 교리적 기독교와 마찬가지로 세상에서 실패하고 있는 것으로 보아, 이 세상을 형성하는 힘은 전혀 다른 곳에서 오는 것임을 알 수 있습니다. '형성'이라는 말은 통상적으로 이해하는 것과 아주 다른 의미임이 분명합니다. 그리고 실제로 성경이 말하는 '형성'의 의미는 우리가 생각한 것과 전혀 다릅니다. 성경의 우선적 관심사는 인간의 계획과 프로그램으로 세상을 형성하는 것이 아니라, 모든 형성에서 이 세상을 이기신(요 16:33) 분인 예수 그리스도의 형상에 집중합니다. 오직 이 형상shape으로부터만 형성shaping이 가능합니다. … 이는 우리가 흔히 말하듯 "예수님을 닮고자" 애쓰고 노력하는 것으로 이뤄지지 않습니다. 예수 그리스도의 형상에 따라 우리의 형상이 만들어지도록, 그분의 형상이 먼저 우리에게 작용할 때 가능한 것입니다(갈 4:19).

5월 6일
궁극 이전의 것

기독교 메시지의 요지는 성경에 나오는 어떤 인물과 같이 되는 것이 아니라 그리스도와 같이 되는 것입니다. 이는 어떤 방법으로 이뤄지는 것이 아니라, 믿음으로만 가능합니다. 그렇지 않다면 복음은 진가와 가치를 잃고 맙니다. 값비싼 은혜가 값싼 것으로 변하는 것입니다. …

하나님께서 허용하고 기다리고 준비하시는 시간이 있습니다. 궁극 이전의 것 **penultimate**을 심판하고 깨뜨리는 최후의 궁극적인**ultimate** 시간이 있습니다. 궁극적인 말씀을 듣기 위해서 루터는 수도원을 통과해야 했고, 바울은 율법의 경건을 통과해야 했고, 강도는 십자가에서 형벌을 통과해야 했습니다. 그들은 하나의 길을 택해 궁극 이전의 먼 길을 걸어야 했습니다. 그들은 모두 궁극 이전의 길에서 짐의 무게에 눌려 무릎을 꿇어야 했습니다. 하지만 최종의 궁극적인 말씀은 궁극 이전의 것에 왕관을 씌워 준 것이 아니라 궁극 이전의 것과 완전히 단절한 것입니다. 최후의 궁극적인 말씀에 관해서는 루터나 바울이 십자가에 달린 강도와 전혀 다르지 않았습니다. 이 목적에 이르는 유일한 길은 없을지라도, 그들은 하나의 길을 선택해 가야만 했습니다. 그들은 그 길을 끝까지 걸어야 했습니다. 하나님이 그 길을 끝내시는 곳까지 걸어야 했습니다. 그러므로 궁극 이전의 것은 궁극적인 것에 의해 완전히 제거되고 무효하여 사라질 때까지 남아 있습니다.

5월 7일
두려움의 극복

인간은 두려움을 갖게 되면 인간으로서의 모습을 많이 잃습니다. … 그러므로
인간은 두려움을 극복해야 합니다. 이것이 인간과 다른 피조물과의 차이입니다.
절망과 불확실성, 죄의 상황 가운데서도 인간은 하나의 소망, 즉 "당신의 뜻이
이루어지이다"라는 소망을 알고 있습니다. 그렇습니다. "당신의 뜻이 이루어질
것입니다!" …

우리는 그분의 이름을 부릅니다. 그 이름 앞에서 우리 안의 악이 움츠러들고,
두려움과 불안도 겁먹고 벌벌 떨며 도망할 이름을 부릅니다. 유일하게 두려움을
정복하고, 사로잡아 끌고 승리의 행진을 하고, 십자가에 못 박아 그 효력을
없애신 그분의 이름을 부릅니다. 두려움의 극치인 죽음에서 인류를 건지신 이름,
십자가에서 못 박히고 다시 살아나시어 영원히 살아 계신 아름다운 이름, 예수
그리스도를 부릅니다. 그분 한 분만이 두려움을 다스리시며, 두려움은 그분께만
굴복합니다. 그러므로 두려움의 순간에 예수님을 바라보고 그분을 생각하며
눈앞에 그분을 그려 보십시오. 그분을 부르며 기도하고 그분이 우리와 함께하시며
도우신다는 사실을 믿으십시오. 그러면 두려움이 물거품같이 사라지며, 살아
계시고 강하신 구세주 예수 그리스도를 향한 믿음 안에서 우리는 자유를 얻게 될
것입니다(마 8:23-27).

우리는 아직 쓸모가 있는가?

우리는 악한 행동을 목격했으면서도 침묵했습니다. 그런 우리를 합리화하기 위해 물로 씻기도 하고 가식적이고 애매모호하게 말하는 법을 습득하기도 했습니다. 삶의 경험을 통해 사람들을 불신하게 되었고 우리도 많은 경우 진실하고 정직하게 대하지 않았습니다. 인간관계에서 감당할 수 없는 수많은 갈등으로 지쳐 있고 냉소적인 사람이 된 듯합니다. 이런 우리가 아직 쓸모가 있을까요? 우리는 비상한 천재, 냉소주의자, 사람을 싫어하는 사람, 교묘한 전술가가 아니라, 소박하고 단순하며 솔직한 사람이 필요합니다. 우리를 억압하는 힘과 세력에 저항할 수 있는 내적 힘이 있고, 자신을 냉철하게 직시할 수 있는 능력이 충분히 남아 있다면, 우리는 단순성과 정직을 향한 길을 다시 발견할 수 있지 않을까요?

자유의 개념

자유의 개념은 독일 정신사에서도 아주 소중한 것입니다(관념론). 그런데 세밀한 개념 정의가 필요합니다. '무엇으로부터의 자유 **freedom from**'는 '무엇을 위한 자유 **freedom for**' 안에서만 본래의 의미를 성취할 수 있습니다. 자유 자체만을 위한 자유는 무정부 상태와 같은 혼란을 초래합니다. 성경에서 자유는 하나님과 이웃을 섬기기 위한 자유, 하나님의 계명에 순종하기 위한 자유를 이릅니다. 이는 하나님을 섬기는 일을 방해하는 내적·외적인 힘으로부터의 자유로움을 전제로 합니다. 따라서 자유는 모든 권위를 없애는 것을 의미하는 것이 아니라, 오히려 하나님의 말씀에 따라 정당하게 세워지고 제한된 권위와 책임 아래 사는 것을 의미합니다. 의사 표현의 자유, 언론의 자유, 집회의 자유와 같은 개인적인 자유의 문제는 우선 이런 상위 개념의 자유와의 연관성에서 설명되어야 합니다. 이런 자유가 얼마나 필수적이며 적합한 것인지의 여부는 하나님 말씀을 따르는 삶을 얼마나 도와주며 보장해 주는지에 달려 있습니다. 따라서 자유는 우선적으로 개인적인 권리가 아니라 오히려 책임입니다. 자유는 개개인을 위한 것이라기보다 이웃을 위한 개념입니다.

순종과 자유

예수님은 하나님 앞에 순종하는 분이면서 자유로운 분으로 서 계십니다. 순종하는 분으로서 예수는 자신에게 주어진 율법을 절대적으로 따름으로써 아버지의 뜻을 행하십니다. 자유로운 분으로서 예수는 자신의 지식으로 하나님 뜻에 긍정합니다. 그리고 열린 눈과 기쁜 마음으로 하나님의 뜻을 자신의 것으로 새롭게 만드십니다.

자유가 없는 순종은 노예 상태와 같습니다. 순종이 없는 자유는 방종입니다. 순종은 자유에 의무를 부여하고, 자유는 순종을 고귀하게 만듭니다. 순종은 피조물을 창조주에게 매어 주고, 자유는 피조물이 하나님의 형상을 지닌 존재로 창조주 앞에 서게 합니다. 순종은 선한 것이 무엇이며 하나님이 인간에게 요구하시는 것이 무엇인지를(미 6:8) 인간이 **말해야** 한다고 보여 주며, 자유는 인간이 스스로 선을 창조하게 합니다. 순종은 선이 무엇인지 알고 행하며, 자유는 과감히 행하면서 선과 악에 대한 판단을 하나님께 맡깁니다. 순종은 눈을 감고 따르며, 자유는 열린 눈을 갖습니다. 순종은 묻지 않고 행하며, 자유는 의미를 묻습니다. 순종은 손이 묶여 있으며, 자유는 창조적입니다. 인간은 순종함으로 하나님의 계명을 따르며, 자유 안에서 새로운 계명을 만듭니다. 순종과 자유는 책임 안에서 실현됩니다. 책임 안에는 이러한 긴장이 들어 있습니다. 그래서 순종과 자유를 대립시켜 주장하는 것은 책임 있는 행동이 아닙니다. 책임 있는 행동은 매여 있지만 여전히 창조적입니다.

5월 11일
악을 악으로 갚지 말라

남을 치기 위해서는 손을 들지 말고, 분노가 일 때는 입을 열지 말고 침묵을
지키십시오. 당신에게 악한 일을 행하고자 하는 사람이 당신에게 해를 끼칠 수
있습니까? 당신에게 해가 되는 것이 아니라 가해자 자신에게 해가 됩니다. 불의를
당하는 것이 결코 그리스도인을 해롭게 할 수 없습니다. 오히려 그리스도인이
불의를 행할 때 자신을 해롭게 하는 것입니다. 악이 당신에게 해를 끼칠 수 있는
것은 단 한 가지인데, 바로 당신도 악하게 만드는 것입니다. 그렇게 된다면 악이
이기는 것입니다. 그러므로 악을 악으로 갚아서는 안 됩니다. 그러면 당신은
상대가 아니라 자신에게 해를 끼치게 되는 것입니다. 누가 당신에게 악을 행하면
당신이 위험에 처하는 것이 아니라 상대가 위험에 처하며, 당신이 돕지 않으면
그가 자신의 행악으로 인한 고통을 당하게 됩니다. 그러므로 그를 위해, 그리고
그를 위한 당신의 책임을 위해 악을 악으로 갚지 마십시오. …
어떻게 이것이 가능합니까? 상대의 악을 키워 줄 만한 양분을 주지 않고, 상대의
증오를 부채질하는 증오로 다가가지 않음으로 상대의 악이 허공을 치게 해서
그 악이 불타게 할 만한 것이 없도록 함으로써 가능합니다. 어떻게 악을 이길 수
있습니까? 우리가 끊임없이 용서함으로 가능합니다. 어떻게 그럴 수 있습니까?
원수가 실제로 어떤 존재인지 봄으로써, 즉 그를 사랑하셔서 그를 위해 돌아가신
사람으로 바라볼 때에 가능합니다.

역사적 그리스도

역사적 유산에 관한 질문은 과거의 영원히 유효한 가치에 대한 시대를 초월한 질문이 아닙니다. 오히려 역사 가운데 놓인 인간은, 그리스도 안에서 하나님이 긍정하신 현재에 대해 책임이 있습니다. 선조들은 우리가 예배해야 할 조상들이 아닙니다. 족보에 관한 관심은 신화로 넘어가기 쉽다는 사실을 신약성경은 말합니다(딤전 1:4). 선조들은 하나님이 역사 안으로 들어오셨다는 사실을 증언하는 증인들입니다. … 역사적 그리스도는 우리 역사와 연관됩니다. 예수 그리스도는 이스라엘 유대 민족에게 약속된 메시야였으므로, 우리 조상의 계보는 예수 그리스도의 출현을 거슬러 올라가 이스라엘 민족으로 이어집니다. 서양의 역사는 하나님의 뜻에 따라 혈통적인 면뿐 아니라 끊임없는 진정한 만남의 측면에서도 이스라엘 역사와 분리될 수 없습니다. … 서양에서 유대인을 축출하는 것은 그리스도를 축출하는 결과를 가져옵니다. 예수 그리스도가 유대인이셨기 때문입니다.

내가 너희와 함께 있겠다

우리 세대에는 신적인 것을 모색하고 추구하는 간절한 갈망이 일어나고 있습니다. 하나님이 떠나신 곳에서만 찾아볼 수 있는 커다란 고독이 우리 세대에 깃들었습니다. 수많은 사람들이 바글대며 정신없이 움직이는 대도시 한복판에서 우리가 발견하는 것은 실향과 고독입니다. 그렇지만 하나님께서 인간들 사이에 머무시길, 하나님을 찾을 수 있는 시대가 다시 오길 바라는 염원 또한 커지고 있습니다. 신적인 것과 접촉하고 싶은 갈증에 갈급한 사람들이 속히 해갈되기를 간절히 바라고 있습니다. 그런 중에 갈증을 즉석에서 해소한다고 약속하는 많은 처방이 나오고 있으며, 많은 사람이 이에 손을 뻗습니다. 하지만 이처럼 정신없는 활동과 새로운 방법과 수단이 있다고 법석대는 처방 저편에서 예수 그리스도께서 말씀하십니다. "내가 … 너희와 함께 있겠다…"(마 28:20, 공동번역). 신비한 징후를 찾아 물어보고 여기저기 찾아 헤맬 필요도 없다고 하십니다. "내가 너희와 함께 **있겠다.**" 즉 예수님은 당신이 오실 것이라고 약속하시거나 우리가 어떻게 예수님께 갈 수 있는지 가르쳐 주시는 것이 아니라, 지금 우리와 함께 있겠다고 하시는 것입니다. 우리가 그분을 보든 보지 않든, 느끼든 느끼지 않든, 원하든 원하지 않든 상관없이 예수님은 우리가 어디에 있든지 곁에 계시기 때문에, 이 점에 대해서는 우리가 할 일이 없다는 것입니다.

5월 14일
하나님의 뜻

하나님의 뜻은 수많은 가능성 아래에 깊숙이 숨겨져 있을 수 있습니다. 하나님의 뜻은 미리 결정된 규칙의 체계 안에 있는 것이 아니라 다양한 삶의 정황에 따라 늘 새롭고 달라질 수 있기 때문에, 우리는 하나님의 뜻을 때마다 분별하고 검토해야 합니다. 이러한 검토에는 마음과 이성과 관찰과 경험이 함께 작용해야 합니다. 선과 악에 대한 인간의 지식이 아니라 살아 계신 하나님의 뜻이 중요한 것이기에, 우리가 하나님의 뜻을 아는 것은 우리에게 달려 있지 않고 오직 하나님의 은혜에 달린 것이기에, 그리고 이 은혜는 날마다 새로우며 새로워지고자 하기에, 하나님의 뜻을 검토하는 일은 매우 진지해야 합니다. 마음의 소리나, 번뜩 떠오르는 생각이나, 어떤 일반적 원리가 하나님의 뜻과 혼동되어서는 안 됩니다. 하나님의 뜻은 늘 하나님의 뜻을 분별하는 사람에게만 새롭게 드러납니다. … 예수 그리스도에 관한 지식은 —변화, 새롭게 됨, 사랑 혹은 그 무엇으로 표현하든 간에— 생생하고 역동적인 것이지, 단번에 주어진 어떤 것이나 고정되고 소유된 종류의 것이 아닙니다. 그렇기 때문에 새 날이 시작될 때마다 오늘, 지금, 여기서, 이 상황에서, 내가 어떻게 하나님과 함께, 예수 그리스도와 함께 새로운 삶을 살며 유지할 수 있는지를 묻게 됩니다. 바로 이러한 질문이 하나님의 뜻이 무엇인지를 검토하라는 말의 의미입니다.

5월 15일
하나님의 사랑의 의지의 증거

기독교의 근본 이념은 인간을 향한 하나님의 길이며 이를 가시적으로 나타낸 것이
십자가입니다. …
십자가는 사도 바울에 의해 기독교 메시지의 중심으로 떠올랐고 예수는 이에
대해 언급한 적도 없다고 주장하는 사람들이 있지만, 예수의 십자가는 예수님
자신의 신 인식이 집약된 것으로 이해되어야 합니다. 그리스도가 하나님이라는
것이 역사적으로 가시적 형태로 나타난 것이 십자가입니다. 인간에겐 하나님
외에는 채울 수 없는 빈 공간이 있는데, 하나님은 이러한 인간에게 오십니다.
인간에게 있는 빈 공간을 기독교적 용어로 '믿음'이라 부릅니다. 나사렛 예수님,
하나님을 계시하신 분을 통해 하나님은 죄인들을 위해 자신을 희생하십니다.
예수님은 죄인들과 교제하고 사랑으로 함께하십니다. 인간이 채우지 못하는 빈
공간에 머물고 싶어 하십니다. 그분의 삶의 의미는 죄인, 가치 없는 자에 대한
하나님의 의지에 대한 증거입니다. 예수님이 계신 곳에 하나님의 사랑이 있습니다.
… 인간을 너무도 사랑하신 하나님이 사랑의 의지에 대한 증거로 스스로 죽음을
짊어지신 것입니다.

하나님의 뜻이 무엇인지 분별하는 것

하나님의 뜻이 무엇인지, 주어진 상황에서 무엇이 옳은지, 무엇이 하나님을 기쁘시게 하는지를 이제 실제로 분별해야 합니다. 우리가 삶에서 하나님의 뜻을 구체적으로 행하며 그 뜻대로 살아야 하기 때문입니다. 주어진 현실에 대한 이해력, 즉 인식 능력과 주의 깊은 분별력이 적극적으로 활성화되어야 합니다. 이 과정에서 하나님의 계명이 모든 것을 포괄하면서도 관통해야 하는 것입니다. 과거의 경험은 격려가 되기도 하고 경고가 되기도 합니다. 직접적인 영감을 기다리거나 확신하지 않도록 주의해야 합니다. 그렇지 않으면 자기기만에 빠져들기 쉽습니다. 이를 위해 매우 냉철하게 정신을 유지해야 합니다. 여러 가능성과 결정이 가져올 결과를 미리 내다보며 숙고해야 합니다. 다시 말해 하나님의 뜻이 무엇인지 분별할 때는, 인간의 모든 능력과 할 수 있는 모든 일을 동원해야 합니다.

하지만 해결되기 어려운 갈등 앞에 서 있다는 생각으로 괴로워하거나, 모든 갈등을 해결할 수 있다고 만용을 부리거나, 열광주의적인 기대나 직접적인 계시를 받았다는 주장을 할 여지를 주어서는 안 됩니다. 겸손하게 하나님의 뜻을 찾는 자에게 그 뜻을 계시하신다는 믿음이 있어야 합니다. 하나님의 뜻을 진지하게 검토한 후에는, 실제적인 결정을 할 수 있는 자유도 주어질 것입니다.

5월 17일
기독교의 중심과 역설적인 상징

예수님이 당신을 낮춰 십자가에서 죽으심으로 세상에 대한 하나님의 사랑을
확증하셨기 때문에, 죽음 이후에 부활이 있었습니다. 죽음은 사랑을 담고 있을
수 없기 때문입니다. "사랑은 죽음같이 강하고"(아 8:6). 이것이 수난절과 부활절의
의미입니다. 인간을 향한 하나님의 길은 다시 하나님께 이르게 합니다. 이렇게
해서 하나님에 대한 예수님의 가르침은 십자가에 대한 사도 바울의 해석과
일치됩니다. 그러므로 십자가는 기독교 메시지의 중심이 되고 역설적 상징이
됩니다. 십자가의 길을 가신 왕은 놀라운 왕국의 왕이 되심에 틀림없습니다.
십자가 길의 역설의 깊이를 이해하는 자만이, 예수님 말씀의 온전한 의미를
이해할 수 있습니다. "내 나라는 이 세상에 속한 것이 아니니라"(요 18:36). …
그리스도는 우리에게 새로운 종교를 가져다주신 분이 아닙니다. 하나님을 전하신
분입니다. 인간 스스로 하나님께 갈 수 없다는 점에서 기독교는 다른 종교와
다릅니다. 그리스도인은 자신의 그리스도인 됨에 아무것도 기여할 수 없습니다.
인간의 힘으로 하는 것은 인간적인 것에 머물기 때문입니다.
사람들은 자신에게 다가오시는 하나님의 은혜로만 살 수 있습니다. 그 은혜에
자신을 열고 그 은혜를 그리스도의 십자가에 비추어 이해하는 사람은 누구나
그 은혜로 인해 삽니다. 그러므로 기독교라는 종교가 아니라 십자가에서 절정을
이루는 하나님의 은혜와 사랑이 그리스도의 선물입니다.

하나님의 사랑에는 차별이 없다

오늘날 특정 원리에 매이지 않으려는 사람들에게 하나님이 세상을 사랑하신다(요 3:16)는 메시지를 선포하기란 참 어렵습니다. 하나님이 세상을 사랑하신다는 것이 전쟁을 종식하고 우리를 가난과 고난, 박해와 모든 재난에서 피하게 해주신다는 의미가 아니라는 것은 분명합니다. 그런데 우리는 이러한 것들에서 하나님의 사랑을 찾다 보니 그 사랑을 발견하지 못합니다. 하나님의 사랑이 세상에 숨어 있다는 사실을 받아들이기 어렵고 깊이 고뇌하게 할 수 있습니다. 하지만 그런 때에도 우리가 하나님의 사랑을 다른 곳에서 찾으려 애쓸 필요 없이 오직 한 곳, 곧 예수 그리스도 안에서 찾을 수 있으며 그럴 때 그 사랑을 더욱 분명히 알게 된다는 사실에 감사해야 합니다. 우리를 향한 하나님의 사랑은 오직 그리스도 안에서 발견해야 합니다.

하나님이 세상, 곧 타락한 모든 피조물을 사랑하신다는 것은 다른 사람보다 신자를 사랑하시는 것이 아님을 나타냅니다. 그분은 나의 철천지원수를 나보다 덜 사랑하시지 않습니다. 예수 그리스도는 당신을 반대하는 이들과 우리의 원수를 위해 십자가에서 죽으셨습니다.

제자도 없는 기독교?

그리스도의 제자가 된다는 것은 그리스도에게 매이는 것을 뜻합니다. 그리스도가 계시기 때문에 그분을 따르는 제자가 있어야 하는 것입니다. 그리스도에 대한 이념, 교리 체계, 죄 사함이나 은혜에 대한 보편적 종교 지식 등을 갖고 있다고 해서 그분을 따르게 되는 것이 아닙니다. 오히려 그런 것은 따름을 방해하고 적대시할 수 있습니다.

사람이 어떤 이념을 갖게 되면 더 알고자 하고 열광하게 되고, 아마도 그 이념을 실현할 수도 있습니다. 하지만 이는 결코 인격적이고 순종적인 따름이 될 수 없습니다. 살아 계신 예수 그리스도가 없는 기독교는 필연적으로 제자도 없는 기독교가 되고, 제자도 없는 기독교는 예수 그리스도가 없는 기독교로서 하나의 이념이요 신화에 불과한 것입니다.

아버지 하나님만 존재하며 그리스도가 살아 계신 아들로서 계시지 않는 기독교는 제자도를 없애 버리고 맙니다. 여기에는 하나님에 대한 신뢰는 있지만 제자도는 없습니다. 하나님의 아들이 인간이 되셨기 때문에, 그분이 **중보자**시기 때문에, 우리가 그분과 맺어야 하는 올바른 관계는 제자가 되는 것입니다.

제자는 중보자와 묶여 있다는 의미로, 제자도가 진지하게 논의되는 곳에서 중보자이신 예수 그리스도, 하나님의 아들에 대해 올바르게 이야기될 수 있습니다. 중보자요 인간이 되신 하나님만이 "나를 따르라"라고 명하실 수 있습니다. 예수 그리스도 없는 추종은 내가 선택한 이상적인 길일 뿐입니다. 순교까지 갈 수도 있지만 약속이 없는 길입니다.

경건한 말치레인가, 하나님 말씀인가?

"주의 입의 모든 규례들을 나의 입술로 선포하였으며"(시 119:13). 하나님 말씀을 마음에 두는 것은 몰라도 그 말씀을 입술로 선포하기는 얼마나 어렵습니까? 마음 없이 내뱉는 말이 아니라 마음 가득한 것을 말이지요.

큰 고통에 직면했을 때 우리는 입을 다물고 있을 때가 많지 않습니까? 하나님 말씀이 나오지 않고 틀에 박힌 경건한 말치레가 나올까 두려워서, 분위기가 너무 가볍거나 신앙적이지 않아서 적당한 말을 찾지 못하고 차라리 침묵하지는 않습니까? 그런데 사람들의 반응을 신경 쓰는 소심한 마음 때문에, 혹은 부끄러워서 말을 못하는 것은 아닌지요? 경고나 책망의 말은 입 밖에도 내지 못하고 관심도 위로도 멈춰 버립니다.

예수 그리스도의 이름이 우리 입 밖으로 얼마나 어렵게 나옵니까? 우리가 영적인 타성에 젖은 말이나 습관적인 말이나 수다에 빠지는 것이 아니라, 전적인 하나님의 말씀을 전하기 위해서는 많은 영적인 경험과 경건의 연습이 필요하고 어린아이와 같은 믿음의 확신이 있어야 합니다. 우리의 입술을 예수 그리스도가 전적으로 사용하실 수 있도록 내어 드리려면 먼저 온 마음이 하나님 말씀에 붙들려야 합니다.

숨겨진 하나님의 지혜

"오직 은밀한 가운데 있는 하나님의 지혜를 말하는 것으로서…"(고전 2:7-10).

하나님의 생각은 상식과는 달라 쉽게 이해되지 않습니다. 우리가 파악하려 할 때 하나님은 쉽게 드러내지 않으십니다. 교회는 비밀스럽게 감춰진 하나님의 지혜에 대해 말하고 있습니다. 하나님은 신비 가운데 거하십니다. 그분의 존재는 영원 전부터 영원에 이르기까지 우리에게 비밀입니다.

우리가 하나님에 대해 사고하고 연구하면서 이 신비를 없앤다든지 하나님을 일반적으로 이해 가능한 존재로 만들려 해서는 안 됩니다. 우리를 초월해 있는 하나님의 신비를 있는 그대로, 비밀스러움과 모호함 가운데 은밀하게 감춰진 지혜를 있는 그대로 두어야 하며 신비로움을 제거하고자 해서는 안 됩니다. 교회의 교리는 하나님의 신비에 대한 힌트에 불과합니다. 그러나 세상은 눈이 어두워 이 신비를 보지 못합니다. 세상은 계산해 봐서 이용할 수 있는 신을 원하기도 하고 신을 아예 버리기도 합니다. 하나님의 신비는 세상에서 숨겨져 있습니다. 세상은 그 신비를 원하지 않습니다. 세상은 원하는 대로 편리한 신을 만들지만, 가까이에 숨어 계신 신비한 하나님을 깨닫지 못합니다.

분명한 표시

이 세상의 기득권을 가진 지배층은 계산과 이용의 명수들입니다. 그래야 세상에서 출세합니다. 그러나 그들은 어린아이들은 깨닫는 하나님의 감춰진 신비를 깨닫지 못합니다. 세상은 하나님의 신비에 대해 눈을 감고 있다는 것을 증명하는 분명한 표시를 갖고 있습니다. 바로 예수 그리스도의 십자가입니다. "만일 알았더라면 영광의 주를 십자가에 못 박지 아니하였으리라"(고전 2:8). 그리스도는 세상에서 알아보지 못하는 하나님의 신비입니다. 나사렛 예수, 나사렛 목수가 영광의 주님이 되셨다는 사실이 하나님의 신비입니다.

하나님이 인간을 사랑하시어 가난하고 천하고 볼품없고 연약하게 되신 것, 우리가 당신과 같이 될 수 있도록 인간이 되신 것, 우리가 당신께 갈 수 있도록 우리에게 오신 것이 신비입니다. 우리 때문에 낮아지신 하나님, 나사렛 예수 안에 계신 하나님이 **비밀스럽고 감춰진 하나님의 지혜**입니다. … 이 비밀은 "눈으로 보지 못하고 귀로도 듣지 못하고 사람의 마음으로 생각하지도 못한"(고전 2:9) 것입니다. …

창조주이자 우리의 아버지이며 예수 그리스도 안에서 우리를 죽기까지 사랑하신 하나님, 우리도 그분을 사랑할 수 있도록 성령으로 우리 마음을 열어 주신 분입니다. 태초부터 종말까지 세상을 품고 창조하고 구원하신 그분은 세 신이 아니라 한 하나님이라는 것, **이것이 하나님의 깊이입니다. 우리는 이를 신비로 경배하고 신비로서 이해하는 것입니다.**

세상은 무엇으로 살아가는가?

의인은 고난이 많으나(시 34:19) 악인은 그렇지 않습니다. 다른 사람에게는
자연스럽고 당연한 일인데 의인은 그런 일로 고난을 당합니다. 의인은 세상의
불의와 무분별하고 부당함 때문에 고난을 당합니다. …
세상은 말합니다. "그건 원래 그런 거야. 앞으로도 그럴 것이고, 또 그래야 하는
거야!" 의인들은 말합니다. "그렇게 하면 안 돼! 그건 하나님을 대항하는 거야."
이런 갈등으로 어떤 사람이 고난을 당한다면 자신이 의인임을 증명하는 것입니다.
의인은 하나님의 민감한 감성을 어느 정도 세상에 가져옵니다. 그리하여 하나님이
세상 때문에 고난을 당하시는 것처럼 자신도 고난을 당합니다. 하지만 하나님께서
그를 도우십니다. 사람이 고난을 당한다고 해서 항상 도와주시는 것은 아니지만
의인이 고난을 당할 때는 항상 도와주십니다. 의인은 하나님과 함께 고난을
당하기 때문입니다. 하나님이 늘 그와 함께하십니다. …
세상이 지우는 고난에 대해 의인은 '축복'이라고 합니다. 축복, 그것은 그리스도를
십자가에 못 박은 세상에 대한 하나님의 대답이었습니다. 하나님은 악을 악으로
갚지 않으셨습니다. 그러므로 의인도 그렇게 해야 합니다. 욕하거나 정죄하지
말고 축복해야 합니다(벧전 3:9). 그러지 않으면 세상은 희망이 없습니다. 세상은
하나님과 의인의 축복이 지탱하고 있으며 그렇기에 미래가 있습니다. …
세상은 오직 불가능한 것에서만 새로워질 수 있는데, 이 불가능한 것이 바로
하나님의 축복입니다.

신약의 중심 메시지

하나님께서 그리스도 안에서 세상을 사랑하시고 화해하셨다는 것이 신약의 중심 메시지입니다. 이 메시지에는 세상은 하나님과 화해가 필요하지만 세상이 스스로 화해를 이룰 수 없다는 것이 전제되어 있습니다. 하나님께서 세상을 받아 주신 것은 그분의 자비가 이룬 기적입니다. 따라서 세상에 대한 교회의 관계는 전적으로 세상에 대한 하나님의 관계에 의해서 규정됩니다. 하나님과 적대적인 세상 사랑이 존재합니다(약 4:4; 요일 2:15). 그 사랑은 세상에 대한 하나님의 사랑에서 나오는 것이 아니라 세상 자체의 본성에서 나오는 것이기 때문입니다. 세상 '그 자체'만 알려 하고 예수 그리스도 안에 나타난 세상을 향한 하나님의 사랑에 대항하고 거부하면서 자신을 지키려고 하는 세상은 그리스도를 적대하기 때문에 결국 하나님의 심판을 받습니다. 세상과 교회는 삶과 죽음을 건 투쟁 상태에 있습니다. 그럼에도 이러한 세상에 하나님과 화해할 것을 독려하고 하나님이 사랑이시라는 실제적인 현실을—세상이 맹목적으로 반대하는 이 현실을— 밝혀 주는 것이 교회의 사명이요 교회의 본질입니다. 이렇게 함으로써 타락하여 심판 가운데 있는 세상도 그리스도의 사건으로 인도됩니다.

5월 25일

승천의 기쁨

승천의 기쁨, 들릴 듯 말 듯 아주 조용하게 들리는 이 소리를 듣기 위해서는 내면이
고요해야 합니다. 기쁨이란 고요한 가운데서만 누릴 수 있는 성질의 것으로서,
이해할 수 있는 것이 아닙니다. 이해할 수 있는 것은 기쁨을 주는 법이 없습니다.
기쁨은 우리가 이해할 수는 없는 것이지만 진리이며 실존하며 살아 있는 것입니다.
따라서 참된 기쁨은 기쁨을 느끼는 자신뿐 아니라 남들도 이해할 수 없는 어떤
것입니다. 예수 그리스도가 높임을 받으셨고 다시 오신다는 것을 선포하는 교회,
다시 말해 성찬의 자리에서 그리스도가 기쁘게 기다리며 만나 주시는 교회,
거기에 승천의 기쁨이 있습니다.

기쁨은 조용히 옵니다. 천국의 기쁨은, 세상이 그것을 불안케 하고 죄가 그것을
흔들지라도 사랑하는 주인이 집에 돌아올 때까지 밤에 깨어서 촛불을 켜놓고
기다리는 하인의 기쁨으로 존재합니다(눅 12:35-40).

그리스도인이 이 세상에서 누리는 기쁨은 미리 누리는 기쁨입니다. 누가 미리
누리는 기쁨을 거부하겠습니까? 어떤 기쁨이 기대의 기쁨보다 크겠습니까?
무엇을 기대하는 것입니까? 최후의 것을 기대하는 것입니다. 우리가 현재 보지는
못해도 사랑하는 주님이 다시 오실 것입니다.

기쁨은 어디에서 찾을 수 있는가?

"기쁘다 구주 오셨네!" 이 노래가 낯설게 들리거나 나약한 사람들의 열망의 소리로
들리는 사람은 아직 복음을 듣지 못한 사람입니다. 예수 그리스도는 인간을 위해
베들레헴의 마구간에 인간으로 오셨습니다.

성도들이여, 기뻐하십시오! 예수 그리스도가 세리와 창기 같은 죄인들의
친구가 되셨습니다. 성도들이여, 기뻐하십시오! 예수 그리스도가 심판받을
자들을 위해 골고다 십자가에서 심판받으셨습니다. 성도들이여, 기뻐하십시오!
예수 그리스도는 우리 모두를 위해 생명으로 부활하셨습니다. 성도들이여,
기뻐하십시오! 예수 그리스도는 하나님께로부터 오셔서 하나님께로 가셨습니다.
이 기쁨은 새로운 문제의 세계, 곧 질문과 답변의 세계가 아닙니다. 이 기쁨은
새로운 도덕법, 이미 짐을 지고 있는 사람들에게 더해진 새로운 짐이 아닙니다.
무엇보다 세상에서의 하나님의 기쁨, 기쁨을 갈망하는 인간에게 점화되는
하나님의 기쁨입니다. 오늘날 세상 사람들은 "기쁨은 어디에서 찾을 수
있을까?"라고 묻습니다.

그리스도의 교회는 이렇게 외칩니다. "예수님이 우리의 기쁨입니다"(벧전 1:7-9).
이 세상이여, 기뻐하라!

세 가지 선물

예수님은 제자들을 떠나실 때 약속하신 대로, 하나님 아버지와 아들 예수님이
제자들 안에 거하시고 성령을 보내 주시면서 선물(은사)도 함께 주십니다. 첫
번째 선물은 평안입니다. 제자들이 분명히 깨달을 수 있도록 예수님이 반복하여
말씀하시며 주신 것은 '예수님이 주시는 평안'입니다. 우리는 이것을 얼마나 잘못
이해하며 그릇된 희망을 가질 수 있습니까? 이 평화는 세상에서는 머리 둘 곳조차
없던 분, 십자가를 져야만 했던 분의 평안입니다. 또 하나님과 인간의 분노가
우리를 멸망시키려고 위협했던 곳에서도 존재했던 하나님과 인간과의 평화입니다.
오직 이러한 그리스도의 평화만이 영원히 지속되는 것입니다. …
두 번째 선물은 기쁨입니다. 예수님은 자신보다 크신 아버지께로 가시기 때문에,
영광 중에 변화되시기 때문에 당신을 사랑하는 사람들에게 기쁨을 주시는
것입니다.
예수님의 약속은 그분의 자녀들에게 '믿음의 능력'을 주십니다. 이것이 세 번째
선물입니다. 그리고 바로 주님이 예고하신 일들이 일어납니다. 모든 것이 예수님
말씀에 따라 일어납니다. … 무엇보다도 교회는 예수님 말씀에 따라 주님이신
예수님이 하나님께로 가시며 다시 오신다는 것을 알고 있습니다. 교회는 예수님
말씀을 믿으며, 그분의 약속이 이뤄지기를 기다립니다. 그리고 그 믿음대로,
성령을 보내 주신다는 것이 확실해졌습니다.

진리에 대한 두려움

진리란 인간의 삶에서 낯설고 범상하며 다분히 예외적인 것입니다. 어디선가 진리가 선포되는 것은 마치 예상치 못한 드라마틱한 것이 우리 삶에 개입하는 것과 같습니다. 누군가 우리 귀에 큰 트럼펫 소리를 들려주어 일단 준비시키고 나서 진리가 선포된다면 낯설지 않게 느껴지겠지요.

하지만 진리를 말하는 것만으로 참된 진리에 다가선 것은 아닙니다. 참된 진리가 평범한 사실과 구분되는 것은 분명한 것을 원하고 이루려 한다는 것입니다. 진리는 사람을 구해 주며 결박에서 풀어 자유롭게 하는 것입니다. 진리가 인간으로 하여금 눈을 뜨게 해서 지금까지 거짓과 속박과 불안 속에 살았음을 깨닫게 하고, 이제 자유를 되찾아 줍니다.

성경은 분명히 말합니다. 사람이 전적으로 노예 상태로 거짓 속에 살고 있기 때문에 하나님에게서 오는 진리만이 인간을 자유롭게 한다는 것입니다(요 8:32). … 하지만 성경이 가르치는 것처럼 우리가 자유에 대해 말하는 것이 쉬운 일은 아닙니다. "진리가 너희를 자유롭게 하리라"는 말씀은 늘 시대착오처럼 들리기 때문입니다. 우리는 모두 진리를 두려워하는데, 이는 기본적으로 하나님에 대한 두려움입니다.

십자가에 매달린 진리

하나님만이 진리입니다. 우리는 하나님이 갑자기 우리를 진리의 빛 안으로 끌어들여 우리의 거짓을 폭로할까 봐 두려워합니다. … 우리가 거짓에 둘러싸여 있고 우리 안에도 거짓이 있으며, 우리 자신이 상습적인 거짓말쟁이라는 사실을 우리는 애써 부정합니다. 뜻밖의 일이 벌어질 때까지, 하나님께서 진리로 우리를 만나 주시고 우리를 그 진리 앞에 세우실 때까지 부인합니다. … 그때 우리가 저항할 수 없는 일이 일어납니다. 진리가 보이는 것입니다.

진리는 우리에게 기묘한 모습으로 다가옵니다. 가까이 갈 수 없을 만큼 빛나는 영광스러운 광채도 아니요, 마음을 굴복시키는 명백함도 아니고, 십자가에 처형된 진리로, 십자가에 박힌 그리스도로 다가옵니다. 그리고 그 진리는 우리에게 묻습니다. "누가 나를 십자가에 못 박았느냐?"

동시에 진리 스스로 대답합니다. "나를 보아라. 네가 그렇게 하였다. 너는 하나님의 진리가 너에 대해 말한 것이 싫어서 그것을 못 박고 너의 진리를 세웠다. 너는 스스로 진리를 알고 진리를 소유했으며 너의 진리로 사람들을 기쁘게 할 수 있다고 생각했다. 그런 식으로 너 자신을 하나님으로 만들었다. 너는 하나님의 진리를 탈취했고, 그 진리는 하나님의 눈에 거짓으로 드러났다!"

인간의 진리와 하나님의 진리

"진리가 너희를 자유롭게 하리라"(요 8:32). 우리의 행위, 우리의 용기, 우리의 능력, 우리나라, 우리의 진리가 아닌 오직 하나님의 진리만이 우리를 자유하게 합니다. 하나님의 진리만이 나로 하여금 다른 사람을 보게 합니다. 하나님의 진리는 자신에게만 향해 있는 내 시선을 내게서 돌려 다른 사람을 보게 합니다. 그렇게 하나님의 진리는 나를 위해 사랑의 행위, 하나님의 은혜의 행위를 합니다. 하나님의 진리는 우리의 거짓을 몰아내고 우리 안에 진리를 창조합니다. 우리의 미움을 몰아내고 우리 안에 사랑을 창조합니다. 하나님의 진리는 그분의 사랑이며 그 사랑은 우리를 우리에게서 자유롭게 하여 다른 사람을 향하게 합니다. 자유롭다는 것은 사랑 속에 거한다는 의미입니다. 사랑에 거한다는 것은 하나님의 진리에 거하는 것입니다. 하나님의 진리를 통해 자유를 누리기 때문에 남을 사랑하는 사람은 이 땅에서 가장 혁명적인 사람입니다. 그는 가치를 뒤엎는 사람이요, 인간 사회의 다이너마이트와 같은 사람이요, 가장 위험한 사람입니다. 왜냐하면 그는 모든 인간이 철저히 속고 있다는 것을 깨달았기 때문이며, 언제든지 사랑으로 인해 사람들에게 진리의 빛을 비출 준비가 되었기 때문입니다. 하나님이여, 우리가 자유에 대해 거짓된 환상을 꿈꾸지 말게 하시고 사랑에 머물도록 우리를 지켜 주소서.

진리는 행동으로 옮겨져야 한다

누가 빛으로 나아옵니까? 진리를 행하는 사람입니다 (요 3:21). 이는 무슨
뜻입니까? 진리는 행동으로 옮겨져야 한다는 것입니다. 생각만 한다든지 단순히
마음으로 원하기만 해서는 의미가 없습니다. 악이 싹트게 하는 위선과 어둠의
반대로 행해야 진리가 일어납니다. 어둠 속에 사는 사람이 어떻게 진리를
행하겠습니까? …

생각만으로는 빛으로 나올 수 없습니다. 행동을 통해서만 나올 수 있습니다.
이는 예수님의 말씀입니다. 물론 아무 행위를 통해서가 아니라 **진리**의 행위를
통해서입니다. 진리 자체가 당신의 행위를 통해 당신을 빛으로 인도합니다.
예수님의 말씀에서 강조점은 진리가 먼저이고 그다음이 행동이라는 것에
있습니다. "행위로 의롭게 된다"라는 말이 옳지 않은 것처럼 "생각으로 의롭게
된다"라는 말도 옳지 않습니다.

그러나 우리가 빛으로 나오고자 하며 성령의 임재를 원한다면 시간을 낭비해서는
안 됩니다. 이제는 행해야 할 때입니다. 힘써 하나님 말씀에 순종의 행위를 해야
합니다. 그래야만 끊임없는 질문에서 벗어나 있는 자리에서 정직하게 행하고
하나님 말씀 아래 살게 됩니다. … 우리의 행위 가운데 나타나는 진리가 빛
가운데 분명하게 드러나게 됩니다.

6월
교회의 하나 됨

교회의 하나 됨은 조직이나 교리, 예전, 경건한 마음에
달려 있는 것이 아닙니다. 오직 하나님의 말씀 안에서,
예수 그리스도의 음성 안에서 이뤄지는 것입니다.

6월 1일
우리는 아무거나 잘 믿는다

우리는 믿지 않는 것이 없습니다. 너무나 많이 믿습니다. 우리 능력을 믿고, 나를
믿고, 타인을 믿고, 국가를 믿고, 종교 공동체를 믿고, 새로운 사상을 믿습니다.
하지만 한 가지, 이 모든 것 위에 계시는 하나님을 믿지 않습니다. 하나님을 믿으면
다른 능력을 믿을 수 없기 때문입니다.

하나님을 믿는 자는 세상의 다른 어떤 것도 믿지 않습니다. 세상의 것은 모두
부서지고 사라져 가기 때문입니다. 또한 다른 것을 믿을 필요가 없습니다. 그가
하나님을 믿는바, 모든 것이 그분의 손으로부터 오고 그분의 손으로부터
사라지기 때문입니다.

우리는 인간이 성취한 승리를 알고 있습니다. 인간은 자기 자신이나 어떤 능력,
이념을 굳게 믿어 혼신의 힘을 다해 경주함으로 때로 초인적이고 불가능한 능력을
발휘하기도 합니다. 그렇다면 그러한 주관적인 환상에 빠지지 않고 인격적이고
살아 계신 하나님을 믿는 자는 얼마나 더 큰 승리를 이뤄 낼 수 있겠습니까?
예수의 기적과 행적은 실로 그 믿음의 결과인 것입니다. … 믿음은 무조건적으로
신뢰하는 것이고, 또한 과감하게 도전하는 것입니다.

사랑 없이는

고린도전서 13장 1-3절에서 말하고자 하는 바는 사실 무척 단순합니다. 삶에 사랑이 얼마나 있느냐에 따라 그 삶의 의미와 가치가 있으며, 사랑이 없으면 아무것도 아니고 어떠한 의미나 가치도 없음을 말하고 있습니다. 사랑이 있느냐 없느냐에 따라 삶의 가치가 달라진다는 것입니다. 사랑이 없으면 다른 모든 것은 아무것도 아니며 의미가 없고 중요하지 않으며 모든 좋은 것과 나쁜 것, 큰 것과 작은 것도 중요하지 않습니다. 우리에게 과연 사랑이 있는가, 오직 이 질문이 중요합니다.

"내가 천사의 말을 할지라도…"

우리는 상상하기 힘들지만 우리의 지극히 경건한 말도 더럽고 불경건하며 세속적인 말이 될 수 있습니다. 그 말에 마음, 곧 사랑이 없으면 말입니다.

"내가 예언할 수 있고, 내가 모든 비밀을 알고 모든 지식을 갖고 있다 할지라도…"

내가 왜 이 길을 가야 하고 저 사람은 왜 저 길을 가야 하는지를 알며 지금 여기에서 하나님의 비밀을 알 수 있다 할지라도, 사랑이 없으면 그것이 복된 것이 아닙니다.

사랑이 없는 깨달음, 지식, 진리는 아무것도 아닙니다. 그것은 진리가 아닙니다. 진리란 하나님이고, 하나님은 사랑이시기 때문입니다. 그러므로 사랑이 없는 진리는 거짓입니다.

은혜란 무엇인가?

우리 안의 악과 죄성과 비열함은 우리의 제어 능력 밖에 있어 우리는 살아 있는 동안 그 지배하에 있습니다. 우리에게 다음 말씀이 주어지지 않았다면, 선과 거룩함, 우리 자신 그리고 하나님에 대해 절망했을 것입니다.

"내 은혜가 네게 족하도다 이는 내 능력이 약한 데서 온전하여짐이라"(고후 12:9).

이 말씀에 비춰 볼 때, 종교가 세상이 우리에게 줄 수 없는 것을 준다거나 인간을 행복하게 만들어 준다는 말은 맞지 않습니다. 오히려 불행과 불안, 세상에서의 실패는 종교와 함께 더 커집니다.

"내 은혜가 네게 족하도다."

은혜란 무엇입니까? 은혜란 우리가 삶에서 직접적으로 느낄 수 있는, 뚜렷하게 볼 수 있는 것이 아닙니다. 경험으로 판단하면 오히려 진리는 믿을 수 없는 것이며 불가능해 보이는 것입니다.

은혜는 이 세상 너머에서 일어난 일을 말하며 우리를 이 세상에서 다른 세상으로 옮겨 놓습니다. 어두컴컴한 심연이 우리 앞에서 갈라지고 음성이 들립니다.

"이것을 뛰어넘어라. 내가 너를 받아주겠다. 내가 너를 꼭 붙들겠다. 내 팔을 뻗고 있으니 모험을 해라. 다른 것이 아니라 나만을 신뢰해라!"

내 은혜가 네게 족하도다. 내 이름은 사랑이다. "내가 너를 지명하여 불렀나니 너는 내 것이라"(사 43:1).

성령강림절, 감옥에서 쓴 편지

성령강림절도 함께 지내지 못하고 맞이하게 되었습니다. 그러나 이것은 특별한 방식으로 함께하는 축제가 될 것입니다. 오늘 새벽 종소리에 예배드리고 싶은 마음이 간절했습니다. 그래서 밧모 섬에 유배 간 사도 요한처럼(계 1:9-10) 혼자 예배를 드렸습니다. 혼자 드리는 예배지만 참으로 아름다워 외로움을 전혀 느낄 수 없었습니다. 여러분이 모두 나와 함께 있었고, 예전에 성령강림절을 함께 지낸 교회의 지체들도 같이 있었습니다. 어젯밤부터 거의 매시간 파울 게르하르트★의 성령강림절 찬송의 아름다운 구절을 속으로 불렀습니다! "성령은 기쁨의 영이오니… 기쁨과 힘을 주소서…."

그리고 다음 구절에서 기쁨을 얻었습니다.

"네가 만일 환난 날에 낙담하면 네 힘이 미약함을 보임이니라"(잠 24:10).

"하나님이 우리에게 주신 것은 두려워하는 마음이 아니요 오직 능력과 사랑과 절제하는 마음이니"(딤후 1:7).

언어의 기적(행 2:1-13)이라는 매우 특이한 사건에 대해 깊이 생각해 보았습니다. 각자가 자기 말만 함으로써 사람들이 서로 이해할 수 없게 된 바벨탑에서의 언어의 혼란은 끝나야 하고, 이제 모든 사람이 이해할 수 있는 언어, 또한 그 언어를 통해서만 사람들이 서로 이해할 수 있는 유일한 언어인 하나님의 언어로 극복되어야 합니다. 그리고 교회는 이러한 일이 일어나는 장이 되어야 합니다. 이는 매우 중요한 사상입니다.

★ Paul Gerhardt: 1607~1676년. 독일의 찬송시 작가. 프로테스탄트 목사.

우리 속의 음성

치유하고 인도하고 위로하는 것(사 57:18), 이것이 성령강림절의 하나님의
사역입니다. 하나님은 우리의 길을 주시하고 계십니다. 이것이 바로 하나님의
은혜입니다. 우리 마음대로 가도록 놓아 둘 수 있으시지만, 우리의 길을 계속
지켜보십니다. 우리가 상처 입어 길을 잃고 불안에 차 있는 것을 보십니다. 이제
하나님은 우리를 치료하려 하십니다. … 과거의 쓰디쓴 기억은 더 이상 우리를
괴롭히지 못합니다. 모든 고통은 '무'와 망각 속으로 흡수되어 버립니다. 우리가
사랑하는 사람 곁에 있을 때처럼. 하나님은 우리의 과거보다 더 가까이에 계십니다.
그분은 우리를 인도하기를 원하십니다. 인간이 가는 길이 다 하나님이 인도하시는
길은 아닙니다. 우리는 때로 오랫동안 자신의 길을 갑니다. 그 길에서 자신을
우연에 맡깁니다. 그 우연이 행복을 가져오든 불행을 가져오든 상관없이 말이지요.
우리는 빙빙 돌아 늘 자신에게로 돌아옵니다. 하지만 하나님의 길은 하나님께로
인도합니다. 하나님은 행복과 불행을 통해 우리를 늘 당신께로만 이끄십니다.
이를 깨달을 때 우리는 하나님의 길을 이해하게 됩니다.
하나님은 우리를 위로하고자 하십니다. 그럴 만한 이유가 충분히 있을 때에만
위로하십니다. 인간이 더 이상 갈 길을 찾지 못할 때, 생에 대한 무의미로
불안해할 때입니다. 세상은 사실 늘 불안감을 줍니다. 하지만 하나님의 위로를
받은 자는 세상보다 더 많은 것을 소유하고 있습니다. 그는 하나님과 함께하는
삶을 소유합니다. 하나님이 위로하실 때에는 아무것도 망가지는 것이 없고,
잃어버리거나 의미 없는 것이 없습니다. …
하나님께서 어떻게 치료하시며 인도하시며 위로하십니까? "아빠 아버지"(갈 4:6)
라고 말하고 기도하고 부르짖고 탄식하는 음성을 우리 속에 주심으로 그렇게
하십니다! 이것이 성령이요, 성령강림절입니다.

6월 6일

행운과 불운

하나님이 어떤 자녀에게는 행운을 주심으로(창 39:23) 그들이 하는 일이 범사에 잘되게 하시고 그들과 함께 계시고 주위 사람에게도 호감을 주고 인정받게 하시고 성공하게 하십니다. 또 모든 사람을 다스리는 큰 권능을 주셔서 그분의 사역을 이루게 하시는 경우도 있습니다. 그들은 보통 역경과 시험의 시기를 견뎌야 하지만, 사람들이 그들에게 악을 행하고자 하더라도 하나님은 언제나 그것들을 선으로 바꾸십니다.

하나님은 어떤 자녀에게는 고난과 순교에 이르는 복을 주십니다. 하나님은 인간을 당신의 길과 목적으로 이끌기 위해 행운과 불운을 이용하십니다. 하나님의 길은 "하나님의 계명을 지키는"(요일 3:24) 것이고, 하나님의 목적은 "우리가 하나님 안에 거하고 하나님이 우리 안에 거하시는 것"입니다.

행운과 불운은 이러한 복된 목적을 이루기 위해 오는 것입니다. 우리가 하나님 안에 거하고 하나님이 우리 안에 거하시는 것 그리고 하나님의 계명을 지키며 이 목적을 향해 가는 것은 이미 이러한 복의 길에 들어선 것입니다.

우리가 행복과 불행을 통해 더없는 행복을 향해 가고 있다는 것을 어떻게 알 수 있습니까? 비록 우리가 이 길을 가다 가끔 넘어지기도 하고 목적을 잃어버리는 일이 있다 해도, 우리 마음속에 이 길과 목적에 대한 저항할 수 없는 사랑이 일어난다는 것입니다. 이 사랑은 하나님에게서 오는 것으로, 하나님이 우리에게 주신 성령입니다.

세상을 붙들어라!

현대적인가, 구식인가? 이 질문은 오늘날 그 어느 때보다 사람들의 관심을 끌고 있습니다. 유행이나 건강 문제뿐 아니라 인간의 모든 관심사, 곧 학문과 문학, 종교 분야에서도 그렇습니다.

"시간을 섬기라*Dienet der Zeit*"(롬 12:11, 다른 사본의 번역). 이에 대한 견해는 둘로 갈립니다. 한쪽은 무조건 현대적인 것에 무게를 두고, 다른 한쪽은 의식적으로 과거의 좋았던 옛 시절을 되돌아봅니다. "당신은 현대인이 되겠소?"라는 질문에 한쪽은 자신감에 차 단호하게 "예"라고 대답하고, 다른 한쪽은 "아니요"라고 대답합니다.

그리스도인을 자처하는 사람들은 무어라 대답할까요? 그리스도인은 시대의 변화에 어떻게 반응해야 합니까? 그리스도인은 보수적으로 생각해야 할까요, 아니면 진보적으로 생각해야 할까요? 현대적으로 생각해야 할까요, 아니면 전근대적으로 생각해야 할까요?

모든 그리스도인의 근본적인 질문은 명백하게 영원에 대한 것입니다. 이 시대에서 어떻게 영원에 도달할 것인가? 이 상황에서는 단 하나의 답밖에 없는 것처럼 보입니다. 시간을 초월하여 이 땅에서 일어나는 모든 일에 초연하며 오직 영원을 향해 사는 것.

하지만 말씀은 그러한 자세에 대항해 "시간을(적합한 때를) 섬기라"라고 우리에게 요구합니다. 너희가 영원을 갖기 원한다면 시간 안에 살면서 섬기라!

이 말씀은 커다란 모순으로 다가옵니다. 당신이 불멸의 것을 원한다면 사라지는 것을 붙들어야 하고, 영원한 것을 원한다면 일시적인 것을 붙들어야 하며, 하나님을 원한다면 세상을 붙들어야 하기 때문입니다.

의미 있는 시간

현재는 하나님이 우리를 위해 책임지시는 시간입니다. 모든 현재는, 오늘이든 내일이든, 다양한 현실에 처한 당시의 상황입니다. 세상의 모든 역사에는 늘 단 하나의 의미 있는 시간, 곧 현재 외에는 없습니다. 현재에서 도주하는 사람은 하나님의 시간에서 도주하는 자이고, 시간에서 도주하는 사람은 하나님에게서 도주하는 자입니다.

"시간을(적합한 때를) 섬기라!" 시간의 주인은 하나님이고, 시간의 전환점은 그리스도이며, 시간의 올바른 영은 성령입니다. 따라서 모든 순간의 배후에는 이 세 분의 실재가 숨겨져 있습니다. 나는 하나님을 내 삶의 주인으로 인정하고, 심판에서 은혜로 삶을 전환하는 지점에서 그리스도 앞에 머리를 숙이며, 세상의 영이 지배하는 가운데서 성령께 자리와 능력을 내어 드리려고 애씁니다. …
적합한 때를 **섬기라**는 것은 시간의 **노예**가 되라는 것이 아니며, **당대에 받아들여지는 것**은 무엇이든지 옳다는 뜻도 아닙니다. 섬긴다는 것은 섬기는 사람의 강한 의지와 생각을 담고 있는 말이므로, 남들이 가는 방향으로 가거나 따라 하는 나약함이 아닙니다. 그러니까 **유행을 섬기라는 의미가 아니라**, 적합한 때를 섬기라는 것입니다. 유행은 사람들의 행위에서 나오는 것이기에 선하지 않은 것일 수도 있습니다. 적합한 때는 하나님이 행하시는 시간이므로, 때를 섬기는 것은 인간이 아니라 하나님을 섬기는 것입니다.

'경건한 나'를 배척하는 것

우리는 "내가 하겠다"라고 하기 전에, 우선 하나님께서 성령을 통해 그 말을
바르게 사용하는 법을 우리에게 가르치시도록 해야 합니다. "내가 하겠다"라는
말 ―"나는 경건해지겠다", "나는 거룩해지겠다", "나는 계명을 준수하겠다"― 은 경건의 삶에서
큰 화를 불러일으킬 수 있습니다. 우리는 경건의 삶에서도 우리의 의지가 아니라
하나님의 의지만이 중요하다는 것을 기본적으로 이해해야 합니다. 하나님께서
당신의 일을 우리 안에서 행하시도록 '경건한 나'를 배척해야 하는 것입니다.
그렇지 않으면 "내가 하겠다"는 말과 결심은 파탄을 가져올 뿐입니다.
우리가 하나님의 은혜로 "내가 하겠다"는 말을 그칠 때, 하나님께서 예수
그리스도 안에서 우리 삶에서 새로운 일을 시작하실 때 우리는 "내가
하겠다"라든가 "내가 하지 않겠다"라고 했더라도 하나님의 길에 들어선 것이며,
비로소 성령께서 우리 마음 가운데에서 말씀하시기 시작하며 우리는 전혀
새롭게, 지금까지와는 전혀 다르게 "내가 하겠다"라는 말을 할 것입니다. …
"내가 주의 율례들을 지키오리니"(시 119:8). 나는 강요당해서 하는 것이
아닙니다. 하나님께서 나를 자유롭게 해주셔서 내가 하기 싫었던 것을 할 수
있게 된 것입니다. 하나님은 나의 의지를 당신의 율례에 결속시키셨습니다.
예수 그리스도에게만 해당하는 말씀을 내게도 가능하도록 만드시는 분은 성령
하나님이십니다. "하나님의 뜻이 나의 뜻이 됩니다." 하지만 나는 성령이나 예수
그리스도가 아니기 때문에 "내가 하겠다"에 다음 기도를 덧붙여야 합니다. "나를
아주 버리지 마옵소서"(시 119:8).(**Luther**, 1521)

시대의 전환점

"적합한 때를 섬기라." 세상에만 하나님의 시간과 때가 있는 것이 아니라 우리
인생에도 그분의 시간과 때가 있음을 깨달을 때, 우리 삶이 지난 곳에 하나님의
흔적이 눈에 띄게 나타나며 우리가 지나간 발자취에 깊은 영원의 골이 드러나고
우리 발걸음마다 영원에서 들려오는 나지막한 반향이 남아 있음을 깨달을 때,
더 심오한 사실이 우리 앞에 드러납니다. 이러한 시간의 깊고 순수한 형태가
이해되고 우리 삶의 과정에서 표현될 수 있으며 그로 인해 우리 시대에서도
하나님의 거룩한 임재를 체험할 수 있습니다.

"나의 앞날이 주의 손에 있사오니"(시 31:15). … 하나님께서 당신의 삶에 임하여
계시니 당신에게 주어진 시간을 섬기십시오. 하나님께서 당신의 시간을 거룩하게
하셨습니다. 매 시간은 하나님께 속한 시간입니다.

하나님은 우리가 완전한 의미에서 우리 자신이 되기를 원하십니다. … 두 발로
대지에 서 있는 자만이, 온전히 이 땅의 자녀로 남는 자만이, 도달 못할 높은
곳으로 비상하려는 시도를 하지 않으며 지금 가지고 있는 것에 만족하고 감사하며
그것을 붙드는 자만이 진정으로 인간의 능력을 소유한 자이며, 시간을 섬기면서도
영원을 섬기는 자입니다. … 시대의 주인은 하나님입니다. 시대의 전환점은
그리스도입니다. 진정한 의미에서 시대의 정신은 성령입니다.

새것은 옛것의 기반 위에 서 있다

성령이 하시는 일은 가르치는 것과 기억시키는 것입니다. 교회는 세상에서 사역하는 동안 늘 새로운 가르침과 깨달음을 필요로 합니다. 복음에 대한 새로운 적, 새로운 질문, 새로운 필요에 대해 교회는 모든 것을 가르치시는 성령(요 14:26)을 선생으로 모시고 있습니다.

교회는 중요한 결정을 내릴 때 언제나 필요한 가르침과 깨달음을 얻을 수 있으며 인간의 이성이 아닌 성령이 가르치므로 교회는 성령이 주시는 깨달음 위에 확고히 설 수 있습니다. 교회는 역사를 통해 새로운 깨달음을 얻을 수 있습니다. 교회는 성령의 음성을 듣고 배우는 것을 중단하지 않을 것입니다.

성령은 죽은 문자가 아니라 살아 계신 하나님입니다(고후 3:6). 그래서 교회는 결정을 내릴 때마다 성령께 맡깁니다. 성령의 가르침을 진지하게 듣고자 하면, 성령께서 교회를 위해 그리고 교회 안에서 활동하셔서 우리가 어둠 속에서 해결책을 찾아 헤매지 않게 하십니다.

그럼에도 성령의 모든 가르침은 예수의 말씀에 묶여 있습니다. 새것은 옛것 위에 확고하게 서 있습니다. 이러한 이유로 가르침의 사역뿐 아니라 기억시키는 사역도 필요한 것입니다. 기억시키는 것만 있다면 교회는 죽은 과거에 매이고, 기억 없이 가르침만 있다면 열광주의에 빠질 것입니다. 그래서 성령은 교회를 돕는 분으로서 두 가지 모두를 행하시고, 교회를 미래로 이끄시며 예수 곁에 단단히 매는 것입니다(마 13:52).

교회와 지상에서의 하나님의 목적

독자적인 공동체인 교회는 하나님이 맡겨 주신 선포의 임무를 다음 두 가지 방법으로 완성해야 합니다. 첫째, 이 공동체 안에서 모든 것은 세상에 그리스도를 효과적으로 선포하는 일에 초점을 맞춥니다. 따라서 교회 자체는 이러한 목적을 위한 도구요 수단입니다. 둘째, 세상을 위한 이러한 계획 속에서 교회는 하나님이 맡겨 주신 선포의 임무를 이루기 시작했습니다. 즉, 교회 스스로 도구이자 목적을 위한 수단이 되고자 함을 통해 이 세상을 위한 하나님의 모든 행위의 목표와 중심점이 된 것입니다.

'대리'의 개념은 이와 같은 이중적 관계를 명확하게 나타냅니다. 교회는 온 세상이 서야 할 곳에 섭니다. 이런 점에서 교회는 대리적 활동으로 세상을 섬기며, 세상을 위해 존재합니다. 역으로 교회가 서 있는 곳에서 세상도 자신의 목적을 성취합니다. 교회는 "새 피조물"이며(고후 5:17), 지상에서 하나님의 길의 목표지입니다.

이러한 이중의 대리 개념 아래 교회는 교회의 주인과 온전히 교제하며 그분을 따르게 되는 것입니다. 교회의 주인이 그리스도이신 까닭은 그분이 자신을 위해 존재하는 것이 아니라 전적으로 세상을 위해 존재하시기 때문입니다.

세상에서 하나님의 교회

예수 그리스도 안에서 계시된 하나님께서 세상에 공간을 요구하실 때,
심지어 "그 여관에 방이 없어"(눅 2:7) 마구간과 같은 곳이었을지라도, 이 작은
공간에서 세상의 모든 현실을 요약적으로 보여 주시며 세상의 근본적인 토대를
드러내십니다. 마찬가지로 예수 그리스도의 교회는 그리스도가 온 세계의
주인이심을 증언하고 선포하는 세상 안의 장소, 즉 공간입니다. …
교회 공간은 교회가 물의를 일으키면서 세상의 영역의 일부를 차지하기 위해
있는 것이 아니라, 교회는 세상이라는 것, 곧 세상이 하나님께 사랑받고 하나님과
화해된 곳이라는 증거가 되기 위해 있습니다. 교회는 세상에서 예수 그리스도의
증인이 되고 세상이 그리스도를 통해 하나님과 화해했음을 증언함으로 세상을
섬기기 위해 공간이 필요한 것이므로, 그 이상의 공간을 갈망해서는 안 됩니다.
교회가 자신의 영역을 위해서가 아니라 세상의 구원을 위해 투쟁함으로써만
자신의 영역을 지킬 수 있습니다. 그렇지 않으면 교회는 자신의 문제를 위해
싸우는 '종교 집단'이 되며, 세상에서 하나님의 교회가 되기를 포기하는 것입니다.
교회에 속한 사람들이 받은 일차적 과제는, 종교적인 조직을 만들거나 경건한
삶을 영위하는 등 자신을 위해 존재하는 것이 아니라 세상에서 예수그리스도의
증인이 되는 것입니다.

인간의 형상

단지 인류의 일부만이 자신의 구원자의 모습을 알아본다는 사실은 설명할 수 없는 신비입니다. 모든 인간에게 당신의 형상을 형성하시려는 성육신하신 분의 갈망은 아직 채워지지 않고 있습니다. 인간의 형상을 취하신 그분은 작은 무리의 사람들만 당신의 형상으로 만들 수 있습니다. 이 작은 무리가 교회입니다. 형상을 이룬다[형성形成]는 것은 일차적으로 예수 그리스도가 당신의 교회 안에서 당신의 형상을 이뤄 내는 것입니다. 여기서 이루는 형상은 예수 그리스도의 모습입니다. 신약성경에서 교회를 그리스도의 몸이라 부르는 것은 깊은 의미가 있으며 분명한 사실을 보여 줍니다. 몸인 교회는 가시적인 그리스도의 형상입니다. 그렇기 때문에 교회는 그리스도를 숭배하는 자들의 종교 단체가 아니라, 인간 가운데 형상을 취하신 그리스도입니다. 하지만 교회는 그리스도의 몸이라 불릴 수 있습니다. 왜냐하면 인류, 즉 모든 인간이 예수 그리스도의 몸 안에 있는 것으로 추정되기 때문입니다.

교회는 이제 진실로 모든 인간에게 적용되는 형상을 지니고 있습니다. 교회가 취하게 되는 형상은 인류의 형상입니다. 교회에서 일어나는 것은 모든 인간을 위해 본보기로, 그리고 대리적으로 일어나는 것입니다. 하지만 교회가 예수 그리스도의 형상과 별개로 존재하는 자체의 독립적인 형상을 지닌다고 말할 수는 없습니다. 교회는 그리스도가 실제로 당신의 형상을 담아 만들어 낸 인류의 한 부분일 따름입니다.

종교가 아니라 그리스도의 형상

교회는 인간이 되셨고 심판을 받으셨고 새로운 생명으로 부활하신 그리스도 안에 있는 인간입니다. 교회는 본질적으로 소위 인간의 종교적인 기능과는 전혀 관계가 없습니다. 오히려 교회는 세상 안에서 존재하면서 모든 관계 속에서 모든 인간과 관련을 맺는 곳입니다. 교회의 관심사는 종교가 아니라 그리스도의 형상이며, 인간의 무리가 그리스도의 형상을 얻는 것에 있습니다. 이러한 관점에서 조금이라도 벗어난다면, 우리는 다시 윤리적이고 종교적인 세상을 형성하는 교회 프로그램들로 불가피하게 되돌아갈 것입니다. …

기독교 윤리의 출발점은 그리스도의 몸이며, 교회의 모습에 존재하는 그리스도의 모습이며, 그리스도의 모습에 따른 교회의 형성입니다. 교회에 일어나는 것이 모든 인류에 적용되면서 형성의 개념은 간접적으로 모든 사람에게 의미를 갖게 됩니다. 하지만 교회가 소위 세상을 위한 본보기로 존재한다는 뜻이 아닙니다. 인류는 자신의 본래의 참모습으로 교회 안으로 인도될 것이라는 식으로만 세상의 형성에 관해 이야기할 수 있어야 합니다. 이 말은 우리가 세상의 형성에 관해 말할 때도 예수 그리스도의 모습만을 의미한다는 것입니다.

그리스도는 추상적 윤리를 가르치시지 않는다

그리스도의 모습은 언제 어디서나 하나요 동일한 모습입니다. 그리스도의 교회도 모든 인종을 초월하여 하나입니다. 그럼에도 그리스도는 세상이 그것에 따라 형성되어야 하는 하나의 원리가 아닙니다. 그리스도는 오늘날 어느 시대에나 통하는 하나의 체계를 전파하는 분이 아닙니다. 그리스도는 어떤 대가를 치르더라도 반드시 지켜야 하는 추상적인 윤리를 가르치지 않습니다. 그리스도는 본질적으로 선생이나 입법자가 아니라 인간, 곧 우리와 같은 실제의 인간이셨습니다.

그분은 우리가 단지 특정한 가르침의 생도, 대변자, 옹호자가 되는 것이 아니라 인간, 곧 하나님 앞에 실제의 인간이 되는 것을 원하십니다. 그리스도는 윤리학자처럼 '선'에 관한 이론을 사랑하신 것이 아니라 실제의 인간을 사랑하셨습니다. 그분은 철학자처럼 '보편타당한 것'에 관심을 가지신 것이 아니라 구체적인 현실의 인간에게 도움이 되는 것에 관심을 기울이셨습니다. 그분의 관심은 '행위의 준칙이 보편적 입법의 원칙이 되도록 하는 것'에 있지 않고, 나의 현재의 행위가 이웃으로 하여금 하나님 앞에 인간으로 서게 돕는 것에 있었습니다. 요지는, 하나님은 하나의 이념이나 원리, 하나의 프로그램이나 보편타당한 법칙, 율법이 되신 것이 아니라, 인간이 되셨다는 것입니다.

오늘 여기서

그리스도의 모습은 언제나 하나요 동일한 모습이지만, 현실의 사람 각자에게 서로 다른 방법으로 당신의 형상을 각인하기 원하십니다. 그리스도는 어떤 이념을 위해 인간의 현실을 포기하는 것이 아니고—이념은 그 자체의 실현을 위해 모든 현실성을 무시하기 때문에—현실을 유효하게 만드시고 긍정하십니다. 그분 자신이 현실의 인간이시고, 따라서 모든 인간적 현실의 근거가 되시기 때문입니다.

그리스도의 모습에 따라 형성된다는 것은 다음 두 가지를 내포합니다. 첫째, 그리스도의 모습은 하나요 동일한 모습으로서, 보편적 이념으로서가 아니라 인간이 되시고 십자가에 달리시고 부활하신 하나님으로 특유하게 존재하신다는 것입니다. 둘째, 그리스도의 모습으로 인해 현실의 인간의 모습이 보존되는 것이고, 이렇게 해서 **현실의 인간이 그리스도의 모습을 받아들이는 것입니다.** 이로써 우리는 모든 추상적인 윤리를 떠나 구체적인 윤리를 따릅니다. 그러므로 우리는 변함없이 늘 선한 것이 무엇인지가 아니라, 그리스도가 오늘 여기서 우리 가운데서 어떻게 형상을 이루시는지에 대해 말할 수 있고 말해야 하는 것입니다.

베드로 교회

주님이 베드로에게 말씀하신 교회(마 16:17-19)는 반석 위에 세운 교회, 곧 그리스도에 대한 믿음의 고백 위에 세운 교회입니다. 베드로 교회는 의견이 분분한 교회가 아니라 계시의 교회, 인간들의 가르침이 선포되는 교회가 아니라 베드로의 고백이 늘 새롭게 전해지는 교회입니다. 이 교회는 노래와 기도와 선포와 행동에서 늘 이 고백이 나타나는 교회입니다. 그리고 이 교회는 이 고백이 존재하는 동안에만 반석이 되는 교회입니다. …

하지만 베드로 교회는 이렇게 순전히 자랑스러운 모습만을 보여 주는 교회가 아닙니다. 고백도 하고 믿음도 있는 제자 베드로는 유다가 예수를 배반한 밤에 그분을 부인했습니다(마 26:29-75). 그리스도가 대제사장 앞에 서 계셨던 그날 밤 모닥불 옆에 있었던 그는 수치스러워했습니다. 그는 믿음이 적은 자, 두려움 때문에 갈릴리 바다에 빠져들었던 자입니다. 그는 예수께서 질책했던 자입니다. "사탄아, 내 뒤로 물러나라"(마 16:23). 그는 또한 수없이 연약해지고, 또다시 부인하고 넘어지고, 흔들리는 약한 인간입니다. 베드로 교회는 이러한 그의 연약함을 나누는 교회입니다. … 베드로 교회는 주님을 위해 나서야 할 때 주님을 부끄러워하는 모든 사람의 교회입니다.

선한 목자

예수님이 선한 목자이시라는 말씀은(요 10:11) 목가적인 풍광이나 목가적인 시와는 관계가 없습니다. 이는 오히려 요한복음 10장의 의미를 손상시킵니다. "나는 …이다." 이 말씀은 목자나 양치기 일에 대해 언급하는 것이 아니라 예수 그리스도가 누구신지를 이야기함을 분명히 가르칩니다. "나는 한[부정관사 a] 선한 목자"라고 하지 않으시고 "나는 그[정관사 the] 선한 목자"라고 하신 것은 예수께서 당신을 다른 선한 목자와 비교하면서 그들로부터 선한 목자가 무엇인지 배우려 하시는 것이 아님을 보여 줍니다. "선한 목자란 무엇인가"라는 질문에 대한 대답은 '그 선한 목자'인 예수님을 통해서만 얻을 수 있고, 그 선한 목자 외에 다른 선한 목자가 없음을 말합니다.

예수 그리스도의 교회에 그 선한 목자 말고도 두 번째 혹은 세 번째 선한 목자를 앉히는 것이 아니라, 예수 한 분만을 교회의 선한 목자가 되게 하는 것입니다. 그분은 목자장이며(벧전 5:4), 목자 직위는 예수께 속하며 목사들은 그분의 일에 동참하는 것입니다. 그렇지 않으면 그들은 그 직위와 양 떼를 망치게 됩니다. 요한복음 10장에서는 어떤 목자의 이야기가 아니라 오직 그 선한 목자에 대해 이야기하고 있음이 다음의 비범한 행동으로 분명해집니다. 꼴이나 물을 먹인다든가 하는 것에 대해 이야기하지 않고 "그 선한 목자는 양들을 위해 목숨을 버린다"(요 10:11)라고 합니다. 예수께서는 양들을 위해 돌아가시기 때문에 스스로를 선한 목자라고 하십니다.

하나님 말씀−교회의 하나 됨

예수님만이 당신의 양들을 아시기 때문에 그분만이 이방인 중에도 양 떼가 있다 (요 10:16)고 말씀하실 수 있습니다. 선택된 백성에게만 선한 목자의 사랑과 죽음이 유효한 것은 아닙니다. 선한 목자이신 예수는 우리가 생각할 수도 없는 곳, 현재 하나님을 부인하고 우상 숭배만 하는 곳에도 당신의 양을 갖고 계십니다. 예수님은 우리에게만 속한 것이 아니고, 그분은 우리에게 의지하지 않으십니다. 이는 위로이기도 하지만, 동시에 교회의 교만에 대한 경고의 말씀입니다. … 선한 목자는 그의 모든 양이 올바른 길을 깨닫고 위험과 화에서 보호받도록 그들을 인도해야 합니다. 그들 모두가 예수의 음성을 들을 때면 그분의 교회는 완성될 것입니다. 그때는 다른 음성은 그들에게 귀 기울일 가치도 없으므로 그들을 잘못된 길로 인도하지 못할 것입니다. 그분의 음성을 아무도 방해하지 못하기에 모든 양이 들을 수 있을 것이며 모두가 그분의 명령과 가르침과 위로를 받으며 살게 될 것입니다. 선한 목자의 음성만이 모든 사람을 하나 되게 할 것입니다. 하나님의 말씀은 지상의 모든 교회를 통일할 것입니다. 교회의 하나 됨이란 조직이나 교리, 예전禮典, 경건한 마음에 있는 것이 아닙니다. 오직 하나님 말씀안에서, 선한 목자이신 예수 그리스도의 음성 안에서 이뤄지는 것입니다. 모두가 그분의 음성만을 들을 때, 곧 이 목소리 외에 자신을 드러내거나 주장하는 다른 목소리가 모두 사라질 때에 기독교는 더는 분열된 상태로 남지 않고 하나가 될 것입니다.

어리석은 길

"하나님은 사랑이시라"(요일 4:16). 이 말씀은 일반적인 삶의 지혜가 아니라 인간의
삶 전체가 세워지는, 진정하고 유일한 불멸의 기초입니다. 이 말씀은 진리이며
현실입니다. 이 가르침을 사람들에게 전하는 것이 교회의 사명입니다. 사람들은
이를 듣기 좋은 빈말 혹은 허위로 받아들이기도 하고, 너무나 당연하여 평범한
것으로 받아들이기도 합니다. "하나님은 사랑이시라"라는 말씀은 이렇게 오해의
소지가 많은 말씀입니다. 이 말씀은 듣기 좋은 과장된 말, 교회의 행사에서 하는
상투적인 말로 이해하기 쉽습니다. 그래서 사람들은 사실이 아닌 것으로 여기고
거부하거나 진지하게 받아들이지 않곤 합니다.

그렇다고 이 말씀을 지당한 말씀이라고 생각한다면 그 역시 이 말씀의 진지함을
깨는 것입니다. 그렇습니다. 하나님이 사랑이시라는 말은 당연한 말이 아니라,
거짓말 같은, 믿기 어려운 말씀입니다. 이렇게 거짓말 같은 말이 진실이며, 모든
인생이 그 위에 세워져야 할 진리입니다. …

이 사랑 안에 머무는 자는 세상이 제시하는 화려하고 지혜로운 길 대신, 환영받지
못하고 경우에 따라서는 바보 같은 자신만의 길을 가기도 합니다. 그에게는
세상의 지혜, 곧 '자기 이익'이라고 불리는 것을 찾아볼 수 없습니다. 하지만 이
바보 같고 이상해 보이는 길에서 눈이 있는 자는 하나님의 영광이 찬란한 빛을
발하고 있는 것을 봅니다.

말씀과 행위

행위가 매우 중요한 것으로 강조되는 이 세상에서 교회가 선포하는 말씀은 무슨 의미가 있습니까? 더는 필요 없는 것 아닙니까? 이제 우리도 말씀 선포를 중단하고 세상이 강조하는 행위에만 힘쓰면 되지 않겠습니까? 행위는 믿을 만한 것입니다. 그러니 행위가 어떻게 이뤄지는지에 대해 많이 생각해 봐야 하지 않을까요? 행위가 스스로 돕는 것 아닙니까? "하늘은 스스로 돕는 자를 돕는다"라는 말이 사실이지 않습니까? … 하지만 우리는 행위를 하는 가운데서도 하나님의 말씀에 귀 기울여야 하고, 그렇지 않고서는 아무것도 할 수 없습니다. 행위는 그 자체에 힘이 있습니다. 행위는 소리 없이 행위보다 약한 것들을 추월해 버립니다. … 단 한 가지만이 행위보다 큽니다. 그 행위를 가능하게 하는 분입니다. 모든 행위는 그 행위를 가능하게 하는 분이 허용한 것이요, 선물로 주신 것이라는 사실을 우리는 알고 있습니다. 행위를 가능하게 하는 분을 찬양해야 합니다. 행위 당사자의 하나님 말씀에 대한 자세에 따라 하나님을 높여 찬양하거나 하지 않습니다. 하나님 말씀은 항상 존재하고, 그 힘은 행위가 넘볼 수 없는 유일한 힘입니다. 하나님 말씀 주변에 서 있는 인간적인 능력은 크든 작든 간에 언젠가 다 파괴될 것입니다. 하나님 말씀만이 존속하는 것입니다. 말씀은 모든 인간의 행위에 도전하며 두려워하지 않습니다. 말씀은 영원하고 손상되지 않으며 전능하기 때문입니다.

신앙고백, 신학, 믿음

교회의 본질은 신학을 연구하는 데 있지 않고 하나님 말씀을 믿고 순종하는 데 있습니다. 하나님께서 인간의 말을 사용하여 당신을 드러내기를 원하셨습니다. 그런데 인간이 선포하는 하나님의 말씀은 인간의 생각과 의견으로 왜곡되고 오염될 수 있기 때문에, 교회는 참된 선포와 거짓된 선포를 구별할 수 있어야 합니다. 그래서 교회는 이러한 일을 돕고 투쟁하는 수단이 필요합니다. 하지만 그것 자체가 목적은 아닙니다.

교회는 시련과 유혹의 시대에 특별히 이러한 성숙한 자세를 갖출 필요가 있습니다. 하나님 말씀은 하나님을 진정으로 깨닫는 데 필요한 유일한 규범이요 규칙입니다. 신앙고백이란 어느 특정한 시대에 이단의 위험을 방지하기 위해 하나님의 말씀을 해석하고 증거한 것으로, 하나님 말씀 아래 있습니다. 신학은 특정한 안목으로 신앙고백들을 해석하고 성경의 증거에 일치하는지를 늘 검증합니다.

믿음은 하나님 말씀을 들음에서 생기는 것이므로(롬 10:17) 신학을 필요로 하지 않지만, 올바른 설교를 하기 위해서는 신앙고백과 신학이 필요합니다. 설교를 통해 생기는 믿음은 성경과 신앙고백을 통해 확증되어야 하며 이렇게 신자는 스스로 신학을 하게 되는 것입니다.

교회에 대한 공권력의 요구

공권력은 교회에도 복종과 존중을 요구합니다. 교회의 영적 직무에 관해서는 세상의 공무를 침해하지 않으면서 교회의 고유한 임무를 수행하라고 요구할 수 있습니다. 교회의 임무에는 교인들에게 공적 권력에 대한 순종을 가르치는 것도 포함됩니다. 교회의 임무 자체, 곧 목회적 직무와 영적 지도 방법에 대해 공적 권력은 관여하지 않습니다. 영적인 직무가 공공의 일을 수행하는 한도 내에서 공적인 권력은 교회의 모든 행정이 법적인 규정에 따라 바르게 수행되는지를 감독할 권한이 있습니다. 이런 점에서만 직무에 따른 인사 문제도 그 권한 아래 있을 수 있습니다. 하지만 영적인 직위 자체는 공권력의 간섭을 받지 않습니다. … 신자는 공권력에 복종하는 시민이 됨으로써 그리스도인 되는 것을 중단하는 것이 아니라 다른 방식으로 그리스도를 섬기는 것입니다.

이상으로 공권력이 그리스도인에게 요구할 수 있는 것은 충분히 규정되었습니다. 공권력은 결코 그리스도인이 그리스도의 가르침에 반대하도록 요구할 수 없습니다. 공권력은 그리스도인이 세상에서 그리스도를 섬길 수 있도록 돕는 것입니다. 그렇게 할 때에 공권력을 시행하는 사람은 그리스도인에게 하나님의 종이 되는 것입니다.

공권력에 대한 교회의 요구

교회는 세상을 예수 그리스도의 통치 아래로 불러들이라는 임무를 부여
받았습니다. 교회는 공권력을 가진 이들에게 같은 주인이신 예수 그리스도를
섬겨야 함을 말합니다. 교회는 공권력을 가진 이들에게 예수 그리스도를 믿어
복을 누리기를 권합니다. 교회는 공권력이 예수 그리스도께 순종할 때 공권력이
올바로 수행됨을 압니다.

교회의 목표는 공권력이 기독교적인 정치를 한다거나 기독교적인 법률을
제정하게 하는 데 있는 것이 아니라, 그들이 받은 특별한 책무를 올바로
수행하도록 돕는 데 있습니다. 교회는 공권력이 이러한 자신의 책무의 성격을 잘
이해하도록 도와야 합니다.

교회는 공권력이 온 세상의 주님을 위해 교회의 목소리를 들어 주고, 그리스도의
가르침이 정당하게 전파될 수 있도록 폭력이나 신성모독을 막아 주고, 교회의
질서가 다른 세력으로부터 침해당하지 않도록 지켜 주며, 예수 그리스도에
순종하는 그리스도의 삶을 보호하여 줄 것을 요구할 수 있습니다. 교회는 이러한
요구를 포기할 수 없습니다. 공권력이 스스로 교회를 인정할 때까지 교회는
끊임없이 공적으로 외쳐야 하는 것입니다.

물론 공권력이 공적으로나 실제적으로 교회에 반하여 행동할 때, 교회는 요구를
포기하지는 않을지라도 말을 아껴야 할 때가 올 수도 있습니다.

새 하늘과 새 땅

그리스도는 세상에서 멀리 떨어져 있거나 인간의 실존에서 분리되어 있지 않습니다. 그분은 세상의 한복판, 가장 깊은 곳으로 오셨습니다. 그분의 십자가는 세상 한가운데에 서 있습니다. 그리스도의 십자가는 증오로 가득 찬 세상에 하나님의 진노와 심판을 선언하고 평화를 선포합니다. …

하나님의 나라는 이 세상에서 가시적인 유형으로 세워지지 않습니다. 세상 곳곳에 하나님의 나라에 대한 이해는 있어 왔지만 실제로 이 세상에 세워지지는 않습니다. 교회가 하는 모든 일은 일시적인 것이며, 몰락해 가는 세상 질서를 유지하여 혼란 속으로 가라앉는 것을 보호하기 위한 방편입니다. 이러한 교회의 행위는 불가결한 것입니다. 하나님께서 세상을 새롭게 창조하시고 그리스도가 다시 오셔서 옛 세상을 심판하시고 새로운 세상을 수립하시면, 세상의 모든 질서와 공동체는 사라질 것입니다.

이 세상에서는 진리와 정의를 위한 투쟁을 통해서만 일시적인 평화를 얻을 수 있습니다. 하지만 새로운 세상에는 하나님의 사랑에서 나오는 영원한 평화가 있을 것입니다. 이것이 하나님이 창조하실 새 하늘과 새 땅입니다(사 65:17). 언젠가는 우리가 그 나라에 함께 있을 것을 믿기에 지금 우리가 서로 다를지라도 이 땅에서 사랑해야 하는 것입니다.

영적인 권위

진정한 영적 권위는 듣고 도와주고 다른 사람의 짐을 지고 선포하는 섬김이 있는 곳에서만 존재합니다. 다른 사람의 탁월한 성품, 뛰어난 능력, 힘, 재능—아무리 영적인 것들이라 할지라도—에 따른 인간 숭배는 모두 세속적인 것이며, 그리스도인의 교회 공동체에는 설 자리가 없습니다. 오히려 교회를 오염시키는 독소가 됩니다. 오늘날 우리는 '주교와 같은 인물', '제사장과 같은 인물', '전권이 있는 인물'을 갈망한다는 소리를 종종 듣습니다. 이는 눈에 보이는 인간의 권위를 세우고자 하는 것으로, 영적인 병에서 비롯된 것입니다. 그들이 보기에는 섬김에서 오는 진정한 권위가 별 의미 없어 보이기 때문입니다.

신약성경에서 감독의 자격을 규정하는 부분(딤전 3:1 이하)은 이러한 욕구와 완전히 반대되는 것을 가르칩니다. 여기에서 재능 있는 인간의 매력이라든가 영적인 인물의 빛나는 성품 같은 것은 찾아볼 수 없습니다. …

권위의 문제와 매우 밀접한 영적인 신뢰의 문제는 예수 그리스도를 섬기는 신실함에 달려 있습니다. 절대로 어떤 사람이 가진 특별한 은사에 있지 않습니다. 목회에 필요한 영적 권위는 자신의 권위를 세우지 않는 예수의 종만이 가질 수 있습니다.

예수 그리스도의 선에 대한 관계와 악에 대한 관계

성경을 기반으로 세워진 교회는 예수 그리스도가 악과 악한 사람과 어떤 관계를 가졌는지 거듭 생각해 왔습니다. 특히 종교개혁 시대의 교회에는 이러한 질문이 압도적이었습니다. 종교개혁의 결정적인 인식 가운데 하나는, 이 질문으로 신약성경 말씀을 깊이 있게 이해하게 되었다는 것입니다.

이에 비해 선한 사람과 그리스도의 관계에 대해서는 이상하게도 거의 언급되지 않았습니다. 선한 사람이란 자신의 악함을 깨닫게 된 바리새인과 위선자이거나, 악에서 돌아서서 그리스도께 회심하고 그리스도를 통해 선한 일을 할 수 있게 된 사람이었습니다. 따라서 선이란 이방인의 '빛나는 악덕'이거나 성령의 열매였습니다.

물론 이로써 예수 그리스도와 선한 사람들의 관계에 대한 질문이 완전하게 해결된 것은 아닙니다. 이 질문을 소홀히 했기 때문에 복음은 술중독자, 간음한 자와 온갖 종류의 악덕을 행한 자들을 회개로 부르고 위로하기는 했지만, 선한 사람들에게 복음이 주는 힘을 상실했습니다. 그래서 교회는 선한 이들이 그리스도로 회심하는 일에 대해서는 거의 말하지 못했습니다.

세상으로부터 하나님께로인가,
아니면 하나님께로부터 세상으로인가?

대체 누가 세상의 모든 문제는 해결돼야 하고 해결될 수 있다고 말합니까?
하나님께는 해결되지 않는 것이 해결되는 것보다 중요할지 모릅니다. 세상 문제는
인간의 타락과 하나님의 구속을 향한 암시가 될 수 있기 때문입니다. 아마도
인간의 문제는 너무 골몰하거나 잘못 제기되었기 때문에 영영히 풀리지 않을 수도
있습니다. …

인간의 문제로 출발하여 거기로부터 해결책을 찾으려는 사고방식을 극복해야
합니다. 그것은 성경적이지 않기 때문입니다. 예수 그리스도의 길은 세상으로부터
하나님께로 나아가는 것이 아니라 하나님께로부터 세상으로 가는 것이므로,
기독교적 사고방식도 그렇게 진행됩니다. 이는 복음의 본질이 세상의 문제를
해결하는 데 있지 않으며, 교회의 본질적인 임무도 마찬가지라는 사실을
의미합니다. 그렇다고 교회가 세상적인 문제를 해결해야 할 임무가 전혀 없다는
뜻은 아닙니다. …

세상을 향한 교회의 말은 세상을 향한 하나님 말씀 외에는 아무것도 아닙니다.
이 말씀은 예수 그리스도와 그 이름으로만 주어지는 구원입니다. 예수 그리스도
안에서만 세상과 하나님과의 관계가 규정되고, 예수 그리스도를 통하지 않으면
우리는 그 관계를 알 수 없습니다. 따라서 교회도 자연법이나 이성의 법칙,
일반적인 인간의 법이 아니라, 오직 예수 그리스도를 통해서만 세상과 관계를
맺습니다. 교회와 세상의 올바른 관계는 오직 예수 그리스도의 복음을 통해서만
가능합니다.

성찬

어떻게 하면 우리가 성찬식을 올바르게 행할 수 있을까요? 성찬식을 하면 무엇이 달라질까요? 성찬식을 통해 우리에게 주어지는 은사는 무엇일까요? 예수님이 성찬식을 제정하면서 무엇을 약속하셨으며, 우리를 성찬으로 초청하는 올바른 설교란 어떤 것일까요?

성찬식은 모호한 신비적 체험에 관한 것이 아니라 분명하고 성육화된 하나님 말씀, 곧 예수 그리스도의 약속의 말씀과 명령이 중심이 되는 예식입니다. 예수는 제자들에게 말없이 빵과 잔만 주신 것이 아니요, 말씀을 함께 주셨습니다. 루터교회가 성찬의 가르침을 그토록 진지하게 강조해 온 것은, 예수의 이 말씀을 올바르게 다시 전하는 것이(이는 성경의 구절을 단순히 반복하거나 선포하는 것이 되어서는 안 됩니다) 중요하기 때문입니다. 이 성례가 영원토록 예수의 말씀과 행하심 자체로 남아 있도록 하기 위함입니다.

교회에서는 예수의 말씀과 행하신 일 외에는 어떤 것도 의미가 없습니다. … 세상이 조롱하고 무시한다 해도 교회가 굴하지 않고 순전한 하나님 말씀 안에서, 예수께서 세우신 성례 안에서 쉼을 가질 때 지옥의 권세가 그들을 이기지 못하리라는 약속이 여전히 유효합니다 (마 16:18).

세상 속의 그리스도인

그리스도인에게 세상은 활동 영역입니다.
세상에 적극적으로 참여하여 일터에 가서 이웃과 함께 일하며
하나님의 뜻을 행해야 합니다.

그리스도인들의 더불어 사는 삶

그리스도인이 다른 그리스도인들과 더불어 살 수 있는 것을 당연한 일로 여겨서는 안 됩니다. 예수 그리스도는 적들에게 둘러싸여 사셨습니다. 마지막에는 제자들도 모두 그분을 떠났습니다. …

하나님이 우리에게 주신 가시적인 공동체라는 선물은 저마다 다릅니다. 흩어져 사는 그리스도인은 동료 그리스도인이 잠깐 찾아와 함께 기도하며 형제로서 축복해 주는 것만으로도 위로를 받습니다. 동료 그리스도인이 직접 쓴 편지에서도 힘을 얻습니다. 바울 서신에 바울이 친필로 쓴 문안 인사도 이러한 교제의 표시입니다.[고전 16:21; 갈 6:11; 살후 3:17.] 어떤 이들에게는 주일에 예배하며 교제하는 선물이 주어집니다. 또 어떤 이들은 가족 공동체에서 그리스도인의 생활을 누립니다. 오늘날 진지한 그리스도인 중에는 일하다 쉬는 시간에 다른 그리스도인들을 만나 말씀을 묵상하며 삶을 나누는 모임을 갖고자 하는 이들도 있습니다. 오늘날 그리스도인들은 공동생활을 하나님의 은총으로 다시금 이해하기 시작했습니다. 이 은총은 특별한 은총이요 그리스도인의 삶의 '장미와 백합'★입니다.

★ 루터는 그리스도인이 동료 그리스도인 가운데 있는 것을 장미와 백합 꽃 가운데 있는 것으로 비유했다.

신자 됨이란 순간의 일이 아니다

하나님께 받은 은사나 깨달음은 나를 하나님 말씀 속으로 더 깊이 들어가게 합니다. 중단은 없습니다. 하나님의 말씀을 이해하려면 시간이 필요하고, 하나님의 명령을 제대로 파악하려면 말씀을 깊이 생각해야 합니다. 깊이 생각할 가치가 없다고 생각하고 일에만 열중하는 것은 대단히 잘못된 것입니다. 이는 목사뿐 아니라 하나님의 길을 따르려는 모든 사람에게 적용됩니다. 하나님은 지체 없는 빠른 행동을 원하시기도 하지만, 침묵 묵상을 요구하시기도 합니다. 그래서 한 말씀을 바르게 이해할 때까지 몇 시간에서 며칠까지도 묵상해야 합니다. 그럴 필요가 없을 정도의 경지에 오른 사람은 없습니다. 이렇게 하는 것이 힘들다고 해서 면제받을 수 있는 사람도 없습니다. 하나님 말씀은 내게 시간을 요구합니다. 하나님께서는 내가 시간을 드리고 그 안에서 나와 관계 맺기를 원하십니다. 신자 됨이란 순간의 일이 아니며 시간을 요구합니다. 하나님은 우리에게 말씀을 주셨으며, 말씀을 통해 당신의 뜻을 깨닫도록 하셨습니다. 하나님은 우리가 성경을 매일 새롭게 읽고 묵상하기를 원하십니다. 하나님 말씀은 정보를 모아 놓은 잡지처럼 원할 때마다 취할 수 있는 것이 아니라 매일 새롭게 임하며 그 깊이는 헤아릴 수 없습니다.

하나님 말씀에 의존하는 삶

그리스도인은 구원과 의를 자신에게서 찾지 않고 오직 예수 그리스도 안에서
찾으려는 사람입니다. 그는 스스로 죄를 느끼지 못한다 해도 하나님 말씀이
자신을 죄 있다 하시는 것을 인정하고, 자신이 의롭다는 것을 전혀 느끼지 못한다
해도 하나님 말씀이 그를 죄 없다 하고 의롭다고 선언하신 것을 받아들입니다.
그리스도인은 더 이상 자력으로 살지 않습니다. 즉 스스로를 정죄하거나 의롭다
여기는 것이 아니라, 하나님이 정죄하시거나 의롭다 하시는 것에 따라 삽니다.
전적으로 하나님 말씀에 따라 삽니다. 하나님이 죄 있다고 하시든 죄 없다고
하시든 전적으로 그분의 판단을 받아들입니다. 그리스도인의 생사 문제는 자기
자신에서 달려 있는 것이 아니라, 그의 외부에서 그에게 다가오는 하나님의
말씀에서 발견하는 것입니다. 종교개혁자들은 이 사실을 이렇게 표현했습니다.
"우리의 의는 '낯선 의'fremade Gerechtigkeit, 우리 외부에서 오는 것이다."
그리스도인은 듣는 말씀에 의존한다는 뜻으로 한 말입니다. 신자는 외부에서
그에게 다가오는 하나님 말씀을 지향합니다. 그리스도인은 전적으로 예수
그리스도 안에 있는 하나님 말씀의 진리에 따라 삽니다.

그리스도인은 다른 그리스도인들이 필요하다

그리스도인은 하나님 말씀을 들려주는 다른 그리스도인들이 필요합니다. 용기가 꺾이거나 확신을 잃어버렸을 때마다 다른 그리스도인이 필요합니다. 그럴 때 자구책을 찾다 보면 진리를 왜곡하여 스스로를 기만하기 십상이기 때문입니다. … 그리스도인들은 오직 예수 그리스도를 통해서만 서로 다가갈 수 있습니다. 사람들 사이에는 항상 갈등이 있습니다. 그러나 "그리스도는 우리의 평화이십니다"(엡 2:14, 새번역)라고 사도 바울은 예수 그리스도에 대해 말합니다. 분열된 옛사람들이 (예수님 안에서 거듭난 후) 하나가 되기 때문입니다. 그리스도 없이는 하나님과 인간 사이에, 인간과 인간 사이에도 평화가 없습니다. 그리스도는 중재자가 되어 하나님과 인간, 인간과 인간 사이에 평화를 이루셨습니다. 우리는 그리스도 없이는 하나님을 알 수 없고, 부를 수도 없으며, 그분께 나아갈 수도 없습니다. 그리스도 없이는 인간에 대해서도 알 수 없고 그들에게 다가갈 수도 없습니다. 그 길은 우리의 자아 때문에 막혀 있습니다. 그리스도가 나와 하나님, 나와 형제자매에게 나아가는 길을 열어 주셨습니다. 이로써 그리스도인들은 평화롭게 살 수 있으며 서로 사랑하고 섬길 수 있습니다. 그리고 하나가 될 수 있습니다. 예수 그리스도 안에서만 우리는 하나가 되며, 오직 그분을 통해 우리는 서로 연합합니다.

기독교 공동체의 이상

기독교 공동체의 이상을 기독교 공동체 자체보다 사랑하는 사람은, 그가 아무리 진실하고 진지하게 헌신적으로 사랑한다 할지라도 그 공동체를 파괴하는 사람이 될 것입니다.

사람을 교만하게 하고 요구가 많게 하는 몽상을 하나님은 싫어하십니다.

이상적인 공동체상을 꿈꾸어 온 사람은 하나님께, 타인에게, 자신에게 그 실현을 요구합니다. 그는 기독교 공동체에 들어가 요구하는 사람이 되고 자신의 법을 세웁니다. 그들은 기독교 공동체를 만들어 갈 임무를 띤 사람이 바로 자신이라는 듯 행동하고, 자신이 꿈꾸는 이상이 다른 사람들에게 의무를 지워야 한다는 듯 행동합니다. 자신이 뜻한 대로 일이 되지 않으면 실패했다고 생각하고, 자신의 꿈이 실현되지 않으면 공동체가 깨지고 있다고 여깁니다.

하지만 우리가 다른 그리스도인들과 공동체의 삶을 시작하기 오래전에 하나님께서 이미 그 공동체의 기초를 놓으셨고, 예수 그리스도 안에서 한 몸으로 연결해 두셨습니다. 그렇기에 우리는 요구하는 자로서가 아니라 감사하는 자, 수혜자로서 다른 그리스도인들과 더불어 살아야 하는 것입니다. 우리는 하나님께서 우리에게 하신 일에 감사해야 합니다. 우리에게 주지 않으신 것에 대해 불평할 것이 아니라 우리에게 매일 주시는 것에 대해 감사해야 합니다.

인간의 이상과 하나님의 현실 사이

인간의 이상과 하나님의 현실 사이의 차이점, 인간적인 공동체와 영적인 공동체의 차이점을 적시에 분별해 내는 것은 그리스도인의 공동생활을 위해 매우 중요합니다. 얼마나 빨리 이를 자각하는지에 공동체의 사활이 달려 있습니다. 바꿔 말하면, 하나님 말씀에 근거한 공동생활은 어떤 운동이라든가 수도회, 단체, 경건 모임 등에서 이뤄지는 것이 아닙니다. 그것은 하나의 거룩한 보편 교회의 한 부분으로 이해되는 곳에서, 전체 교회의 필요와 고투와 약속에 함께 참여하기 위해 고난 받으며 일하는 곳에서 이뤄지는 것입니다. 모든 선택의 원리와 이에 따르는 차별의 논리는… 기독교 공동체에 극히 위험한 것입니다. 지적 혹은 영적 수준에 따라 구성원들을 선택하는 과정에서 인간적인 것이 다시 침투하게 마련이고, 그러다 보면 공동체는 영적인 힘과 영향력을 잃게 되며, 종국에는 분파주의에 빠집니다. 평범하고 연약하여 얼핏 보기에 쓸모없는 이들을 그리스도인의 공동생활에서 배제시키는 것은, 불쌍한 형제나 자매 안에 계신 예수님이 문을 두드리시는데 들이지 않는 것과 다를 바 없습니다. 따라서 우리가 그러지 않도록 매우 주의해야 합니다.

7월 7일
혀를 다스리는 사람

혀를 다스려 말을 조심하는 곳에서(엡 4:29) 비할 바 없이 놀라운 사실을 발견할
것입니다. 다른 사람을 끊임없이 관찰하고 판단하고 정죄하며 자기 마음대로
조종할 수 있는 자리에 두고 폭력을 행하는 일을 그치게 됩니다. 타인을 하나님이
세워 놓으신 대로 자유롭게 두면 그의 시야가 넓어져 창조주 하나님의 영광의
부요함을 깨닫고 스스로도 놀랄 것입니다. 하나님은 타인을 내가 원하는 대로
만드시지 않았습니다…. 하나님이 그에게 주신 자유를 인정할 때, 전에는 골치
아프고 부담이 되던 타인이 내게 기쁨의 이유가 됩니다. 하나님은 타인을 내가
보기 좋은 대로, 내 형상대로 만드는 것을 원하지 않으십니다. 나와 상관없이
그분의 형상에 따라 그를 만드셨습니다. 타인 속 하나님의 형상이 어떻게
나타날지는 미리 알 수 없습니다. 그것은 늘 새롭고, 하나님의 자유로운 창조에
근거한 모습이기 때문에 늘 새롭게 나타날 것입니다. … 각자가 다른 것은 서로
왈가왈부하고 판단하며 정죄하는 것, 곧 자기 정당화를 위한 근거가 아니라
상호간의 기쁨의 근거가 됩니다.

없어서는 안 될 지체

그리스도인의 공동체에서 모든 개인이 하나의 사슬을 잇는 데 없어서는 안 될 지체라는 사실은 매우 중요합니다. 아주 작은 고리라도 꼭 맞물리면 그 사슬은 끊어지지 않습니다. 할 일이 없는 사람들이 생기는 것을 방치하는 공동체는 그로 인해 실패하고 맙니다. 따라서 각자 공동체를 위해 특정한 임무를 갖는 것이 좋습니다. 그러면 의심이 생길 때도 자신이 불필요한 존재, 쓸모없는 존재가 아니라는 것을 알게 됩니다. 모든 그리스도인의 공동체는 연약한 자가 강한 자를 필요로 할 뿐 아니라 강한 자 역시 연약한 자 없이는 설 수 없음을 알아야 합니다. 약자를 배척하는 것은 공동체의 죽음을 의미합니다. …

그리스도인은 더 이상 자신을 현명하다고 생각하는 사람이 아니므로 자신의 계획과 의도에 대해서 크게 비중을 두지 않으며 이웃과의 만남에서 자신의 뜻이 꺾이는 것이 다행이라고 생각하게 됩니다. 그는 이웃의 의지를 자신의 의지보다 중요하고 긴급하게 여길 자세가 되어 있습니다. 자신의 계획대로 되지 않는 것이 큰 문제가 됩니까? 자신의 뜻을 관철시키는 것보다 이웃을 섬기는 것이 더 낫지 않습니까?

자기 명예를 찾으려는 사람은 하나님과 이웃을 찾지 않습니다.

듣는 것과 말하는 것

하나님에 대한 사랑이 그분의 말씀을 들음으로 시작되듯이, 형제에 대한 사랑도
그의 이야기를 듣는 데서 시작됩니다. 우리를 사랑하시는 하나님은 우리에게
말씀만 하시는 것이 아니라 우리의 말을 들어 주십니다. 우리가 형제의 말에
귀 기울이는 법을 배우는 것이 우리가 형제들을 위해 할 수 있는 하나님의
일입니다. 기독교인들, 특히 설교자들은 다른 사람들과 함께 있을 때면 언제나
무엇인가를 '제공'해야 한다고 생각하며 그것이 사람들을 섬기는 유일한 일이라고
여기기 쉽습니다. 그들은 들어 주는 것이 말하는 것보다 큰 봉사가 될 수 있음을
망각합니다. 많은 사람이 귀를 기울여 줄 사람을 찾고 있지만, 그리스도인 가운데
그럴 사람을 찾아보기가 어렵습니다. 그리스도인들은 들어야 할 상황에서도
말하려는 경향이 있습니다. 형제에게 귀를 기울이지 못하는 사람은 하나님
말씀에도 귀 기울이지 못하게 됩니다. 그는 하나님 앞에서도 자기 말만 하려
할 것입니다. 여기서 영적 생명이 시들기 시작합니다. 결국 경건의 모양만 있는
수다와 독실한 체하는 겸손만 남아 영적인 듯한 말을 하면서 질식하게 됩니다.
오랫동안 인내심 있게 상대의 말을 들을 수 없는 사람은 다른 사람의 귀에
들어가지도 않는 소리를 하는데, 자신은 그것을 깨닫지도 못합니다. 다른 사람의
말을 듣기에는 시간이 너무 아깝다고 생각하는 사람은 진정한 의미에서 하나님과
형제를 위해 시간을 낼 수 없는 사람이며, 자신만을 위해, 자신의 말과 계획을
위해서만 시간을 낼 수 있는 사람입니다.

하나님께 간섭을 받을 자세

공동체에서 그리스도인의 섬김이란, 상대방을 정말로 도우려는 자세를 갖추는 것입니다. 이는 사소하고 그리 중요하지 않은 일들을 단순하게 돕는 것을 의미합니다. 공동체 생활에서 이러한 일은 무수히 많습니다. 너무도 큰 사람이라 사소한 일을 하기에 아까운 사람은 없습니다. 다른 사람의 사소한 일을 도와주다가 내 시간을 잃을까 걱정하는 것은 대개의 경우 내 일을 지나치게 중요하게 여기기 때문입니다. 하나님께서 우리 삶에 끼어드시면 우리는 받아들일 자세를 갖춰야 합니다. 하나님은 우리의 길과 계획을 거듭, 심지어는 매일도 가로막거나 무산시키십니다. 그분은 우리에게 도움을 청할 사람을 보내십니다. 그런데 우리는 오늘 해야 할 중요한 일에 열중하다 그들을 지나칠 수 있습니다. 마치 강도 만난 자를 하나님 일을 핑계로—아마도 성경 읽기에 열중하다가—지나쳐 버리는 제사장같이(눅 10:31) 되고 맙니다. 그럼으로써 우리는 우리의 길이 아니라 하나님의 길이 중요하다는 것을 가리키는 십자가—우리의 삶에서 뚜렷하게 보이도록 높이 세워진 표지판—를 지나쳐 버리는 것입니다. 그리스도인이나 신학자들이 종종 자기 일을 중요하고 긴급하게 여겨 그 일에 방해가 되는 것은 어떤 것도 받아들이려 하지 않는다는 사실은 참으로 이상합니다. 그렇게 함으로써 하나님을 바로 섬긴다고 생각하지만, 그것은 하나님의 '굽은 길'이 실제로는 반듯한 길임을 무시하는 것입니다.

저주와 약속 아래의 삶

아담에게 뱀, 곧 경건을 가장한 불신의 세력과의 영원한 적대 관계는 저주인 동시에 약속이기도 합니다. 하나님의 저주와 약속 사이에서 갈등하며 이 세상에 살고 있는 인간은 시련과 유혹을 당하며 사는 존재입니다. 우리는 하나님 말씀을 평화와 안식 속에서가 아니라 경건한 질문이 줄곧 왜곡되어 버리는 상황에서 듣습니다. 우리는 평온한 가운데서가 아니라 적대감과 싸움 한가운데서 하나님 말씀을 붙듭니다. 하지만 이러한 저주의 운명 속에서도 늘 싸워 이기는 승리의 약속이 함께하고 있습니다. 인간이 뱀의 머리를 상하게 하는 것입니다. 인간은 이 싸움을 통해 상처받은 자로서, 패배한 뱀에게 여전히 발꿈치를 물리는 자로 살아갑니다(창 3:15).

하나님 말씀을 지키기 위한 투쟁은 흉터를 남깁니다. 영웅이 아니라 싸움에서 물린 자, 항상 승리를 거두지만 늘 새로운 상처를 입는 자가 바로 인간입니다. 인간은 이러한 싸움 가운데 살아가는 것입니다. 이 싸움은 저주이면서 약속이기도 합니다. 우리는 이를 받아들이고 이겨 나가야 합니다.

부르심과 소명(직업)

인간은 예수 그리스도를 만날 때 하나님의 부르심★을 듣습니다. 그리고 예수 그리스도의 공동체의 삶 가운데 소명★★을 듣게 됩니다. … 이방인이든 유대인이든, 노예든 자유인이든, 남자든 여자든(갈 3:28), 기혼자든 미혼자든 인간은 부르심을 듣습니다. 우리는 지금 있는 자리에서 이 부르심을 들어야 하고 그 음성에 순종해야 합니다. … 우리는 시민으로서, 직업인으로서 혹은 가장으로서 세속의 의무를 성실히 이행함으로 책임을 다한 것이 아니라 예수 그리스도의 부르심★을 받아들일 때 책임을 완수하게 됩니다. 그분은 우리에게 세속의 책임을 다하도록 하시지만, 거기에 그치지 않습니다. 이 부르심은 세속의 책임을 초월합니다. 세속의 책임 이전에 존재하고, 그 배후에도 존재합니다. 마르틴 루터는 수도원을 떠나 소명(직업)★★―신약성경이 의미하는 바대로―이 기다리는 세상으로 돌아옵니다. 이는 초대교회 때부터 세상을 대항해 행하던 강력한 공격이요 공격 방법입니다. 이제 세상 **안에서** 세상에 대항하여 자세를 취할 수 있게 되었습니다. 직업은 그리스도의 부르심에 응답하여 책임감 있게 살 수 있는 곳입니다. 물론 직업에서 내게 주어진 임무는 제한적입니다. 하지만 예수 그리스도의 부르심 앞에서 책임은 이 모든 경계를 넘어서서 수행해야 하는 것입니다.

★ 독어로 *Ruf*, 영어로 call. 사람의 이름을 부르는 것.
★★ 독어로 *Beruf*, 영어로 calling, vocation. 사명으로 부르시는 것. 소명, 직업.

7월 13일
직업에서의 책임

책임의 한계는 어디에 있으며 어느 부분에서 책임을 져야 하는가 하는 질문은
우리를 직업 *Beruf*, **vocation**의 개념으로 인도했습니다. 이러한 논의가
타당하려면 '직업(소명)'의 다양한 차원의 의미를 동시에 이해해야 합니다. …
예를 들어 내가 의사라면 구체적으로 내 환자를 위해서만 일하는 것이 아니라
동시에 과학적인 지식, 따라서 학문과 진리 인식을 위해서도 일하는 것입니다.
내가 특정한 상황에서, 예를 들어 환자의 병상에서 일할 때라도 여전히 나의
책임을 전반적으로 마음에 두고 일해야만 의사로서의 의무를 다하는 것입니다.
더 나아가 의사로서 책임은 환자를 돌보는 데만 있는 것이 아니라, 의학이나
생명, 학문 자체에 반대되는 위협적인 조치에 공개적으로 저항해야 하는 책임도
있습니다. 직업은 바로 책임이며 책임은 총체적인 현실에 대한 총체적인 인간의
응답이므로 직업을 좁은 의무에만 제한해서는 안 됩니다. 그러한 제한은
무책임을 의미합니다.

하나님은 생명에게 형상을 주신다

자연스럽게 순리대로 사는 삶은 내면에 새겨진 형상대로 사는 삶*gestaltetes Leben*입니다.

생명에 내재하여 생명을 섬기는 자연적 형상*Gestalt*이 있습니다. 만일 생명이 이 형상에서 벗어나 자유롭게 홀로 존재하고자 하며, 이 형상에 의해 섬김 받는 것을 거부하게 되면, 스스로를 뿌리에 이르기까지 파괴하는 것입니다. 자신을 절대화하고 목적으로 생각하는 삶은 스스로를 파괴합니다. 생기론★은 자연적인 모든 것이 파괴되면서 허무주의로 끝나게 되어 있습니다. 생명이란 그 자체만으로는 아무것도 아닙니다. 끝없이, 목적도 없이 움직이며 무無로 끝나는 운동에 불과합니다. 생명은 쉬지 않고 움직이다가 결국 그 자체와 모든 것을 무로 끝나게 합니다. 이러한 생기론은 개인의 삶에도 있으며 사회적인 삶에도 있습니다. 이러한 이론은 생명 자체를 절대화하는 곳에서, 즉 생명은 목적을 이루기 위한 수단일 뿐 아니라 목적 자체라고 보는 곳에서 생깁니다. 이러한 관점은 개인적인 삶뿐 아니라 사회적인 삶에서도 나타납니다. 하나님은 생명을 있게 하시고 그 생명에 형상을 주셔서 삶이 지속되게 하십니다. 그 일을 생명 자체에 맡겨 놓으면 스스로를 파괴시키기 때문입니다. 하나님이 생명에게 주시는 이러한 형상은 타인의 삶과 세상을 섬기게 합니다.

★ 生氣論, *vitalism*, 생명 현상의 합목적성을 인정하고 그것이 유기적 과정 자체의 특이한 자율성의 결과라고 주장하는 이론

종교와 진리

인간은 종교에서 영혼의 욕구를 채워 주고 만족시키는 무언가를 찾고자 합니다.
우리 마음의 불안을 잠재우고 조급한 마음을 평온케 해주는 무언가를 원합니다.
일과 일상에서 완전히 벗어나 자신의 내면으로 들어가게 하는 무언가를 말입니다.
그래서 우리는 종교란 아름답고 고귀하고 삶에서 불가결한 것이라고 말합니다.
인간을 진정으로 행복하게 만드는 유일한 것이라고도 합니다.

하지만 우리는 때로 "그 종교가 과연 사실이며, 진리인가?"라는 결정적인 질문을
잊어버립니다. 종교가 아름다워 보이지만 진리가 아닐 수도 있고, 모든 것이
경건한 환상에 불과할 수도 있습니다. 아무리 아름답고 경건해 보일지라도
말입니다.

이 종교에 있어 가장 중요함에도, 교회에서 사람들이 종교의 진리성 여부를
부차적인 것처럼 이야기함으로써 종교에 대항한 치열한 싸움이 시작됐습니다.
종교에 대해 위와 같이 이야기하는 사람은 인간의 관점과 인간의 필요 측면에서만
바라볼 뿐 하나님의 관점에서는 바라보지 못하고, 하나님의 주장과 요구를 보지
못합니다. 그러므로 신약성경이 우리에게 말하는 이 한 가지는 매우 분명하며
우리가 반드시 들어야 합니다. 즉 종교란 근본적으로 위에서 내려온 것, 진리라는
사실입니다. 과학에서만 진리가 최고의 가치를 갖는 것이 아닙니다. 종교에서 훨씬
중요합니다. 우리 삶이 종교에 기초를 둔다고 우리가 주장하기 때문입니다.

진리는 삶 속에서만 깨달을 수 있다

기독교가 진리를 말한다는 것을 어떻게 알 수 있을까요? 성경은 이에 대해 묘한 대답을 줍니다. "너희가 내 말에 거하면 참으로 내 제자가 되고 진리를 알지니" (요 8:31-32). 탐구나 객관적 사고와 연구를 통해서가 아니라 나의 삶을 자발적으로 예수님 말씀에 걸 때, 전적으로 그분과 함께 살고 그분을 따라 살며 말씀을 듣고 순종하려는 노력을 통해서만, 삶을 온전히 그분에게 걸 때만, 그리스도가 진리를 말하는지 그리스도가 진리인지를 판단할 수 있습니다. 그렇게 하는 사람은 진리를 알게 된다고 그리스도는 약속하십니다(요 8:32). 사람은 삶을 통해서만 진리를 깨닫습니다. 그리고 진리는 우리를 자유하게 합니다. 이는 진리의 선물입니다. 진리의 힘을 소유한 이가 가장 자유로운 사람입니다. 그는 아무것도 두려워하지 않고 어떤 것에도 매이지 않습니다. 선입관이라든가 그럴듯한 희망에 자신을 맡기지 않고 오직 한 가지, 모든 진리의 근본인 하나님의 진리에만 자신을 걸게 됩니다. 하나님의 진리와 함께하는 이는 진실로 자유롭습니다.

하나님을 잃으면 땅도 잃는다

인간은 지배하기보다 지배를 당합니다. 사물이, 세상이 인간을 지배합니다. 인간은 세상의 포로이자 노예이며, 인간이 지배한다는 말은 하나의 환상입니다. 기술 문명이란 세상이 인간을 움켜잡고 강제하는 하나의 힘입니다. 우리가 더 이상 지배하지 않으므로 땅을 잃게 되고, 이로써 땅은 더 이상 우리의 땅이 아니고 우리는 이 땅에서 이방인이 됩니다. 우리는 세상이 하나님의 피조물임을 모르고 있고 우리의 지배권도 하나님께 받으려 하지 않고 자신을 위해 찬탈했기 때문에, 우리는 지배한다고 볼 수 없습니다. '…를 향한 자유 **freedom for**' 없이는 '…로부터의 자유 **freedom from**'도 없습니다. 인간이 하나님을 섬기지 않으면, 지배란 있을 수 없습니다. … 최초의 인간이 하나님의 형상을 갖고 있다는 말은 사람이 하나님과 이웃을 향한 자유를 가졌으며 그의 지배하에 있는 모든 피조물로부터 자유하다는 것을 의미합니다.

사랑이란 무엇인가?

"사랑이 없으면 내게 아무 유익이 없느니라"(고전 13:3). 여기에 사람을 근본적으로 구분하고 나뉘게 하는 중요한 말이 나옵니다. 그것은 바로 사랑입니다. 그리스도에 대한 인식과 그리스도를 믿는 강한 믿음도 있습니다. 실제로 목숨까지 바치는 사랑의 태도와 헌신이 있을 수 있습니다. 사랑이 없이도 말입니다. 그것이 바로 문제입니다. 이 '사랑'이 없으면 모든 것이 무너지고, 비난받을 만한 것이 됩니다. 사랑 안에서 모든 것이 연합되고 하나님이 기뻐하실 만한 것이 됩니다. 사랑이란 무엇일까요? 인간의 품행, 태도, 헌신, 희생, 연대감, 감정, 열정, 섬김, 행위 등 사랑을 이해했다고 주장하는 다양한 정의가 있습니다. 그런데 이 모든 것은 예외 없이 '사랑'이 없어도 존재할 수 있습니다. 우리가 일반적으로 사랑이라고 부르는 모든 것이, 영혼 깊은 곳에서 우러난 훌륭한 행위도, 경건한 마음이 동기가 되어 이웃에게 행하는 섬김마저도 사랑 없이 이루어질 수 있습니다. 인간의 모든 행위에는 이기심의 '잔재'가 남아 있어 이것이 사랑을 완전히 어둡게 만들기 때문만은 아닙니다. 그보다는 사랑이란 우리가 여기서 이해하고 있는 것과는 전혀 다른 것이기 때문이라는 것이 맞습니다.

사랑은 진리와 함께 기뻐하고

사랑이란 객관적인 법칙과 비인격적 질서와 대조되는 인격적이고 개인적인 것에 개입하는 즉각적인 인간관계라는 생각은 잘못된 것입니다. 여기서 '인격적인 것'과 '객관적인 것'이라는 개념이 분열되어 있다고 보는 것도 비성경적이고 모호하거니와, 이런 사랑은 단지 인간의 행위, 그것도 편향적인 행위일 뿐입니다. 그렇게 되면 '사랑'이란 순전히 객관적이고 질서 정연한 저급한 기풍**ethos**과 별개인, 이것을 완전케 하고 보충하는 의미로서의 좀더 높은 인격적인 기질이 되고 맙니다. 이러한 개념은 사랑과 진리를 서로 충돌시켜 사랑을 인격적인 것으로, 진리를 비인격적인 것으로 보고 사랑을 진리의 우위에 두는 것입니다. 그런데 이런 것은 바울이 말한 "사랑은 진리와 함께 기뻐하고"(고전 13:6)와 상충되는 것입니다.

우리는 갈등을 통해 사랑을 정의하고 싶겠지만, 사랑은 갈등을 모릅니다. 오히려 사랑은 본질적으로 모든 분열을 넘어서는 것입니다. 아무리 경건하게 보일지라도 진리를 침해하거나 무효화하는 사랑은 '저주받은 사랑'이라고 루터는 분명한 성경적 관점에서 말한 바 있습니다.

오로지 인격적인 인간관계의 영역만을 포함하고, 마지못해 객관성 앞에 서게 되는 사랑은 결코 신약성경이 가르치는 사랑이 아닙니다.

하나님은 사랑이시다

만약 그 자체로서 명확하게 '사랑'이라고 일컬을 수 있는 인간의 행위가 존재하지 않는다면, 만약 '사랑'이 인간이 겪는 모든 분열을 넘어서는 것이라면, 그런데 인간이 이해하고 실천할 수 있는 '사랑'이라는 것이 오직 주어진 분열의 테두리에서만 행할 수 있는 것이라고 이해되는 것이라면, 성경이 말하는 사랑이라는 것이 과연 무엇인가 하는 의문이 남습니다. 성경은 이에 대한 답을 줍니다. 이미 우리가 잘 알고 있는 대답인데도 우리는 그 의미를 늘 오해하곤 합니다. 바로 "하나님은 사랑"(요일 4:16)이시라는 것입니다. 이 말씀을 잘 이해하기 위해서는 '하나님'에 강조점을 두어야 하는데, 우리는 '사랑'을 강조하는 데 익숙합니다. "하나님은 사랑이시다." 인간의 품행이나 태도, 행동이 아니라 하나님이 사랑이라는 의미입니다. 하나님을 아는 자만이 사랑이 무엇인지 알 수 있는 것이지, 사랑이 무엇인지를 먼저 알고서 하나님이 누구인지 알게 되는 것은 아닙니다. 하나님께서 당신을 계시하지 않으면 아무도 그분을 알 수 없습니다(요일 4:7-8). … 사랑의 근원은 우리 인간에게 있지 않고 하나님 안에 있습니다. 사랑은 인간의 행위가 아니라 하나님의 행위입니다(요일 4:10).

현세의 삶 ★

삶의 완전한 현세성 *Diesseitigkeit* 속에서만 우리는 처음으로 믿음이 무엇인지 배울 수 있습니다. 우리가 성자든 회개한 죄인이든, 성직자(이른바 사제적 인물)든, 아니면 의로운 자든 불의한 자든, 병든 자든 건강한 자든, 자기 자신으로부터 무엇을 만들어 내는 것을 완전히 포기하는 것이 내가 말하는 현세성입니다. 이럴 때 우리는 자신을 온전히 하나님의 팔에 던지고 이 현세성 속으로 들어갑니다. 말하자면 과제와 질문, 성공과 실패, 경험과 무력함이 가득한 곳에서 살게 됩니다. 그러면 우리는 더 이상 자신의 수난이 아니라 이 세상에서의 하나님의 수난을 진지하게 받아들이게 되고, 그리스도와 함께 겟세마네에서 졸지 않고 기도하게 됩니다. 이것이 바로 믿음이고 회심이라고 나는 생각합니다. 그리고 이렇게 우리는 인간이 되고 그리스도인이 됩니다(렘 45 참조). 우리가 현세에서 하나님의 수난을 함께 나누고 있다면 어찌 성공했다고 교만하게 되며 실패했다고 좌절하겠습니까? … 내가 이 사실을 깨닫게 되어 감사하며, 또한 내가 걸어갔던 길에서만 이러한 사실을 깨달을 수 있다는 것도 잘 알고 있습니다. 그래서 나는 감사하고 평온한 마음으로 과거의 일과 현재의 일을 생각합니다. 하나님이 이 시대를 지나는 동안 우리를 당신의 친구로서 인도하시길, 무엇보다도 우리를 당신께로 인도해 주시기를!

★ 히틀러 암살 시도를 실패한 다음 날인 1944년 7월 21일에 친구 에버하르트 베트게에게 쓴 편지.

정신적 사랑과 영적인 사랑

정신적 사랑은 자기 자신을 목적으로, 공로로, 우상으로 만들어 경배하며, 그 앞에 모든 것을 굴복시키려 합니다. 정신적 사랑이 돌보고 고취시키며 사랑하는 것은 자신뿐이며, 그 외에는 어떤 것도 사랑하지 않습니다. 그러나 영적인 사랑은 예수 그리스도에게서 오는 것으로, 오직 그분만을 섬깁니다. 그리스도가 나와 다른 사람 사이에 서 있으므로 그분을 통하지 않고서는 다른 사람에게 갈 수 있는 직접적인 통로가 없다는 것을 압니다. 나의 정신적 욕구에서 자라나는 일반적인 사랑의 개념으로는 타인을 사랑하는 것이 어떤 것인지 미리 알 수 없습니다. 이러한 것은 모두 그리스도 앞에서는 오히려 미움 혹은 사악한 이기심일 수 있습니다. 사랑이 무엇인지는 그리스도의 말씀만이 내게 말해 줄 수 있습니다. 영적인 사랑이란 오직 예수 그리스도의 말씀에만 매여 있습니다. 그리스도가 나에게 사랑을 위해 교제를 하라고 하시면 나는 그렇게 할 것입니다. 그의 진리가 사랑을 위해 교제를 끊으라고 한다면 나의 정신적 사랑의 모든 항거에도 불구하고 끊을 것입니다. … 정신적 사랑은 영적인 사랑을 결코 이해할 수 없습니다. 영적인 사랑은 위로부터 오기 때문입니다. 영적 사랑은 지상의 모든 사랑과는 전혀 다른 새로운 것, 낯선 것, 이해할 수 없는 것입니다.

7월 23일
도덕적인 기억

나뿐 아니라 다른 사람들도 마찬가지로 느끼는 당혹감이 있습니다. 즉 폭격
당하던 밤에 느꼈던 감정을 곧 잊어버린다는 사실입니다. 폭격 후 몇 분이 지나면,
그전까지 품어 왔던 거의 모든 생각이 곧 바람처럼 사라져 버린다는 것입니다.
루터에게는 단 한 번의 번갯불이 그의 남은 인생 전체를 바꾸는 데 충분했습니다.
그런데 오늘날 이처럼 '기억'으로 인생을 바꾸는 사람이 있습니까?
이러한 '도덕적인 기억'—듣기 싫은 표현이지요!—의 상실이 모든 관계와 사랑과
혼인과 우정과 신뢰를 무너뜨리는 근원이 아닙니까? 생각을 굳게 지키는 끈기가
없고, 모든 일에 성급하고 일시적입니다.
그러나 의와 진리와 미와 같은 덕목과 모든 위대한 업적이 이루어지기 위해서는
시간과 꾸준함과 기억이 필요한 것입니다. 그렇지 않으면 그러한 것은 퇴화됩니다.
과거에 대해 책임지려 하지 않고, 미래를 조성하기 위해 숙고하지 않는 이들은
'잘 잊어버리는' 사람입니다. 이러한 이들이 정신을 차리도록 도와주려면 어떻게
해야 하는지 나는 아무런 대안이 없습니다. 이들은 무슨 말을 해도, 한순간
깊은 감동을 줄지라도 곧 잊어버리기 때문입니다. 도대체 이것을 어떻게 할까요?
이것은 기독교의 목회자에게 큰 문젯거리입니다.

감수성은 늘 살아 있어야 한다

근래에 나는 과거에 인상이 강하게 남은 일이 시간이 지남에 따라 점차 무뎌지는 현상을 어떻게 설명할 수 있을지 곰곰이 생각해 보았습니다. … 본성의 자기보호 기능이라는 답으로는 충분하지 않습니다. 그것보다는 사람이 스스로 할 수 있는 일이 상당히 제한적이기에, 현실적으로 이웃을 사랑하기에도 어려움이 따른다는 것을 분명하고 확실하게 이해하게 한다고 생각합니다.

환상에 부풀어 있을 때는 이웃 사랑이란 단지 막연하고 일반적인 수준에 머물게 됩니다. 오늘에야 나는 사람들의 곤궁과 궁핍을 좀더 차분히 바라볼 수 있으며, 따라서 좀더 잘 도울 수 있습니다. 내 말은 기억이 무뎌진다는 것이 아니라 정화된다는 것을 의미합니다. 이것은 저절로 되는 것이 아니라 노력해서, 무뎌지지 않고 정화되는 것으로 만들어야 합니다. 이러한 상황에서는 시간이 지남에 따라 감동이 과거처럼 그리 뜨겁거나 강하지 않음을 보고 자신을 비난할 필요는 없습니다. 그렇지만 이 모든 것이 잊힐 수 있다는 위험성을 늘 의식하고, 감정을 정화하면서도 강한 감수성이 늘 살아 있도록 해야 함을 잊어서는 안 됩니다.

시작과 끝이 없는 용서

우리는 타인에 대한 감정을 간단히 처리하는 방법을 알고 있습니다. 우리를 무디게 해 타인에 대해 악한 생각을 품고 있지 않으면 그를 용서한 것이라고 생각하는 것입니다.(그렇지만 그 사람에 대해 좋게 생각하지 않는다는 점을 간과하고 있습니다.) 용서란 그에 대해 선한 생각을 하고, 할 수 있는 한 그를 감당하는 것입니다.

그런데 우리는 이것을 선회합니다. 타인을 감당하지 않고 비껴가며, 그가 침묵하고 있으면 그에게 관심을 갖지 않습니다. 하지만 감당하는 것이 중요합니다. 타인을 모든 면에서 감당하는 것, 어렵고 불쾌한 면까지도 감당하는 것입니다. 나에게 끼친 불의와 죄까지도 침묵해야 하며, 감당해야 하며, 끊임없이 사랑해야 합니다. 이렇게 하는 것이 용서입니다. 용서란 처음과 끝이 없으며 매일 그치지 않고 일어나는 것입니다. 그것은 하나님으로부터 오기 때문입니다.

이 사실은 이웃에 대한 우리의 모든 경직된 사고로부터 해방시켜 줍니다. 용서는 우리를 자아로부터 해방시키며, 자신의 권리를 포기하며 타인을 돕고 섬길 수 있게 합니다.

주권적인 하나님의 메시지

기독교 내에는 반反교회적인 요소가 숨어 있습니다. 우리는 하나님에 관한 것을 너무나도 당연히 기독교적인 것 *Christlichkeit*과 교회 *Kirchlichkeit*에서만 찾습니다. 그럼으로써 기독교의 본질은 완전히 오해되고 왜곡됩니다. 한편 기독교는 교회를 필요로 하는데, 이것은 하나의 역설입니다. 그리고 이러한 이유로 교회는 엄청 큰 책임을 짊어져야 합니다.

윤리와 종교와 교회는 인간으로부터 하나님께로 올라갑니다. 하지만 그리스도는 홀로 말씀하시고, 하나님으로부터 인간에게로 향해 있으며, 하나님을 향한 인간의 길이 아니라 인간을 향한 하나님의 길에 대해 말씀하십니다. 그렇기에 기독교에서 새로운 윤리를 찾으려고 하는 생각부터 잘못된 것입니다. 실제로 예수께서는 새로운 윤리적 계명을 주신 것이 아닙니다. 그분의 윤리적 계명은 당시의 유대인 랍비나 이방인의 서적에서도 찾아볼 수 있는 것이었습니다. 기독교의 본질은 주권적 하나님의 메시지에 있는데, 그분 한 분만이 모든 영광을 받으시기에 합당합니다. 이것은 영원한 타자에 대한 소식입니다. 그분은 스스로 사랑 때문에 인간에게 자비를 베푸시는 분, 세상에 속하지 않은 분이십니다. 인간은 그분에게만 모든 영광을 드려야 합니다. 인간이 자신에게는 아무 소망이 없음을 깨닫고 잠잠히 하나님께만 발언권을 드릴 때에 비로소 그분은 자신의 영광을 담을 수 있는 그릇을 찾아 인간에게 오십니다.

7월 27일

인간의 환상이 무너지다

한시적인 우리 영혼은 영원하고 무한한 것이 존재한다는 생각에 불안을 느낍니다.
인간의 영혼은 자신의 한계 밖으로, 영원한 삶에 이르기까지 뻗어 나가고자
합니다. 스스로 영원한 존재가 되고자 하나 그 방법을 모릅니다. 이러한 영혼의
불안감으로부터 위대한 철학과 예술 작품이 탄생합니다. 플라톤과 헤겔의 철학
체계, 미켈란젤로의 아담, 베토벤의 교향곡, 고딕 대성당들, 렘브란트의 그림,
괴테의 파우스트와 프로메테우스 등등. 그들은 모두 영원불멸한 것에 대한
생각에 압도되었습니다.…

마음의 불안과 근심에서 벗어나 영원한 것에 도달하고자 하는 인간의 시도
가운데 가장 큰 비중을 차지하는 민감한 시도가 종교입니다. … 종교를 통해
인간은 빛과 환희와 영원이라는 길을 찾아 왔습니다. 만약 '행위가 아닌 은혜로
된 것'(롬 11:6)이라는 사실을 몰랐다면, 인간은 자신들의 위대한 정신적 업적에
자만했을 것입니다. 이제 우리의 환상과 문화 의식에 큰 혼란이 찾아오는데, 이는
하나님으로 기인한 것이고 바벨탑 이야기가 이를 잘 나타냅니다.

영원을 향한 우리의 길은 중단되고 우리의 철학과 예술, 도덕과 종교와 함께
우리는 다시 깊은 심연에 빠집니다. 이제 그러한 길과는 다른 길이 인간에게
열렸는데, 그것은 하나님께서 인간에게 오시는 길입니다.

기독교의 정수

우리를 하나님 앞에서 선하게 만드는 것은 종교가 아니라 하나님이십니다. 모든 선한 것은 그분의 행하신 일에 달려 있습니다. 그분 앞에서는 우리의 모든 요구가 시들어 버립니다.

문화는 종교와 함께 하나님의 심판 아래 있습니다. 우리의 도덕과 종교가 추구하던 바는 그분 앞에 적나라하게 드러났습니다. 우리는 영원의 주인이 되려고 했으나 노예가 되었습니다.

오직 한 가지 일만이 우리를 구할 수 있습니다. 그것은 하나님의 길, 즉 은혜의 길입니다. 종교가 아니라 계시요, 은혜요, 사랑입니다. 하나님을 향한 인간의 길이 아니라 인간을 향한 하나님의 길, 이것이 기독교의 정수精髓입니다.

우리가 하나님을 향하는 것이 아니라, 하나님이 우리를 향하여 오신다는 데 우리는 크게 실망합니다. 그러나 여기에 훨씬 큰 희망이 있는 것입니다. 우리의 공로, 우리의 교만, 우리의 명예는 끝장이 나고, 하나님의 은혜, 하나님의 영광이 시작되기 때문입니다. 우리의 종교가 아니며—즉 기독교도 아닙니다!—하나님의 은혜입니다. 이것이 기독교의 전체 메시지입니다.

모든 것은 우리가 거지처럼 뻗은 손에 달린 것이 아니라 하나님이 채워 주시는 것에 달려 있습니다. 즉 우리와 우리의 행위가 아니라 하나님과 하나님의 행위가 주체입니다.

우리의 행위란 그저 하나님이 일하실 여지를 남겨 두고 하나님의 은혜를 은혜답게 놓아 둘 때 의미가 있습니다. 우리의 희망은 우리에게 달린 것이 아니라 하나님께 달렸습니다. 하나님보다 더 든든한 반석이 어디에 있겠습니까?

하나님 앞에 선 인간

교회는 두 가지 계명을 가진 것이 아닙니다. 즉 세상을 위한 계명과 교회를 위한 계명을 따로 갖고 있지 않습니다. 예수 그리스도 안에 계시된, 하나님의 **유일한** 계명만을 갖고 있습니다. 바로 이 계명을 교회는 온 세상에 선포하는 것입니다. 교회는 예수 그리스도를 교회와 온 세상의 주님이요 구원자로 증거하며, 그분의 공동체에 초청함으로써 이러한 계명을 선포합니다.

'**예수 그리스도는 영원부터 아버지와 함께 계시는 영원한 아들이시다**'라는 말은, 창조의 중재자이신 그리스도 없이는 어떠한 피조물의 존재도 생각할 수 없고, 피조물의 본질도 파악할 수 없다는 의미입니다. …

'예수 그리스도는 성육하신 하나님이시다'라는 말은, 하나님이 인간의 모든 것을 육체로 취하셨다는 의미이며, 이는 하나님의 본질이 이제 다름 아닌 인간의 모습 안에서 발견될 수 있고, 예수 그리스도 안에서 인간은 하나님 앞에서 진정한 인간이 될 수 있도록 해방되었다는 말입니다.

'기독교적인 것'이라는 말은 이제 인간적인 것 너머에 있는 것이 아니라, 인간적인 것 한가운데 존재하고자 하는 것입니다. '기독교적인 것'은 그 자체가 목적이 아닙니다. 인간이 인간으로서 하나님 앞에서 살 수 있고 또 그렇게 살아야 한다는 데 그 의미가 있습니다.

7월 30일
세상적인 것과 기독교적인 것

기독교적인 것이 세상적인 것과 같은 것이 아니고, 자연적인 것이 초자연적인 것, 계시적인 것이 이성적인 것과 같은 것이 아닙니다. 하지만 이 양자는 오직 그리스도의 현실성 안에서 합일을 이루고 있습니다. 즉 이 궁극적 현실(실재) *diese letzte Wirklichkeit* 을 믿는 믿음 안에서 합일을 이루고 있습니다. 이 합일은 세상적인 것과 기독교적인 것이 독자적으로 존재하는 현상이 고착되는 것을 막을 때 유지됩니다. 다시 말하면 상호간에 논쟁을 통해 공통의 현실인 그리스도의 현실(실재) 안에서의 합일을 증거할 때입니다.

루터가 로마 가톨릭의 성역화 경향에 맞서 세상적인 것을 논쟁적으로 끌어들였듯이, 세상적인 것은 독립하려는—종교개혁 바로 후에 그렇게 되었고 문화개신교주의★에서 극치를 이룬 바—위험에 빠진 순간에 다시 기독교적인 것, '성스러운 것'으로부터 논박되어야 하는 것입니다.

따라서 이 두 가지 경우는 정확하게 동일한 과정을 나타냅니다. 즉 예수 그리스도 안에 있는 하나님의 현실과 세상의 현실을 나타내는 것입니다.

★ 문화개신교주의: 기독교 정신과 문화를 서로 통하면서 조화를 이루는 것으로 보는 관점.

체념한 비관론자?

당신은 세상에서 살고 있습니다. 하나님은 당신을 세상 속으로 보내셨기에,
당신은 이곳에서 한시적인 삶을 살면서 하나님의 뜻을 행해야 합니다. 기뻐할
일이 있으면 기뻐하십시오. 하지만 마음을 세상에 매지 마십시오. 당신의 마음은
영원에, 하나님께 속합니다.

그리스도인은 눈에 보이는 모든 것을 그저 한시적인 것이라 생각하여 단념하고
마는 비관론자라고 생각하는 사람들은 요한일서 2장 17절 말씀을 오해했을
것입니다.

그리스도인은 세상에 대해 비관론자임에 틀림없습니다. 세상에 별 기대를 하지
않고, 문화에 크게 기대할 것도 없습니다. 하지만 세상에 있는 신적인 것에
관해서는 낙관주의자입니다. 하나님께서 영원을 선물하신 것을 알기 때문입니다.
그러므로 기뻐하는 쾌활한 사람들입니다. 비록 어느 정도는 세상사에 지치고
우울해지는 때도 있기는 하지만 말입니다. 그리스도인에게 세상은 활동
영역입니다. 세상에 적극적으로 참여하여 일터에 가서 이웃과 함께 일하며
하나님의 뜻을 행해야 합니다. 그러므로 그리스도인은 체념한 비관론자가 아니라,
세상에 큰 기대를 하지 않기에 세상에서 기쁘고 쾌활하게 살 수 있는 사람입니다.
그리스도인에게 세상은 영원을 위한 씨앗을 뿌리는 곳입니다.

8월
만남과 책임

인간은 필연적으로

타인과 만나는 가운데 살며,

이런 만남으로 상대에 대한 책임이 따라옵니다.

8월 1일
인간의 모든 필요를 아시는 분

주 예수 그리스도여,

당신은 저처럼 가난하고 처참했으며, 옥에 갇히고 버림받으셨나이다.

당신은 인간의 모든 필요를 아시나이다.

아무도 제 곁에 있어 주지 않을 때에도, 당신은 곁에 계십니다.

당신은 저를 잊지 않으시고 저를 찾으시며,

제가 당신을 알고 당신께 다가가기를 바라십니다.

주여, 제가 당신의 부르심을 듣고 따르나이다.

저를 도와주소서!

성령이여,

제게 믿음을 주소서.

저를 절망과 악에서 구해 줄 믿음을.

제게 사랑을 주소서. 하나님과 사람들을 사랑할 수 있도록.

모든 미움과 쓰디쓴 마음을 떨쳐 버릴 수 있는 사랑을.

제게 소망을 주소서.

두려움과 낙심에서 자유로울 수 있는 소망을.

제가 예수 그리스도를 알고 그분의 뜻을 행할 수 있도록 가르쳐 주소서.

신자의 책임과 세상의 질서

만물은 그분으로 말미암고 그분을 위하여 창조되었고… 그분 안에서 존재합니다 (골 1:16-17). 이 말씀은 세상에 예수님과의 관계 아래 있지 않은 것은 아무것도 없다는 말입니다. 이는 사람에게만 국한된 것이 아니라 사물에도 해당됩니다. 즉 모든 피조물은 예수님과의 관계 속에서만 존재 의미가 있다는 것입니다. 국가와 경제, 과학과 자연 등도 포함됩니다.

모든 피조물이 예수를 위해, 예수를 향해 존재하기 때문에 그것은 모두 그리스도의 계명과 요구를 만족시켜야 합니다. 국가나 가족이나 경제생활에서의 질서도 예수를 위해, 예수를 향해 존재해야 합니다. 예수를 위해 세상의 질서도 하나님의 계명 아래 있습니다.

그런데 이것은 기독교 국가 체제나 기독교적 경제 질서를 갖추라는 의미가 아니라, 세속 체제로서 그리스도를 위한 올바른 형태의 국가와 올바른 경제를 뜻하는 말입니다. 그래서 세상 질서를 위해 그리스도인은 책임 의식을 가져야 하며, 기독교 윤리에는 이에 관한 내용들이 있습니다.

8월 3일
책임 있는 행동

인간은 필연적으로 타인과 만나는 가운데 살며, 이런 만남으로 상대에 대한 책임이 따라옵니다. 역사는 다른 사람들에 대한, 혹은 그들의 공동체나 전체 사회에 대한 책임을 인식할 때 비로소 시작됩니다. 개인은 자신만을 위해 행동하는 것이 아니라, 자아 안에서 여러 사람들을 연관시키며 경우에 따라서는 매우 많은 사람까지도 자신과 연관시킵니다. …

한 사람이 다른 사람에 대한 책임을 지고자 할 때—오직 그렇게 함으로써만 그는 현실 속에 서게 됩니다—진정한 윤리적 상황이 발생합니다. 이는 사람들이 자기 안에서 윤리 문제를 해결하려고 추구하는 추상적인 윤리와는 다릅니다. …

구체적인 책임감을 갖는다는 것은 자유 가운데서 행동한다는 말입니다. 즉 타인이나 자신을 명령하는 어떤 원칙에 의존하지 않고 스스로가 결단하고 행동하며, 행동의 결과에 책임을 지는 것을 말합니다.

책임이란 주어진 상황에 대한 판단의 자유와, [그것을 실행하고자 하는] 결단과 행위의 자유를 전제로 합니다. 책임 있는 행위란 모든 때에 대비해 어떻게 행동하라고 이미 규정되어 있는 것이 아니라 주어진 상황에서 발생하는 것입니다. … 책임 있게 행동하는 이는 주어진 상황 가운데서 행동합니다. 주어진 상황은 단지 자신의 생각을 새겨 넣는 재료에 머무는 것이 아니라, 행동을 함께 형성해 나가는 대상**coshaper**인 것입니다.

필요한 일을 하는 것

책임 있는 행위는 이념에서 나오지 않고 현실에서 나오는 것이기 때문에 현실의 범위 안에서만 일어날 수 있습니다. 책임이란 범위와 본질에 따라, 즉 양적, 질적으로 제한되어 있습니다. 이러한 경계선을 넘으면 재앙을 초래합니다. 우리의 과제는 장애를 없애고 세상을 향상시키는 것이 아니라 주어진 장소에서, 현실을 고려하여, 객관적으로 필요한 일을 실제로 행하는 것입니다. 하지만 주어진 장소에서도 책임 있는 행동은 언제나 최종의 마무리된 행동이 되는 것이 아니라, 한 걸음 한 걸음씩 나아가고, 가능한 것부터 찾아 하며 궁극적 행보와 궁극적 책임을 다른 분의 손에 맡기는 것입니다.

하나님께서 인간이 되셨기에 책임 있는 행위는 인간이 할 수 있는 범위에서 고려되고 판단되고 평가되어야 합니다. 그러기에 행위의 결과에 대해 신중하게 고려하고 미래를 계산하며 용감하게 한 걸음 내딛는 것입니다. 책임 있는 행위는 맹목적인 것이 아닙니다. 하나님이 인간이 되셨기에 우리는 자신의 결정이 인간의 결정이라는 것을 인식하고, 자신의 행위에 대한 판단과 함께 그 결과도 전적으로 하나님께 맡겨야 하는 것입니다.

비밀스러운 심연

한 인간의 행위가 역사에서 하나님이 원하시는 목표에 어느 정도 기여하는지, 즉 얼마만큼 역사 속에서 선을 실현하는지에 대해 아무도 확실한 답을 주지 못합니다. 그 답은 하나님의 섭리 안에 감추어져 있습니다. 이념가들에게는 그들의 이념에 일치하는지가 행위의 선과 악을 가늠하는 척도가 되겠지만, 자신의 행위를 하나님께 맡길 줄 알고 책임 있게 '현실에 적합하게' 행동하는 이는 용서하고 치유해 주시는 하나님의 은혜를 믿음으로 만족해야 합니다. 실제의 현실이 분명한 척도를 제공하지 않기에 그들은 자신의 정당성을 증명할 수 없습니다. 인간 앞에는 깊고 비밀스러운 심연이 입을 벌리고 있는 것입니다. 하나님은 당신의 뜻을 이루기 위해 선뿐만이 아니라 악도 사용하시는데, 때때로 선이 재앙을 불러오고 악이 구원을 초래하기도 합니다. … 하나님은 인간의 선과 악을 사용하시면서도 당신의 고유의 길을 가십니다. 하나님은 오직 선을 행하기 원하시는 분으로서, 인간의 모든 행위가 하나님의 진노 아니면 은혜를 불러일으킨다는 것을 드러내십니다.

이 말은 선과 악의 구분을 없앤다는 의미입니까? 아닙니다. 하나님만이 선을 행하시기 때문에 인간은 아무도 자신의 선을 통해서 자신을 정당화할 수 없다는 것을 의미합니다. 인간의 역사를 이끌어 가시는 하나님의 능력이 인간을 그분의 은혜로 인도하는 것입니다.

역사에 책임을 지는 것

성공이 악한 행위와 비난받아야 할 수단도 정당화시켜 준다는 주장은 분명히 사실이 아니며, 성공을 완전히 가치중립적인 것으로 보는 것도 가능하지 않습니다. … '선'으로 성공을 이루는 한에서만, 우리는 그 성공을 윤리적인 것과 무관한 것으로 여기는 사치를 누릴 수 있을 것입니다.

악한 수단이 성공으로 이어질 때는 문제가 됩니다. 이런 상황에 직면할 경우 우리가 방관자의 입장에서 이론적으로 비판하고—즉 현실의 기반 위에 확고하게 서 있기를 거부하고—자신의 입장만을 밝힌다거나 성공 앞에서 굴복하여 원래의 입장을 버리는 기회주의자가 된다면, 우리는 임무를 다하지 못하게 되는 것입니다. …

자신이 하나님이 부여하신 책임을 지고 있음을 알기에 무슨 일이 일어날지라도 역사에 대한 공동의 책임을 회피하지 않는 사람은—열매 없는 비판이나 열매 없는 기회주의를 뛰어넘어—역사적 사건들에서 풍요로운 의미를 발견할 것입니다. 불가피한 패배 앞에서 영웅적 파멸을 말하는 것은 그다지 영웅적인 것이 아닙니다. 그것은 미래를 바라보지 못하게 하기 때문입니다. 정말 책임 있는 질문은, 내가 어떻게 영웅적으로 이 일에서 손을 떼느냐가 아니라, 어떻게 하면 다가오는 세대가 생존을 계속할 수 있는가 하는 질문입니다. 역사적으로 책임 있는 이러한 질문으로부터만—이러한 질문이 일시적으로는 매우 굴욕적일 수 있지만— 결실 있는 해결책들이 나올 것입니다. 어떤 일에 관해 실제적인 책임을 지기보다 원리적인 질문만 던지는 것은 훨씬 쉬운 일입니다.

아래에서 바라보는 관점

우리가 세계사의 커다란 사건들을 밑에서부터, 즉 소외된 이들, 혐의 받는 이들, 학대당하는 이들, 힘없는 이들, 억압당하는 이들, 멸시당하는 이들, 곧 고난당하는 이들의 관점에서 보는 법을 배운다는 것은 매우 귀중한 경험입니다. 쓰라림과 질투로 우리 마음을 상하게 하지 않는다면, 우리는 큰 것과 작은 것, 행복과 불행, 강함과 약함을 새로운 눈으로 바라볼 수 있게 되며, 위대한 것, 인간적인 것, 정의와 자비에 대한 관점이 더 이상 치우치거나 왜곡되지 않고 더욱 명쾌해집니다. 세상을 잘 관찰하고 실제로 살다 보면, 행운보다는 고난이 더 유용한 열쇠요 풍성한 결실을 맺게 하는 원리가 됩니다. 이는 우리에게 행운과 같은 것입니다.

그런데 중요한 것은, 아래에서 바라보는 관점이 우리로 하여금 늘 만족을 모르는 사람들 편에 서게 하지 않도록 하는 것입니다. 높고 낮음을 초월하여 더 높은 차원의 만족 상태에서, 삶의 모든 영역에서 정의롭게 행하면서 삶을 긍정하는 것이 중요합니다.

타인의 자유

무엇보다도 타인의 자유는 그리스도인에게는 짐이 되곤 합니다. 타인의 자유는 자신의 자율성과 대립되지만, 그럼에도 그리스도인은 타인의 자유를 인정해야 합니다. 타인을 자유롭게 놓아 주지 않고 강압적으로 자신의 틀에 맞추도록 자기 형상Image을 각인시킨다면, 그리스도인도 이러한 짐을 벗어 버릴 수는 있습니다. 하나님께서 누군가에게 그분의 형상을 만들어 나가시는 대로 놓아둔다면, 나는 그에게 자유를 허용하는 것이고 그러한 타인의 자유가 나에게 주는 부담을 짊어지는 것입니다. 타인의 자유는 우리가 본성, 특성, 기질이라고 부르는 모든 것, 참아 내기 어려운 그의 약점과 별난 성격, 둘 사이의 마찰, 대립, 충돌을 불러일으키는 모든 것을 포함합니다. 타인의 짐을 진다는 것은 타인의 피조물 된 현실을 용인하고 긍정하는 것이며, 고통 중에서도 그들에게서 기쁨을 찾는 것입니다.

이는 믿음이 강한 자와 약한 자가 한 믿음의 집단에서 서로 밀접하게 연결되었을 때 가장 어렵게 느껴집니다. 약자는 강자를 심판해서는 안 되며, 강자는 약자를 멸시해서는 안 됩니다. 약자는 교만을, 강자는 무관심을 경계해야 합니다. 누구도 자신의 권리를 주장하지 말아야 합니다. 강자가 넘어질 때 약자가 악의에 찬 기쁨을 느끼지 않도록 자신을 살펴야 하며, 약자가 넘어질 때 강자는 그를 기쁜 마음으로 다시 일으켜 세워야 합니다. 양측 모두 상대방에게 많은 인내를 보여야 합니다.

강한 자와 약한 자

기독교적 사랑으로 약자를 돕는 것은 강자가 약자에게, 건강한 자가 병자에게, 권력자가 학대당한 자에게 낮추는 것입니다. 기독교적 관점에서의 강자와 약자의 관계는 강자가 약자를 올려다보는 것입니다. 강자는 약자를 절대로 멸시해서는 안 됩니다.

약하다는 것은 구별된다는 것이므로 우리는 약자에게 승복해야 하는 것입니다. 그리스도의 눈에 약함은 완전함을 기준으로 비교해 불완전한 것이 아닙니다. 오히려 강함이 불완전하고 약함이 완전한 것입니다. 약자는 강자를 섬길 필요가 없지만 강자는 약자를 섬겨야 하는 것입니다.

이 섬김은 자선의 차원에서가 아니라 관심과 존중하는 마음으로 행해야 하는 것입니다. 강자가 옳은 것이 아닙니다. 본질적으로 언제나 약자가 옳습니다. 이렇게 기독교는 그리스도의 면전에서 인간의 모든 가치를 전복하고 새로운 가치관을 세우는 것입니다.

"우리에게 다시 기쁨을 주소서"

주여, 우리의 믿음과 희망은 너무도 연약합니다.

온전히 당신의 약속의 말씀에 기초를 두어 살지 못합니다. 과감히 당신의 권능을 믿고 나아가지 못합니다.

주여, 의심하고 희망을 잃은 우리를 용서하시고 오늘 새롭게 당신의 약속을 주소서.

주 하나님이시여, 당신은 우리 목에까지 물이 가득 차도록 하시나이다. 당신이 창조한 이 세상을 내려다보소서.

배고픔과 목마름의 끔찍한 고통을, 거할 곳과 일자리마저 없어져 흐느끼는 절망을!

하나님이여, 우리가 자비하신 당신의 자녀 맞나요? 이것이 바로 당신이 창조하신 세상입니까?

아! 우리는 당신에게서 멀리 떨어져 있음에 틀림없습니다. 그러니 당신의 피조물이 이토록 고통을 당하는 거겠지요. 우리는 이제 곧 끝장입니다. 아무것도 믿지 못하고 아무런 희망도 없습니다.

이제 오소서, 하나님이시여. 이 모든 비참함과 고통을 거두어 가소서. 우리가 더 깊은 수렁으로 빠져들어 가는 것이 당신의 은혜로운 섭리라면 우리에게서 당신의 약속을 거두어 가지 마소서. 당신이 새 하늘과 새 땅을 창조하시리라는 약속을 (벧후 3:13). 그리고 가난하고 비참한 자를, 근심하고 고통당하는 자를 당신의 나라에 초청하고 계신다는 약속을!

하나님이시여, 우리에게 다시 기쁨을 주소서.

8월 11일
육신의 삶

우리 의지와 상관없이 하나님에게서 부여받은 육신은 스스로를 보존할 권리를
갖고 태어납니다. 이는 우리가 후천적으로 획득하거나 강탈한 권리가 아니라
우리가 가지고 태어난 권리입니다. 우리의 의지가 있기 전에 받은 권리이며 모든
존재에 속한 원천적인 권리입니다.

지상에서의 인간의 삶은 하나님의 뜻에 따라 육체적 생명으로만 존재하므로
육신은 총체적 인간[全人]을 위해 자신을 보존할 권리가 있습니다. …

인간이 거주하는 집은 짐승 우리처럼 비바람과 어둠에서 자신을 보호하거나
새끼를 양육하는 피난처 같은 의미만 있는 것이 아니라, 가족과 재산을 보호하고
개인적인 삶의 기쁨을 누리는 장소입니다. 먹고 마시는 것은 단지 육신의 건강을
유지하기 위한 것이 아니라 육체적 삶의 자연적인 기쁨을 위한다는 목적도
있습니다. 옷은 임시로 몸을 가리기 위해 걸치는 것만이 아니라 몸을 단장하는
의미도 있습니다. 휴식은 일을 더 능률적으로 하기 위한 목적만이 아니라 몸을
위해 안식과 기쁨을 적절히 누리게 하는 의미도 있습니다. …

인간의 육신을 단지 목적을 위한 수단이 되게 함으로써 인간에게서 육신의
기쁨을 빼앗는 곳에서는 하나님이 주신 육신의 삶의 권리가 침해당하고 있는
것입니다.

가치 있는 생명과 가치 없는 생명

하나님 앞에 가치 없는 생명은 없습니다. 하나님께서는 모든 생명에 가치를 두시기 때문입니다. 하나님이 생명을 창조하고, 유지하고, 구원하는 분이시라는 말씀은 아무리 비참한 생명이라 할지라도 하나님 앞에서는 가치가 있다는 뜻입니다.

부자의 문전에 기대 있던 불쌍하고 병든 나사로는 개가 고름을 핥을 정도로 사회적 가치가 전혀 없던 사람입니다. 유용성에 따라 판단하는 사람들의 희생자가 된 그를 하나님은 영생을 얻을 가치가 있다고 보셨습니다(눅 16:19-31).

인생의 궁극적인 가치에 대한 척도가 하나님 안에 있지 않다면 어디서 찾을 수 있겠습니까? 생명에 대한 주관적 긍정이 척도가 된다면 아둔한 자가 많은 천재들을 능가할 수도 있습니다. 사회적 판단이 척도가 된다면 사회적으로 가치가 있고 없고는 순간적인 필요에 따른 것이기 때문에 이는 자의적이라고밖에 할 수 없습니다. 그러면 어떤 경우에는 이런 집단이, 다른 경우에는 저런 집단이 말살의 대상으로 판단될 수 있습니다. 따라서 살아갈 가치 있는 삶과 가치 없는 삶에 대한 구분은 조만간 생명 자체를 파괴하게 되는 것입니다.

그런데 우리가 간과해서는 안 될 사실이 있습니다. 불치의 병으로 인해 소위 살아갈 가치가 없는 바로 이러한 생명이 건강한 사람들인 의사와 간호사와 친척 들에게 고도의 사회적인 희생정신을 불러일으키며, 이처럼 건강한 생명이 건강하지 않은 생명을 위해 바치는 봉사와 희생은 사회를 위한 최고의 수준의 참된 유용성을 낳는다는 사실입니다.

8월 13일
인간을 멸시하는 것

우리가 다른 사람들을 멸시한다면, 그들에게서 아무 유익도 얻을 수 없습니다. 멸시의 원인이 되는 결점이 우리에게는 없다고 볼 수 없습니다. 우리는 자신의 힘으로 달성하려는 것 이상을 다른 사람에게 기대하는 경우가 얼마나 많습니까? 우리는 왜 지금까지 인간이 유혹에 빠지기 쉬운 연약한 존재라는 사실을 좀더 냉정하게 생각하지 못했습니까? 우리는 다른 사람이 무엇을 하고 무엇을 소홀히 한다고 판단하기보다 그들이 무슨 고난을 당하고 있는지에 관심을 갖는 법을 배워야 합니다. 사람들과의—특히 약한 자들과의—관계를 풍성하게 만드는 것은 오직 사랑입니다. 즉 그들과 교제를 지속하겠다는 의지입니다. 하나님도 인간을 멸시하지 않고, 인간을 위해 인간이 되셨습니다.

하지만 올바른 생각에서 사랑한다고 하지만, 실제로는 인간을 멸시하는 것과 같은 사랑이 있습니다. 사람들 안에 잠재된 가치, 건강한 내면, 분별력, 선함에 따른 판단에 근거한 사랑입니다. …

우리는 현실과 동떨어진, 스스로 만들어 낸 인간상을 사랑합니다. 그렇게 하는 것은 결국 하나님이 사랑하며 있는 그대로 받아들이신 사람을 멸시하는 것입니다.

타인을 위한 존재

하나님과 우리의 관계는 최고의, 최강의, 최상의 존재와의 '종교적' 관계가
아닙니다. 참된 초월성은 그런 데 있지 않습니다. 하나님과 우리의 관계는
예수님의 존재와 함께하는 자로서 '타인을 위해 존재하는' 새로운 삶에 있습니다.
우리가 도달해야 할 초월은 무한하고 멀리 떨어져 있는 무언가가 아니고, 바로
우리 주위에서 만날 수 있는 이웃인 것입니다. 인간의 모습으로 오신 하나님!
타종교에서 볼 수 있는 괴물 같은 짐승의 형상을 하거나, 혼돈, 저 멀리 있는,
무서운 모습을 한 신이 아니고, '절대자', '형이상학적', '무한함' 등의 개념적 신도
아니며, '인간 자체'에 불과한 그리스적 반신반인 형태도 아닌, '타인을 위한 인간,'
즉 '십자가에 달리신 분'이 우리 하나님이십니다. …
루터교와 개혁교회의 교파 간의 대립은 진정한 문제가 아닙니다. 우리는 이러한
논쟁을 과감하게 포기해야 합니다. 그건 나 개인이 아니라 교회의 문제라는
식의 말은 경건한 체하는 이들의 변명에 불과합니다. 교회 밖에서는 그렇게
받아들여집니다. 소위 변증법적 신학자들이 말하는 바, "내 신앙은 내 마음대로
할 수 없고, 따라서 내가 믿는 바를 간단하게 말할 수 있는 것이 아니다"라는
이야기도 마찬가지입니다. 이러한 생각은 나름대로 정당화할 수 있을지 몰라도
자기 자신에게 정직한 것은 아닙니다. 우리는 가톨릭 신자들처럼 자신을 교회와
동일시할 수 없습니다. … 교회는 타인을 위해 존재할 때만 교회인 것입니다.

책임 있는 행위의 한계와 근원

책임 있는 삶과 행위의 한계에는 우리가 만나는 사람들의 책임을 고려하는 것도 포함됩니다. 그것은 내가 타인의 책임 영역을 인식하고 타인에게 책임을 의식하도록 하는 것입니다. 바로 이 점에서 책임과 강제가 구별됩니다. 아버지 혹은 정치가의 책임 영역은 자녀나 시민의 책임 영역에 의해 제한됩니다. … 즉 타인의 책임 영역 앞에서 자신의 책임의 한계를 인정하지 않는 절대적인 책임이라는 것은 있을 수 없습니다. …

우리가 예수 그리스도 안에서 만나는 하나님과 이웃은 책임 있는 행동의 경계선이 될 뿐만 아니라 근원이 되기도 합니다. 무책임한 없는 행동이란 바로 이러한 경계선을, 즉 하나님과 이웃을 무시하는 것입니다.

책임 있는 행동은 하나님과 이웃에 의해 제한됩니다. 바로 이 사실로부터 책임 있는 행동은 통일성과 함께 확실성도 얻습니다. 책임 있는 행동은 궁극적으로 기쁨과 확신에서 나올 수 있고, 그리스도 안에 그 근원과 본질과 목표가 감춰져 있다는 것을 깨달을 수 있습니다. 이는 스스로가 자신의 주인이 아니기에 자기 행위의 한계를 알고 교만하지 않으며 피조물답게 겸손하기 때문입니다.

8월 16일
깨어 있다는 것

사람은 깨어 있어야 합니다. 이는 꿈이나 소원에 취해 사는 것이 아니라
정신을 차려 현실에서 사는 것을 의미합니다. 깨어 있다는 것은 그날 하루와
일을 사랑한다는 말입니다. 환상에 취해 있지 않다는 말입니다. 환상은 세상을
우상으로 만들고, 유일한 하나님을 향한 우리의 시선을 가리며, 세상을 우리
자신의 소원과 편견의 색안경을 낀 눈으로 보게 합니다.
깨어 있다는 것은 세상을 심판하지 않고 하나님이 창조하신 그대로 보는 것입니다.
깨어 있다는 것은 열려 있다는 것이고, 미래를 향해 갈 준비가 되어 있다는 것이며,
미래를 두려워하지 않고 정면으로 바라보는 것입니다. 하나님의 밝은 날을 있는
그대로 보는 것, 즉 하나님의 창조와 그분의 작품을 사랑하는 것입니다. 하지만
동시에 피조물의 고통과 타인의 곤궁과 무기력함을 보는 것이고, 아무도 말하는
이 없어도 그들의 탄식을 듣는 것입니다. 즉 영원한 심판을 아는 것입니다.
그런데 인간은 스스로 늘 깨어 있을 수 없습니다. 늘 깨어 있도록 하나님께서
부르셔야 합니다. … 하나님 앞에서 하나님이 만들어 주신 모습으로 사십시오.
"살지어다!"는 단순한 명령이 아니라 우리를 창조하신 하나님이 하신 말씀입니다.

선행의 권고

"너의 손에 선을 행할 힘이 있거든, 도움을 청하는 사람에게 주저하지 말고 선을 행하여라(잠 3:27, 표준새번역).

누구에게 선을 행해야 합니까? 우리 각자입니다. 선을 행할 힘을 하나님께 받은 이는 누구입니까? 우리 각자입니다.

"주저하지 말라"는 것은 타인이 부탁할 때 거절할 이유를 먼저 찾지 말라는 말입니다(잠 3:28).

진정한 의미에서 주는 것이란, 모든 것을 내 것으로 생각하지 않고 하나님께 받았다는 것을 깨닫고 전해 주는 것입니다. 하나님의 가장 큰 선물은 그리스도입니다. 주기를 주저하지 마십시오.

오늘 할 수 있는 선행을 미루지 마십시오. 그러면 당신의 하루는 빈곤해지는 것입니다. 내일은 너무 늦을지 모릅니다. 도움을 필요로 할 때 도와야 도움이지, 내가 줄 여력이 되어 제공하는 것은 도움이 아닙니다. 미루는 것은 죽음이라는 최후의 결정을 심각하게 받아들이지 않는 것입니다. 우리가 받는 부탁은 우리에게 마지막 결정이 될 수 있습니다.

그런데 우리는 선행을 계획하는 것으로 스스로를 변호합니다. 선행할 자세를 갖추고 있다는 사실만으로 의롭다고 생각할지 모릅니다. 그러나 중요한 것은 실천입니다.

인간관계의 의미

내가 타인을 위해 존재할 수 있다는 것보다 더 행복한 느낌은 없을 것입니다.
여기서 중요한 것은 사람의 수의 문제가 아니라 깊이의 문제입니다. 결국 삶에서
가장 중요한 것은 인간관계입니다. 오늘날 성공주의에 빠져 있는 이들에게나,
인간관계에 대해 아무것도 모르는 사람들에게나 마찬가지입니다. 하나님도
인간들에게 인간의 방식으로 섬김 받고자 하십니다.

그러나 '서로가 주는 의미'에 집착하거나 인간관계를 너무 의도적으로 관리하는
사람은 현실에 부적합한 인간 숭배에 빠질 수 있습니다. 내가 말하고 싶은 것은
우리 삶에서 다른 어떤 것보다 인간이 중요하다는 것입니다. 이는 사물의 세계나
인간의 업적을 낮게 평가한다는 것이 아닙니다. 나의 아내, 부모, 친구는 아름다운
책이나 그림, 집이나 재산과는 비교할 수 없을 정도로 중요하다는 의미입니다.
그런데 사실 진실로 인간의 가치를 삶에서 발견한 사람들만 그렇게 말할 수
있습니다. 오늘날 많은 사람에게 인간이란 사물 세계의 일부에 불과합니다.
인간적인 것에 대한 경험이 그들에게 더 이상 관심거리가 아니기 때문입니다.

8월 19일
권리는 의무에 선행한다

기독교 윤리학에서 먼저 권리에 관해 말하고 그다음 의무에 관해 말하는 것이
관념론자들에게는 이상하게 들릴지 모릅니다. 그러나 우리는 칸트의 추종자가
아니라 성경을 따르는 사람들입니다. 그렇기 때문에 우리는 자연적 생명의 권리,
즉 생명에게 주어진 것에 관해 먼저 이야기해야 합니다. 그다음에야, 그러면 우리
생명에게 요구되는 것이 무엇인지에 관해 이야기할 수 있습니다.

하나님께서는 우리에게 요구하시기 전에 먼저 주십니다. 자연적 생명의 권리
안에서 영광을 받는 이는 참으로 피조물이 아니라 창조주입니다. 자연적
생명은 하나님의 선물의 풍성함을 인정하게 되는 것입니다. 하나님 앞에서는
아무도 권리를 주장할 수 없습니다. 단지 주어진 것, 곧 자연적인 것이 인간에게
권리가 되는 것입니다. 자연적 생명의 권리는 하나님의 창조주로서의 영광을
이 타락한 세상에서 그대로 반영하고 있습니다. 자연적 생명의 권리는 인간이
자신의 이해관계 안에서 요구할 수 있는 것이 아니라, 하나님 자신이 보장하시는
것입니다. 그러나 마치 선물(재능)을 받은 다음에 해야 할 일이 생기는 것처럼
권리 자체에서 의무가 나오는 것입니다. 의무는 결국 권리 안에 포함되어 있는
것입니다.

우리가 자연적 생명의 구조에서 먼저 권리를 이야기하고 그다음에 의무에 대해
말함으로써, 우리는 복음이 자연적 생명을 위해 말할 수 있는 여지를 마련하고
있습니다.

양심, 의무, 자유만으로 충분한가?

양심을 따르려는 인간은 결단을 요구되는 난관에서 버거운 힘에 맞서 외롭게 투쟁합니다. 하지만 선택의 기로에 서 있을 때 오로지 자신의 양심의 조언과 후원만을 받기 때문에 갈등의 힘에 눌려 그는 고통의 극한에 처하게 됩니다. … 결정의 여지가 수없이 많은 혼란스러운 상황에서 분명한 **의무**(명령)를 따라가는 것은 안전한 길인 듯 보입니다. 여기서는 주어진 명령이 가장 확실한 것으로 파악되고, 명령에 대한 책임은 명령을 주는 자에게 있지 수행자에게 있는 것이 아닙니다. 그런데 의무에 합당한 행위만으로 제한하여 일하는 사람은, 자신이 책임을 지는 자유로운 행위를 할 수 없습니다. 오직 책임을 지고 자유롭게 결정하여 이루어지는 행위만이 악의 심장부를 강타하고 제압할 수 있습니다. 의무에 매인 사람들은 결국 의무를 완수하는 동안 사탄도 자신의 의무를 행하게 내버려 둘 것입니다.

하지만 자신의 고유한 **자유**를 지키며 이 세상에서 스스로의 힘으로 서서 살아가려는 자, 자신의 양심의 순결과 평판을 지키기보다는 자신이 꼭 해야만 한다고 생각하는 것을 더 중요하게 여기는 자… 이런 사람은 자신이 생각하는 그 자유가 자신을 무너뜨리지 않을지 조심해야 합니다. 그는 더 나쁜 일을 피하기 위해, 나쁜 줄 알면서도 쉽사리 나쁜 일에 동조할 것입니다. 그럼으로써 그는 자신이 피하려던 더 나쁜 일이 더 좋은 쪽을 향한 길일 수 있다는 사실을 깨닫지 못할 것입니다. 여기에 비극의 씨앗이 있는 것입니다.

오직 하나님의 순수한 진리만을 바라보는 자…하나님의 사랑에 묶여 있는 자는 윤리적 결단의 문제와 갈등에서 벗어나 하나님의 뜻만을 따릅니다.

양심의 소리

이웃에 대한 책임의 한계는 거역할 수 없는 양심의 소리에 있습니다. 양심에 거스르는 행위를 강요하는 책임이라는 것이 있다면, 그것은 형벌을 자초할 것입니다.

자신의 양심에 반해 행동하는 것은 바람직한 것이 절대 아닙니다. 이 점에는 기독교 윤리학이 모두 동의하고 있습니다. 이것이 의미하는 바는 무엇입니까? 양심이란 자신의 의지와 이성을 초월한 인간의 깊은 곳에서 들려오는 부름, 곧 자기 자신 자신과 일치하기를 요구하는 부름입니다. 양심은 자신의 동질성의 상실에 대한 고발로, 자기 자신을 잃어버리는 것에 대한 경고로 나타납니다. 양심은 일차적으로 특정한 행위를 지향한다기보다 특정한 존재를 지향합니다. 양심은 자기 존재의 동질성을 위협하는 행위에 저항하는 것입니다. 이런 면에서 양심을 정의하자면, 자신을 거스르는 행동을 억제하는 권위 *Instanz*를 지닌 것이라 할 수 있으며, 양심의 소리를 무시하는 행위는 자신의 존재를 파괴하는 일이며, 인간 존재의 파멸을 초래합니다. 양심을 거스르는 행위는 자신의 생명을 해치는 자살 행위와 마찬가지입니다. 이런 의미에서 자신의 양심에 폭력을 가하려는 행위는, 그것이 책임감 있는 행위일지라도 비판을 받게 될 것입니다.

자유하게 된 양심

나의 양심의 근원과 목표는 율법이 아니라, 예수 그리스도 안에서 만나는 살아 계신 하나님과 살아 있는 인간입니다. 예수님은 하나님과 인간을 위해 율법을 뛰어넘으셨습니다. 예수님은 안식일 법을 깨셨는데, 그것은 하나님에 대한 사랑과 인간에 대한 사랑을 실현하심으로 안식일 법을 거룩하게 하기 위함입니다. 그분은 하나님 아버지의 집에 거하기 위해 부모 곁을 떠나셨는데, 그것은 부모에 대한 순종을 정화하시기 위함입니다. 예수님은 죄인들과 버림받은 자들과 함께 식사하셨습니다. 그리고 인간을 향한 사랑 때문에 십자가의 죽음이라는 하나님과의 단절을 맛보았던 것입니다. 그는 죄 없는 자로서 인간을 사랑하셨기에 죄 있는 인간과 교제하기를 원하셨습니다.

이처럼 예수 그리스도는 하나님과 이웃을 섬기기 위해, 인간이 죄 있는 인간과 교제하는 그곳에서 그의 양심을 자유케 하십니다.

율법으로부터 해방된 양심은 타인을 위해 타인의 죄책 속으로 들어가는 것을 마다하지 않고 오히려 그렇게 함으로써 자신의 결백함을 증명하는 것입니다. 해방된 양심은 율법에 매인 양심처럼 불안해하지 않으며 이웃과 그들의 곤궁을 돕기 위해 활짝 열려 있습니다.

양심과 구체적인 책임

율법이 아니라 예수 그리스도가 최종 결정자이므로, 양심과 구체적인 책임
사이에 갈등이 생겼다면 그리스도를 위하는 방향으로 자유롭게 결정해야 합니다.
이는 우리가 늘 갈등해야 한다는 것이 아니라 우리가 최종적인 합일 *Einheit*을
얻을 수 있다는 것입니다. 구체적인 책임의 이유와 본질과 목적은 양심의
주인이신 예수 그리스도 때문입니다.

이처럼 책임은 양심으로 말미암아 속박되지만 양심은 책임으로 말미암아
자유로워집니다. 결국 '책임을 지는 사람은 죄가 없는 자로서 죄의 책임을 지게
된다'는 말과 '양심이 자유로운 사람만이 책임을 질 수 있다'는 말의 의미는 같은
것입니다.

책임감을 가지고 죄책을 감당하는 사람은—책임감 있는 사람은 이를 회피할 수 없는
것입니다—죄책을 다른 사람에게 돌리는 것이 아니라 자신에게 돌립니다. 그는
경솔하게 자기 능력을 과대평가하는 것이 아니라, 이러한 자유를 깨닫고 절박한
필요성 때문에 하나님의 은혜를 바라며 책임을 지는 것입니다.

이렇게 자신이 자유롭게 책임을 지는 사람을 다른 사람 앞에서 정당화하는 것은
그 행위가 필요한 절박한 상황입니다. 자기 자신 앞에서 자유롭게 하는 것은
자신의 양심입니다. 하지만 하나님 앞에서는 오로지 하나님의 은혜에만 소망을 둘
뿐입니다.

'선이란 무엇인가'에 대한 질문

동기와 행위의 주체로서의 인간, 타인과 그를 둘러싼 모든 피조물과 함께하는 인간, 한마디로 하나님 안에서 유지되고 보존되는 전체로서의 현실★속에 존재하는 인간은 "선이란 무엇인가"라는 질문에 둘러싸여 있습니다. "보시기에 심히 좋았더라"(창 1:31)는 하나님의 말씀은 피조물 전체를 지칭하는 것입니다. 선善은 부분이 아니라 전체를, 온 마음만이 아니라 행위 전체를, 주위에 있는 모든 사람을 포함하는 인간 전체를 요구하는 것입니다. 한 부분만 선하다는 것, 예컨대 동기는 선한데 행실이 나쁘거나 행실은 악하지만 동기는 선하다는 것이 무슨 의미가 있겠습니까?

인간은 단지 인격이나 행위의 개체로서만이 아니라 인간과 피조물의 공동체의 일원으로서도 분리되지 않는 전체입니다. "선이란 무엇인가"라는 질문은 이처럼 분리되지 않는 전체, 즉 하나님 안에 그 근거를 두며 하나님 안에서 인식된 실재에 초점을 둡니다.

이 분리되지 않는 전체를 그 기원에 따라 말한다면, 그것은 창조입니다. 그 목표에 따라 말한다면, 그것은 하나님의 나라입니다. 이 두 가지, 즉 창조와 하나님의 나라는 우리에게 똑같이 멀고 똑같이 가깝습니다. 왜냐하면 하나님의 창조와 하나님의 나라는 오직 예수 그리스도 안에서 일어난 하나님의 자기 계시 안에서만 우리에게 현존하기 때문입니다. "선이란 무엇인가"라는 질문은, 즉 실재(현실)에 대한 질문은 "예수 그리스도는 누구신가"라는 질문인 것입니다.

★ '현실'로 번역된 독일어의 *Wirklichkeit*는 보이는 것 배후에 존재하는 참 현실, 즉 진실로 존재하는 것, 실재. 참. 진리. 동양의 도道 등의 의미가 있다.

선한 행위가 기독교의 전 단계는 아니다

선을 단지 기독교의 전단계로 생각하여 선한 것이 기독교적인 것으로 되어
가는 과정이 중단 없이 언젠가 일어나리라고 보는 사람들의 안일한 생각에
대한 반감은 정당하다고 볼 수 있습니다. 복음을 이처럼 안일하게 왜곡하는
경향에 대한 반감으로, 반대편에서 복음을 왜곡하기는 다를 바 없는 위험한
시도가 아주 열정적으로 일어났습니다. 사람들은 선을 정당화하는 대신에 악을
정당화했습니다. 시민적인 것을 이상화하는 대신에 반시민적인 것과, 무질서한
것, 무정부적인 것, 파국으로 치닫는 것 들을 이상화했습니다. 죄를 범한 여인이나
간음한 여인, 세리를 용서하시는 예수님의 거룩한 사랑을 왜곡하여—심리적인
혹은 정치적인 동기로—창녀나 매국노 같은 반시민적이고 '주변적인' 사람들을
기독교적으로 승인했습니다. 죄인을 용서하는 복음과 복음의 능력이, 아무도 원한
바는 아니지만 죄를 장려하는 복음으로 변질되었습니다. 시민 사회에서 말하는
선이라는 것도 이제는 조롱거리가 되어 버렸습니다.

8월 26일

선의 적

어리석음은 사악함보다 더 위험한 선의 적입니다. 악에 대해서는 저항할 수 있고, 폭로할 수 있으며, 경우에 따라서는 힘으로 막을 수도 있습니다. 또 악은 인간의 마음속에 불안한 무언가를 남김으로써 스스로 붕괴하는 씨앗을 항상 지니고 있습니다.

하지만 어리석음은 대책이 없습니다. 어리석음에 대항해서는 저항이나 무력도 통하지 않습니다. 논리적 설명도 통하지 않습니다. 어리석은 이들은 자신의 선입견과 대립되는 사실은 믿으려 하지 않고, 심지어 더 비판적이 되기도 합니다. 그리고 어떤 사실이 분명해지면 그것을 예외적이고 하찮은 일로 간주하고 아예 신경을 끊으려고 합니다. 어리석은 이들은 악한 이들과는 달리 자기 자신에 대해 매우 만족스러워 합니다. 쉽게 흥분하고 공격적이 되어 악한 사람보다 더 위험한 인물이 되기도 합니다. 그래서 어리석은 자를 악한 자보다 더 조심해야 합니다. … 자세히 관찰해 보면, 정치적인 것이든 종교적인 것이든 외적으로 강력한 권력이 등장해 세력을 펼칠 때 대다수 사람들을 어리석음에 빠지게 합니다. …

"여호와를 경외하는 것이 지식의 근본이거늘"(잠 1:7). 이 말씀은 하나님 앞에서 책임 있는 삶을 살기 위해 내적 자유를 얻는 것이 어리석음을 실질적으로 극복할 수 있는 유일한 길임을 가르쳐 줍니다.

악과 현자와 의

악이 보통은 얼마 가지 않아 어리석고 비현실적인 것으로 드러난다는 것은 매우 놀라우면서도 부인할 수 없는 사실입니다. 이는 악한 행위마다 형벌이 뒤따른다는 것을 의미하는 게 아니라, 세상에서 자신을 지키기 위해 하나님의 계명을 버리는 것이 실상은 전혀 반대의 결과를 낸다는 것입니다. …

현명한 사람들은 구체적인 세계의 풍부함 속에 살면서 그 안에 있는 가능성과 넘을 수 없는 한계선—인간의 공동생활을 위해 필요한 법칙으로 행동의 한계를 정한 것—을 인식합니다. 현명한 사람들은 이러한 인식 가운데서 선하게 행동하고 선한 사람들은 현명하게 행동합니다. …

세상은 궁극적인 법칙들과 생명의 권리를 잘 지키는 것이 자기 보존에 가장 유익하게 되어 있습니다. 또한 일시적인 경우 또는 한 번의 예외적인 경우에 불가피하게 이러한 법칙들을 저촉하는 것이 허용되었을 때, 만약 누가 필요에 따라 이 예외를 원칙으로 만들고 그것을 자신의 법칙으로 세운다면 그는 조만간 이 법칙들이 지닌 저항할 수 없는 힘으로 인해 무너지게 되어 있습니다. 역사 속에 내재하는 정의는 드러난 행위에 따라 상벌을 내리지만, 하나님의 영원한 정의는 마음을 살피고 심판합니다.

단순함과 현명함

단순함과 현명함을 결합할 수 있는 자는 승리할 수 있습니다. 그렇다면 단순함이란 무엇이며, 현명함이란 무엇입니까? 이 둘은 어떻게 하나가 될 수 있습니까?

단순한 사람이란, 혼동되고 과장되고 왜곡된 개념들 속에서도 오직 하나님의 순수한 진리만 바라보는 사람, 두 마음을 품지 않고(약 1:8) 마음이 나뉘지 않은 사람입니다. 그는 하나님을 알고, 하나님을 모시고 있으므로 매일 새롭게 하나님의 입에서 나오는 계명과 심판과 자비로움에 따라 삽니다. 그는 원칙에 노예처럼 매여 있는 것이 아니라 하나님을 향한 사랑에 매여 있기 때문에 윤리적인 결정에 따르는 갈등이나 문제에서 벗어납니다. 이런 것들이 이제 그를 짓누르지 못합니다. 그는 전심으로 하나님과 하나님의 뜻만을 따릅니다.

단순한 사람은 하나님을 외면하고 세상에 곁눈질하지 않기 때문에 편견 없이 자유롭게 세상의 현실을 바라볼 수 있습니다. 따라서 단순함은 현명함이 되는 것입니다.

현명한 사람은 현실을 있는 그대로 보며 사물의 근원을 보는 사람입니다. 따라서 현실을 하나님 안에서 보는 이만이 현명한 사람입니다. 현실을 깨닫는다는 것은 피상적으로 사건의 진행 경과를 안다는 의미가 아니라, 사물의 본질을 꿰뚫어 본다는 의미입니다. 정보가 많은 사람이 가장 현명한 사람은 아닙니다.

자긍심에서 나오는 침착함

얼마 전에 레싱의 책에서 이런 글을 읽었습니다. "나는 내가 불행하다고 생각하기에는 자긍심이 너무 강하다. 이를 악물고 바람이 부는 대로, 파도가 치는 대로 배가 움직이게 두라. 나 스스로 배를 뒤집으려 하지 않는 것으로 족하다!"★ 그리스도인은 이렇게 자긍심이 강하거나 이를 악무는 행위를 해서는 안 될까요? 사태가 악화되지 않도록 예방하기 위한 침착함은 필요하지 않을까요? 자긍심에 차서 이를 악무는 이러한 침착함은, 완고하고 둔감하고 냉혹하고 생기 없고, 무엇보다 아무 생각 없이 불가피한 것에 굴복하는 것과는 완전히 다르지 않습니까?

삶의 가치들에 대해 둔감하고, 따라서 고통에 대해서도 둔감한 것보다는, 하나님이 우리에게 주신 생명의 가치를 알고 체험하고 사랑하는 것이, 그러기에 손상되거나 잃어버린 삶의 가치에 대해 정직하고 강렬하게 고통스러워하는 것 (사람들은 이를 연약하다고 하거나 과민 반응이라고 비난합니다만)이 하나님을 더 잘 경배하는 것임을 믿습니다.

"주신 이도 여호와시요"(욥 1:21b)라는 욥의 말은 이러한 사실을 배제하기보다는 내포한다고 생각합니다. 이러한 사실은 욥의 친구들의 미리 복종하고 마는 그릇된 경건과 비교해 욥의 이를 악문 처절한 말을 더 옳다고 하나님 인정해 주신 사실(욥 42:7-9)에서 명확하게 나타납니다.

★ 본회퍼가 아버지께 받은 딜타이Wilhelm Dilthey의 책 *Das Erlebnis und die Dichtung*, 111에 나오는 레싱G. E. Lessing의 책 *Gesammelte Werke*, IX, 785: Am Elise Reimarus am 9. 8. 1778.을 재인용.

하나님은 급할 때만 필요한 분이 아니다

우리는 우리가 인식할 수 있는 곳에서 하나님을 찾아야지 인식하지 못하는 곳에서 찾아서는 안 됩니다. 하나님은 풀리지 않는 질문에서가 아니라 해결된 질문에서 이해되기 원하십니다. 이는 신과 과학적 지식의 관계에도 적용됩니다. 그리고 죽음, 고난, 죄책감 같은 일반적인 것에 대한 인간의 질문에서도 마찬가지입니다.

오늘날에는 이런 질문에 대해 하나님을 전적으로 도외시하고 인간적인 대답을 줄 수 있습니다. 인간은 실제로—어느 시대에나 그랬지만—하나님 없이 이런 문제들을 처리했으며 기독교만이 그 질문들에 대한 해결책을 갖고 있다고 말하는 것은 사실이 아닙니다. 이러한 '해결책'에 관해 말하자면 기독교적 답변들은 설득력이 있거나 없는 정도가 다른 해결책들과 마찬가지입니다. 하나님은 급할 때만 필요한 응급처치사가 아닙니다. 그분은 우리의 능력의 한계점에서가 아니라 생의 한가운데서, 죽음의 침상에서만이 아니라 삶 속에서, 고난 속에서만이 아니라 건강하고 힘 있을 때도 인식되어야 합니다. 하나님은 죄 가운데서만이 아니라 활동 속에서 인식되기를 원하십니다. 그 이유는 예수 그리스도 안에 있는 하나님의 계시에 있습니다. 예수님은 삶의 중심에 계십니다. 삶의 중심에서 보면, 어떤 질문은 없어져 버리고 그 질문들에 대한 답변도 마찬가지입니다.(나는 욥의 친구들에 대한 하나님의 판단을 생각해 봅니다.) 그리스도 안에서 '기독교적 질문들'이란 결코 존재하지 않습니다.

낙관주의

낙관주의란 본질적으로 현재 처한 상황에 대한 견해가 아닙니다. 그것은 하나의 생명력이며, 다른 사람들이 포기할 때 희망을 품는 능력이고, 모든 것이 실패한 것처럼 보일 때 머리를 쳐드는 힘이며, 좌절을 이겨 내는 힘이요, 미래를 적에게 내어 주지 않고 자신의 것으로 만들라고 주장하는 능력입니다. 물론 비웃음을 받아 마땅한 어리석고 비겁한 낙관주의도 있습니다.

미래를 향한 의지로서의 낙관주의는 비록 수백 번 오류가 있었다 하더라도 누구도 멸시해서는 안 됩니다. 낙관주의는 사람의 건강과 같아서 병자에게 감염되어서는 안 됩니다. 이 땅에서 더 나은 미래를 소망하고 준비하는 것을 경건치 못하다고 생각하는 기독교인과 그런 일은 별 가치 없는 일이라고 생각하는 사람들이 있습니다. 그들은 혼돈, 무질서, 재해를 현재 일어나고 있는 사건들이 주는 의미라 믿고 체념하거나, 경건을 가장하여 세상에서 도피하고 다음 세대를 위한 책임에서 도피하려 합니다.

최후의 심판 날이 내일 온다면 우리는 더 나은 미래를 위한 일을 기꺼이 접겠지만, 그 전까지는 그렇게 하면 안 됩니다.

화해하는 하나님의 사랑

산상설교는 세상과 화해한 하나님의 사랑의 말씀으로,
언제든지 모든 경우에 적용되거나, 우리와 전혀 상관이 없거나
둘 중 하나입니다.

9월 1일
대리적 책임

그리스도인의 행동에 관한 신약성경의 말씀, 즉 산상설교(마 5-7)는 기독교적인
것과 세상적인 것 사이의 치유할 수 없는 균열에 대한 쓰라린 체념에서 출발한
것이 아닙니다. 예수 그리스도 안에서 완성된 구원 사역으로 하나님과 세상
사이에 이루어진 화해로 인한 기쁨에서 나온 것입니다.
예수 그리스도 안에서 하나님과 인간이 하나 된 것같이, 그리스도로 인해
기독교와 세상은 그리스도인의 행동 안에서 하나가 됩니다. 이 둘은 마치
영원히 적대적인 원리처럼 서로 투쟁하는 것이 아닙니다. 오히려 그리스도인의
행동은 그리스도 안에서 이루어진 하나님과 세상과의 일치에서 나오는
것입니다. … 그리스도인의 행동은 현실의 인간을 향한 사랑으로, 세상의 죄책을
대리적 책임자로서 감당하는 가운데 일어나는 행동입니다. 이제 기독교적인
것과 세상적인 것은 미리 고정되어 있는 것이 아니며, 이 둘의 일치는 예수
그리스도 안에서 이루어진 일치를 지향하며 행동하는 구체적인 책임 안에서만
파악됩니다. 산상설교는 역사적으로 필요한 행위를 하도록 요청받은 사람을 예수
그리스도 안에서 이루어진 하나님과 인간과의 화해의 사건 앞에 세웁니다. 즉
그리스도인으로서의 진정한 책임을 지도록 하는 것입니다. 이러한 그리스도인의
책임은 세속적인 행위의 모든 영역을 포괄합니다. 종교 영역이 따로 고립되어
존재하는 것도 아니고 그리스도인의 책임이 거기에 국한되어 있는 것이 아닙니다.

산상설교의 가르침

개인은 늘 책임 가운데 서 있는 존재이므로, 산상설교의 가르침이 개별자로 존재하는 개인에게만 적용되는 것이고 다른 사람을 위해 책임을 지는 사람에게 적용되는 것은 아닌지를 묻는 과거의 질문은 잘못 제기된 것입니다. 산상설교는 사람들을 타인을 위한 책임 속으로 끌어들이며 개인을 단지 개별자로만 인정하지는 않습니다. 산상설교는 개인이 공동체 안에서 임무를 수행하도록 준비하는 데 만족할 것이 아니라 책임 있는 행위를 할 것을 요구합니다. 산상설교는 개인에게 사랑하라고 외치고 있으며, 그 사랑은 이웃에게 책임 있게 행동함으로써 증명됩니다. 그 사랑의 근원은 모든 현실을 포괄하는 하나님의 사랑입니다. 세상을 향한 하나님의 사랑에는 제약이 없는 것처럼, 하나님의 사랑으로부터 우러나는 인간의 사랑도 특정한 곳이나 특별히 관계된 사람들에 한정되는 것이 아닙니다. 산상설교는 세상과 화해한 하나님의 사랑의 말씀으로, 언제든지 모든 경우에 적용되거나, 우리와 전혀 상관이 없거나 둘 중 하나입니다. …

예수 그리스도가 십자가에서 죽으신 것은 하나님의 사랑이 모든 시대에 똑같이 가깝고 똑같이 멀다는 사실에 대한 뚜렷한 증거입니다. 하나님께서 모든 세상을 사랑하셨기에 예수께서 죽으셨습니다. 우리는 예수님의 십자가로 확증된, 온 세상을 향한 이러한 사랑으로 부름을 받았습니다.

십계명과 산상설교

십계명과 산상설교는 서로 다른 윤리적 이상이 아니라 하나이며, 예수 그리스도의 아버지 하나님에 대한 구체적인 순종을 요구하는 하나의 부름입니다. 하나님을 믿는 가운데서 재산법을 존중하고 책임 있는 존재가 되는 것은 하나님을 믿는 가운데서 재산을 포기하는 것과 결코 다르지 않습니다. '권리를 위한 투쟁'이나 '권리의 포기' 자체가 의미 있는 교회의 선포의 대상이 아니라, 믿음 안에서 이 둘은 하나님의 유일한 권리 아래 복종해야 한다는 것입니다.

세상에 적용할 가치 목록과 그리스도인만을 위한 가치 목록이 별개로 존재하는 것이 아닙니다. 모든 사람에게 적용되는 믿음과 순종을 요구하시는 하나님의 말씀만이 존재합니다. 따라서 세상을 향해 복음을 선포할 때는 권리를 위한 투쟁을 더 강조하고, 교회에 선포할 때는 권리의 포기를 강조한다면 잘못된 것입니다. 둘 다 세상과 교회에 모두 적용되는 것입니다.

산상설교로는 국가가 통치할 수 없다는 주장은 산상설교를 잘못 이해한 데서 기인한 것입니다. 국가도 투쟁과 포기를 통해 하나님께 영광을 돌릴 수 있으며, 이것을 교회가 선포하고 가르쳐야 하는 것입니다. 교회의 임무는 국가가 자연적인 자기 보존 법칙을 따라 통치하도록 가르치는 것이 아니라, 오로지 하나님의 법을 따르도록 가르치는 것입니다.

가난한 자를 위한 복음

약하고 비참하고 가난하고 병든 자에게 전파된 복음이 우리와 무슨 상관이 있습니까?(눅 16:19-31 참고).

우리가 실제적인 도움은 주지 않으면서 하늘의 위로에 대해 이야기하는 것은 조롱하는 것 같지 않습니까? 가난한 자에게 선포된 이러한 복음은 사람들을 속이면서 세뇌시키는 것 아닙니까? 실제로는 비참함을 심각하게 받아들이지 않으면서 경건한 미사여구 뒤로 숨기는 것 아닙니까?

사실 그러한 일이 지금까지 셀 수도 없이 일어났습니다. 그것을 누가 부인하겠습니까? 하지만 복음서를 한 번만 읽어 봐도 무엇이 다른지 알 수 있습니다. 예수님은 가난한 자가 행복한 자라고 말씀하십니다(눅 6:20). … 이는 나중에 그렇게 되리라며 조롱하는 말이 아니라 큰 희망을 의미합니다. 새로운 세상이며, 기쁘고 복된 소식이며, 자비로우신 하나님과 아브라함의 품속에 있는 나사로의 이야기이며, 가난하고 소외된 자들이 하나님 곁에 있다는 이야기입니다. 이것이 비록 천진난만한 아이들의 이야기처럼 들릴지라도 말입니다.

그런데 만약 사실이라면, 진짜로 사실이라면 그래도 천진난만한 이야기입니까? 영적이지 못한 이야기입니까? 그렇지 않다면 우리는 귀를 활짝 열고 나사로가 옛날부터 오늘까지 아브라함의 품속에서 쉬고 있다는 그 놀라운 사실에 귀를 기울여야 하지 않습니까? 배부른 자, 명예를 누리며 즐겁게 사는 자, 부자들은 영원토록 갈증에 시달려야 한다는 사실에도 우리 귀를 기울여야 마땅하지 않겠습니까?

어떻게 하나님을 볼 수 있을까?

우리는 모두 자신이 얼마나 비참하고 연약하게 살아왔는지 그려 보며, 삶 가운데서 자신의 더러움에 대해 혐오감을 느끼며 자신이 점점 싫어지는 때가 있음을 알고 있습니다. … 그러한 때에 우리 영혼이 불현듯 하나님의 얼굴을 보고자 하는 갈망이 강하게 생긴다면 그것은 축복입니다.

그러한 때를 알지 못하는 사람, 영혼의 그러한 갈망을 알지 못하는 사람은 예수께서 오늘의 우리에게 하시는 말씀을 잘 이해할 수 없습니다. 우리 개인뿐만 아니라 온 세상이 불경건과 하나님을 떠난 상태에서 오는 절망과 어둠의 때를 경험하면서 하나님의 얼굴을 구하며 절규하고 있습니다. 옛 유대교는 바로 이런 절규입니다. "내가 어느 때에 나아가서 하나님의 얼굴을 뵈올까?"(시 42:2) 소크라테스나 플라톤 그리고 독일의 철학자들도 모두 이러한 절규를 알았습니다. 오늘날 우리도 이 오래된 질문을 다시 하게 됩니다. 우리가 어떻게 하나님을 볼 수 있을까? 이러한 질문에 대한 예수님의 말씀이 있습니다. "마음이 청결한 자는 복이 있나니 저희가 하나님을 볼 것임이요"(마 5:8).

오직 청결한 마음, 우리 존재의 청결함 외에는 아무것도 하나님의 얼굴을 보게 해주지 못합니다.

하나님의 평화를 이루는 사람

"화평하게 하는 자는 복이 있나니 그들이 하나님의 아들이라 일컬음을 받을 것임이요"(마 5:9). 예수님을 따르는 이들은 평화를 위해 부르심을 받았습니다. 예수께서 부르실 때 그들은 평화를 발견했습니다. 예수님이 그들의 평화입니다. 이제 예수님을 따르는 이들은 평화를 소유할 뿐만 아니라 평화를 만들어 가야 합니다. 그것은 폭력과 폭동을 포기하는 것을 의미합니다. 그러한 것은 그리스도의 사역에 어떠한 도움도 되지 못했습니다.

그리스도의 나라는 평화의 나라이며, 그리스도의 교회에서는 서로에게 평화의 인사를 나눕니다. 예수의 제자들은 다른 사람들에게 고통을 주기보다는 자신이 스스로 고난을 감당함으로 평화를 유지합니다. 다른 사람들이 교제를 깨도 예수님의 제자들은 그 교제를 지켜 나갑니다. 그들은 자기주장을 포기하고 미움이나 불의를 당할 때 격동하지 않습니다. 이렇게 그들은 선으로 악을 이깁니다(롬 12:21). 이렇게 증오와 전쟁의 세상 한복판에서 하나님의 평화를 만들어 내는 이들이 됩니다. 악한 자들을 평화로 대하고 그들에게 고난을 당할 각오를 하는 이들보다 더 큰 평화를 창조하는 사람들은 없습니다. 화평케 하는 자들은 주님과 함께 십자가를 지고자 합니다. 십자가에서 화평이 이루어졌기 때문입니다(엡 2:14-16). 그들이 그렇게 그리스도, 즉 하나님의 독생자의 화평의 사역 속으로 부르심을 받았기에 그들 스스로도 하나님의 자녀라 칭함을 받게 됩니다.

9월 7일
땅 위의 평화

땅 위의 평화(눅 1:14). 이는 문젯거리라기보다는 그리스도의 출현과 함께 우리에게 주어진 계명입니다. 계명에 대해 우리는 이중적인 자세를 취할 수 있습니다. 하나님의 말씀에 대한 절대적이고 전폭적인 신뢰를 갖고 행동으로 순종하거나, 옛 뱀처럼 "정말 하나님께서 그런 명령을 하셨을까?"라며 다른 의도를 가진 질문을 던지는 것입니다(창 3:1). 이런 질문은 순종을 위해서나 진정한 평화를 위해서나 지극히 악한 적입니다.

하나님께서는 자연의 법칙처럼 필연적으로 이 세상에 전쟁이 일어난다는 것을 아셨어야 하지 않을까요? 우리가 입으로는 평화를 말하지만 실제로는 평화를 지키기가 어렵다는 것을 하나님도 뜻하신 걸까요? 우리가 모두 평화를 위해 애써야 하긴 하지만, 안전을 위해 탱크나 독가스를 어쩔 수 없이 준비해야 한다고 말씀하셨어야 하지 않을까요? 더 나아간 질문을 한다면, 하나님은 "너는 네 민족을 지키지 말라"라고 말씀하실 수 있을까요? "네 이웃을 적에게 넘겨주라"라고 말씀하실 수 있을까요?

아닙니다. 하나님께서는 위와 같이 말씀하지 않으셨습니다. 다만 사람들 사이에 평화가 있어야 한다고 말씀하셨고, 우리가 질문하기 전에 말씀에 순종해야 한다고 하셨습니다. 하나님의 말씀은 그런 뜻입니다.

누구든지 하나님의 계명에 순종하기 전에 의문을 제시한다면 그 자체로 하나님을 부정하는 것입니다.

평화를 위한 모험

안전이 보장된 길로는 평화로 가는 길을 찾을 수 없습니다. 평화를 이루려면 위험을 감수해야 하는 것입니다. 평화는 안전과는 반대되는 개념입니다. 안전을 추구하다 보면 당연히 상대에 대한 불신이 싹틉니다. 그리고 그 불신은 전쟁을 유발합니다. 안전 보장을 바라는 것은 자기를 지키려는 시도입니다. 하지만 평화는 자기를 전폭적으로 하나님께 의탁하는 것입니다. 민족의 앞길을 자기편에 유리하도록 조종하려 하지 않고, 안전 보장보다는 전능하신 하나님의 손에 믿음과 순종으로 맡기는 것을 의미합니다. 전쟁은 무기로 승리하는 것이 아닙니다. 전쟁은 하나님께 속한 것입니다. …

어떻게 하면 평화가 이루어집니까? 누가 이 세상이 다 듣도록, 또 모든 민족이 만족하도록 평화를 선포할 수 있습니까? 그리스도인 개인으로서는 할 수 없는 일입니다.

모두가 침묵하고 있을 때 그리스도인 개개인이 목소리를 높여 증언할 수 있습니다. 그러나 이 세상의 거대한 힘이 그에게 아무런 주의도 기울이지 않게 할 것입니다. 몇몇 교회가 하나님의 메시지를 전하며 고난을 받을 수도 있습니다. 그렇게 하기라도 한다면 말입니다. 하지만 그들 역시 증오의 강력한 힘에 눌리게 됩니다. 오직 전 세계에 있는 거룩한 그리스도의 교회가 연합하여 큰 공동체를 이루고 그 공동체의 이름으로 평화를 선포할 수 있습니다. 그럴 때 이 세상이 이를 갈며 평화의 하나님 말씀을 들을 것입니다. 그리스도의 교회가 전쟁으로 돌진하는 세상을 향해 그리스도의 평화를 소리 높여 외치고 그 아들딸들의 손에서 무기를 빼앗고 싸움을 금할 때 열방이 기뻐하게 될 것입니다.

모든 이들과 화평하라

그리스도인은 사랑의 계명에 따라 (마 22:37-39) 모든 이와 화평하도록 부르심
받았습니다. 그리스도는 무리에게 평화를 선포하실 때, 형제, 이웃, 심지어는
사마리아인과의 평화를 예로 들어 말씀하셨습니다.

그러므로 우리 스스로가 이런 평화를 누리지 않으면서 열방을 향해 평화를
설교할 수 없습니다. 민족들 사이에 화평하라는 말씀에 대해 거북해 하는 사람들
대부분은 개인적으로 불화한 사람과 관련해서도 원수를 사랑하라는 그리스도의
말씀에 이미 물음표를 붙인 사람들입니다.

우리가 평화에 대해 말하려고 할 때 인지해야 하는 것은, 두 민족과의 관계 역시
두 개인의 관계와 매우 유사하다는 사실입니다. 개인에게든 민족에게든 평화를
방해하는 요소는 늘 권력욕, 자긍심, 명예욕, 과시욕, 교만, 열등감, 인간에 대한
두려움, 땅과 빵을 더 얻고자 하는 데서 오는 다툼입니다. 한 개인에게 죄가 되는
요소가 국가나 민족에 덕이 되는 경우는 결코 없습니다.

교회가 신자와 공동체에 복음으로 선포하는 말씀은, 이 세상을 향해서는 심판의
메시지가 됩니다. 한 민족이 이 사랑과 평화의 계명을 듣지 않을 때 우리 신자들이
그리스도의 증인으로 부르심을 받아 일어나게 됩니다. 우리는 죄성이 있는 연약한
이들이므로 안전에 대한 갈망이나 정치적인 목표로 인해서가 아니라 사랑으로
평화를 선포해야 함을 명심해야 합니다.

평화를 향한 외침

평화에 대한 갈망과 외침은 인류 역사에서 거듭 근원적인 힘을 가지고 일어납니다. 처음에는 강하고 거센 힘으로 구약 시대의 선지자들이 분연히 일어났습니다. 이제 다시 세계 평화에 대한 열망이 어디서나 일고 있습니다. 하지만 평화에 대한 그리움과 소망이 아무리 아름답고 진지하다고 해도 인류가 진정 필요로 하는 평화는 영원으로부터 오는 하나님의 평화, 하나님과 인류, 하나님과 우리 한 사람 한 사람 사이에 이루어지는 평화라는 사실을 사람들은 인식하지 못합니다. 평화롭다는 것은 자신이 태어나 사랑받고 보호받는 사실을 아는 것입니다. 그래서 아주 완전히 고요해질 수 있는 것입니다. 내가 어떤 사람과 화평하다고 하는 것은 어떠한 경우에도 그 사람을 신뢰한다는 것이며 그 사람과 하나가 되었다는 의미고 그 사람에게 용서받은 것을 믿는 것입니다.

평화를 가진다는 것은 소란하고 불안한 세상 가운데서 고향을 갖는 것을 뜻합니다. 든든한 기반 위에 서 있음을 말합니다. 그래서 심한 파도가 요동할지라도 나에게서 평화를 앗아 갈 수 없는 것입니다. 이러한 평화는 나를 세상에서 진정으로 자유하게 하고 세상에 대해 강하게 하고 다른 세상을 위해 준비시킵니다.

이런 평화를 하나님과 우리 사이에 가질 수 있고 가져야 한다는 사실은 인간의 모든 인지 능력과 이성을 넘어서는 진리입니다.

모든 지각을 뛰어넘는 평강

하나님의 평강은 모든 지각reason을 뛰어넘는 평강입니다. … 하나님의 평화는
우리가 신실하지 않음에도 불구하고 우리를 향해 신실하심을 의미합니다. 이 평화
안에서 우리는 안정과 보호와 사랑을 느낍니다. 그렇다고 하나님께서 우리의
걱정과 책임과 불안을 완전히 다 가져가시는 것은 아닙니다. 하지만 우리의 모든
걱정과 행위 뒤에는 이미 하나님의 평화의 무지개가 펼쳐져 있는 것입니다.
우리 생명이 영원하신 하나님의 생명과 연합되었다는 것을 알기 때문입니다.
하나님과 우리 사이에 틈을 느껴 마음이 아플 때도 있지만, 오히려 그것이
하나님께서 우리를 있는 그대로, 땅 위에 사는, 정신과 마음을 가진 인간으로
받아들여 그분의 생명에 다가가게 하시고 그 간격을 친히 메워 주신 사실을
깨닫게 해줍니다. 성경의 언어로 표현하면, 우리의 고난과 어려움, 세상이 주는
감정을 견딜 수 있게 하시는 것입니다.
모든 지각에 뛰어난 하나님의 평강이 그리스도 예수 안에서 우리의 마음과
생각을 지키실 것입니다(빌 4:7). 그분이 우리의 격정을 다스리시고 우리의 생각과
의지를 잘 다듬어 예수 그리스도의 평화로 우리를 인도하실 것입니다.
그리스도께서 당신 자신을 우리에게 주신 골고다의 밤에 말씀하셨습니다.
"평안을 너희에게 끼치노니 곧 나의 평안을 너희에게 주노라 내가 너희에게
주는 것은 세상이 주는 것 같지 아니하니라 너희는 마음에 근심하지도 말고
두려워하지도 말라"(요 14:27).

세상의 가치관과 부딪치는 예수님의 가르침

"의를 위하여 박해를 받은 자는 복이 있나니 천국이 그들의 것임이라"(마 5:10).
여기서 말하는 의는 하나님의 의 자체보다는 예수님의 제자들이 지녀야 하는
올바른 판단과 행위에서 기인하는 의 때문에 받게 되는 고난을 뜻합니다.
예수님을 따르는 제자들의 판단과 행위는 재산이나 돈, 권리, 정의, 명예, 권력에
대한 포기에서 세상과 구별됩니다. 그들은 이렇게 하여 세상의 분노를 삽니다.
그리하여 예수님의 제자들은 의를 위하여 박해를 받는 것입니다. 그들의 말과
행위의 대가로 세상이 주는 것은 인정이 아니라 거부입니다. 제자들이 바로
예수님의 이름을 고백하는 것 때문만이 아니라, 의로운 일 때문에 고난당할 때
예수님이 축복하신다는 사실은 매우 중요합니다. 그들에게는 가난한 자들에게
주어지는 것과 동일한 약속이 주어집니다. 핍박당한다는 점에서 같기 때문입니다.

세상의 소금

"너희는 세상의 소금이니"(마 5:13). 이 말씀은 팔복(마 5:1-12) 말씀을 들은 이들을 십자가에 달리시는 분의 제자로, 은혜로 부르시는 말씀입니다. 팔복 말씀에서 그들은 하나님 나라에는 가치 있는 이들이나 세상에서는 가치를 인정받지 못하고 불필요한 존재로 보였습니다. 하지만 이 구절에서는 그들이 세상에서 없어서는 안 될 선한 것의 상징으로 표현됩니다. 그들은 세상의 소금입니다. 그들은 세상에서 지극히 고귀하고 높은 가치를 지닌 존재입니다. 그들이 없으면 이 세상은 더 이상 유지될 수 없습니다. 이 세상은 소금 때문에 보존됩니다. 세상은 자신이 배척하는 가난하고 비천하고 약한 자들로 인해 유지됩니다. 세상이 예수의 제자들을 내쫓는 것은 자신의 생존을 망가뜨리는 행위입니다. 배척당한 그들이 있기에 이 세상이 생명을 유지할 수 있다는 사실은 얼마나 놀라운 일입니까? 이 '하나님의 소금'은 짠맛으로 그 가치를 나타냅니다. 이 소금은 온 세상에 널리 스며듭니다. 이 소금은 이 세상의 존재의 본질입니다.

따라서 제자들은 단지 하늘나라만 바라보는 것이 아니라 세상에서 감당해야 할 사명도 기억하고 있습니다. 그들은 오직 예수께만 매인 이들로서 세상의 소금으로서 세상으로 나아갑니다. 예수께서 당신을 이 세상의 소금이라 하지 않으시고 제자들을 소금이라고 부르신 것은 세상에 대한 영향력을 제자들에게 전수하신다는 것입니다. 이렇게 함으로써 그들을 사역에 동참하도록 이끄시는 것입니다.

기이한 빛

예수께서 말씀하셨습니다. "너희 빛이 사람 앞에 비치게 하여"(마 5:16). 여기서 그 빛은 당연히 빛을 발하시는 예수님의 부르심의 빛입니다.

그런데 제자들이 비춰야 할 빛이란 어떤 종류의 빛입니까? … **이 빛** 안에서 제자들의 선한 행실이 보여야 합니다. 그런데 예수님은 '너희'가 아니라 '너희의 선한 행실'을 사람들이 보게 되어야 한다고 말씀하십니다. 이 빛 안에서 볼 수 있는 선한 행실이라는 것은 무엇입니까? 그것은 예수께서 그들을 십자가 아래에서 불러서 이 세상의 빛으로 만드실 때에 그들의 내면에 창조하신 행실 아니겠습니까? 가난, 온유, 화평케 함, 나그네의 삶, 박해와 추방, 한마디로 말해서 예수 그리스도의 십자가를 지는 것입니다. 십자가가 바로 그 기이한 빛입니다. 오직 십자가 아래에서만 제자들의 선한 행실이 보일 수 있게 되는 것입니다. 하나님께서 직접 나타나 보이시는 것이 아니라, 제자들의 '선한 행실'이 보여서 이로 인해 사람들이 하나님께 영광을 돌리게 된다는 말씀입니다.

맹세와 거짓

맹세가 무엇입니까?(마 5:33-37) 맹세는 내가 과거, 현재 또는 미래에 대해
주장하는 내용을 입증하는 증인으로 하나님을 공개적으로 끌어들이는
행위입니다. … 맹세는 세상에 거짓말이 존재한다는 증거입니다. 만약 사람들이
거짓말을 할 수 없다면 맹세는 필요가 없을 것입니다. 맹세는 거짓말을 막는
방어벽이기도 하지만, 바로 그렇기 때문에 맹세는 거짓말을 더 부추기기도 합니다.
오직 맹세만이 최후의 진실을 주장한다면, 거짓말이 들어설 여지를 주는 것이며
삶에서 거짓말이 어떤 권리를 얻은 셈입니다.

구약의 율법은 맹세를 통해 거짓말을 배격합니다. 하지만 예수께서는 맹세의
금지를 통해 거짓말을 배격하십니다. 구약성경이 거짓말을 막기 위해 요구한
맹세는 거짓말에 사로잡혀 거짓말의 수단이 되었고, 거짓말은 맹세를 통해 더욱
확고해지고 일종의 권리를 얻을 수 있었던 것입니다. 따라서 거짓말은 맹세를 통해
도피하려던 바로 그 자리에서 예수께 사로잡힙니다. 맹세가 거짓말을 은폐하는
보호막이 되었기에 폐기되어야 하는 것입니다. …

"너희는 그저 '예' 할 것은 '예' 하고 '아니오' 할 것은 '아니오'라고만 말하여라"(마
5:37, 현대인의성경). 이로 말미암아 제자들이 자신들의 말에 대해 모든 것을 아시는
하나님 앞에서 책임을 면하게 되는 것은 아닙니다. 오히려 하나님의 이름을 직접
끌어들이지 않는다는 사실 자체가, 제자들이 말할 때마다 모든 것을 아시는
하나님의 현존 앞에서 한다는 것을 인식하고 말하는 것임을 뜻합니다. 하나님
앞에서 하지 않는 말은 결코 존재하지 않기에, 제자들은 맹세하지 말아야 합니다.
그들의 모든 말은 진실이어야 하므로 그 어떤 말도 맹세를 통해 확증할 필요가
없습니다. 맹세하게 되면 자신이 한 다른 말에도 전부 의심스러운 그림자를
드리우는 것입니다.

진실 말하기

우리는 언어가 지닌 힘을 알기 시작하면서부터 진실하게 말해야 한다고 배웁니다. 무슨 뜻입니까? 진실을 말한다는 것은 무엇을 뜻합니까? …

진실을 말한다는 것은 단순히 그렇게 하고자 마음을 먹는 문제가 아니라, 현실의 상황을 정확히 인식하고 진지하게 사고하는 것을 뜻합니다. 삶이 복잡할수록 진실을 말하기 어려워지고 말에 책임을 져야 한다는 부담이 커집니다. …

따라서 진실을 말하는 법은 배워야 하는 것입니다. 이 문제가 단순히 신념의 문제이고 마음이 건전하다면 진실을 말하는 것이 아주 쉽다고 판단하는 사람들에게는 내 주장이 좀 혐오스럽게 들릴지도 모르겠습니다. 하지만 윤리를 현실과 분리시켜 생각할 수 없다면 현실에 대한 깊은 이해는 윤리적인 행동을 위한 필수 과정입니다. 우리가 지금 토론하고 언급하는 행동은 말에 관해서입니다. **그 본질과 실제는 언어로 표현되어야 합니다.** 그래야만 말이 현실과 일치하게 되는 것입니다. 그러므로 우리는 당연히 '어떻게' 진실을 말로 나타낼 수 있는지 물어야 합니다.

여기서 우리가 말하고자 하는 것은 '올바르고 적합한 말'입니다. 이 말을 찾는 것은 본질에 대한 이해와 경험을 기초로 정직하고 발전적인 노력을 늘 기울여야 하며, 시간이 걸리는 일이라고 생각합니다.

진실의 허상과 본질

어떤 사실에 대해 본질적인 것을 말하기 위해, 즉 진실을 말하기 위해서 우리의
시선과 사고는 '하나님 안에서, 하나님을 통해, 하나님을 위해서 사실인 것'에
집중되어야 합니다.

나의 말 한마디 한마디가 얼마나 진리에 가까운지에 대한 검토는 제쳐 두더라도,
그 내용이 사실이라 할지라도 그 말을 통해 나타난 나와 타인의 관계에서 볼
때는 옳을 수도 있고 그렇지 않을 수도 있습니다. 거짓을 전혀 말하지 않으면서도
아부하거나 나를 높이며 자랑할 수 있고, 심지어 위선을 행할 수도 있습니다.
하지만 현상적으로 거짓을 말하지 않았다 하더라도 그 말은 이미 남편과 아내,
윗사람과 아랫사람 등 관계의 본질을 손상시키거나 파괴했기 때문에 옳지 않은
것입니다. 우리가 내뱉는 한마디 한마디는 원래 우리가 말하고자 하는 본질적인
의도의 한 부분입니다. 나의 말이 실로 진실이 되려면 누구에게 말하는지,
누구에게 질문을 받았는지, 또 무엇에 대해 말하고자 하는지에 따라 달라야
한다고 생각합니다.

진실되고 올바른 말은 그 자체로 불변하는 성질의 것이 아니라 우리 삶만큼이나
다양하고 역동적이며 생명력 있는 것입니다. 특정한 사람들과의 관계나 삶과
괴리가 있는 말, 대화하는 상대를 고려하지 않고 '내뱉은 진실'은 진실의 본질이
아니고 허상일 뿐입니다.

9월 18일
모든 말은 자신의 위치가 있다

우리가 하는 모든 말은 생명이 있으며, 따라서 적용되는 범위가 있습니다. 예를 들어, 가족 사이에 하는 말과 사무실이나 공적인 석상에서 하는 말이 다를 수밖에 없습니다. 개인적이고 인격적인 관계에서는 따뜻한 말, 공적인 석상에서는 차갑고 날카로운 말이 오가기도 합니다. 공적 업무에서 하는 명령조의 말을 가족에게 한다면 끈끈한 가족 관계를 손상시킬 것입니다. 따라서 모든 말은 적합한 위치가 있게 마련이고 그 위치에 머물러야 합니다.

그런데 신문이나 방송에서 어떤 공적인 말의 본질이나 한계를 너무 과대평가하거나 다양성을 간과해 버리는 경우가 허다하며, 사적인 말의 특별한 의미를 완전히 무시하는 경우도 있습니다. 그래서 어떤 경우엔 진실된 표현이 잡담으로 둔갑해 버리기도 합니다. 여하튼 말에 너무 무게가 없고 많은 말이 가볍게 쏟아집니다.

우리가 어떠한 말에 한계를 그어 주지 않고 위치를 정해 주지 않는다면, 그 말의 진실성이 사라지고 그 결과 거짓이 될 수밖에 없습니다. 삶의 다양한 관계와 질서가 서로 존중되지 않는다면 우리 말에 오류가 있을 수밖에 없습니다.

생각과 말의 차이

우리는 자신의 생각과 달리 말하는 것을 보통 거짓말이라고 정의하는데, 그것은 대단히 불충분한 설명입니다. 예를 들어, 재미있는 만우절 농담이 그 범주에 들겠지요. … 상대방에게 해를 끼치려고 고의로 상대방을 속이는 행위를 거짓말이라고 한다면, 전쟁에서 적을 교란하기 위해 필수적으로 하는 작전이라든가 이와 유사한 행위가 그에 해당할 것입니다. …

이런 행위들을 거짓말이라 정의한다면, 거짓말을 도덕적으로 미화시키거나 정당성을 부여하여 거짓말의 개념이 여러 면에서 혼돈에 빠지게 됩니다. 따라서 거짓이란 우리의 생각과 말의 차이에서 오는 모순이라고 정의할 수 없다는 것을 알 수 있습니다. 이 모순이 거짓말에 필수적인 요소라고도 할 수 없습니다. 이런 점에서 보면 아주 정확하고 모순되지 않는 말인데, 거짓인 말도 있습니다. 악명 높은 거짓말쟁이가 사람들을 혼란스럽게 하려고 어쩌다 '진실된' 말을 할 수도 있습니다. 또 이 정확성이라는 핑계 아래 의도적으로 두 가지로 해석할 수 있는 말을 은근히 흘려보낼 수도 있고 아주 중요한 진실을 은폐할 수도 있습니다. 일반적으로 침묵하고 있으면 거짓말하지 않는 것인 반면 고의적인 침묵이 거짓 증거가 될 수도 있습니다.

거짓의 본질

거짓의 본질은 생각과 말 사이에 있는 차이보다도 훨씬 더 깊은 곳에 있습니다. 우리는 사람이 말할 때 그 말 뒤에 숨어 있는 사람이 그 말을 진리가 되게도 하고 거짓이 되게도 한다고 생각할 수 있습니다. 하지만 그게 다는 아닙니다. 왜냐하면 거짓은 분명히 객관적인 것이기 때문이며, 그렇게 정의되어야 합니다. 예수께서는 사탄을 "거짓의 아비"라고 칭하셨습니다(요 8:44). 거짓은 무엇보다 하나님에 대한 부정이며, 자신의 존재를 하나님을 부정하는 자로 세상에 드러냅니다. "거짓말하는 자가 누구냐, 예수께서 그리스도이심을 부인하는 자가 아니냐?"(요일 2:22) 거짓은 모든 창조물의 충만이신 그리스도 안에서 나타내신 하나님의 말씀과 다르게 말하는 것입니다. 따라서 거짓은 침묵으로든 말로든 하나님께서 창조하시고 유지하시는 현실을 부정하고 거부하며 의도적으로 하나님의 것을 파괴하려는 태도입니다.

나의 말은 하나님의 말씀과 어긋나지 않게 하나님 안에서 발견한 사실을 주장하는 것이어야 합니다. 그리고 나의 침묵은 하나님 안에서 발견한 사실을 통해 추론할 때 더는 알지 못하는 한계가 있음을 드러내는 것이어야 합니다.

9월 21일

어떻게 나의 말을 진실되게 할 수 있을까?

우리는 우리가 현실의 여러 규칙 속에 깊이 파묻혀 있는 것을 발견합니다. 그리고 현실 세계에서 화해와 치유를 이뤄야 하는 우리 말에 항상 이중성과 상호 모순이 존재하므로 어려움에 처하곤 하는 사실을 발견합니다. 그렇기에 우리가 하나님 안에 있는 진실 그대로를 표현하기 위해서는 말 속에 이미 존재하는 모순과 함께 현실의 복잡한 관계와 상황을 받아들이고 이해해야 합니다. 인간의 말이 진실되기 위해서는 인간의 타락을 부인해서는 안 되며, 하나님의 창조의 말씀과 화해와 구속의 말씀도 부인해서는 안 됩니다. 그 말씀을 통해서만 모든 분열된 생각과 말을 극복할 수 있습니다. …

그렇다면 어떻게 나의 말을 진실되게 할 수 있습니까? 우리는 먼저 무엇이 나에게 말을 하게 하는지, 또 말을 해야 하는 당위성이 있는지, 내가 지금 서 있는 위치가 어디이며 내가 말하는 대상이 무엇이며 어떤 관계와 상황 속에 있는지를 인식해야 합니다. 또한 일반적으로 특정 조건하에서 말하게 된다는 것을 암묵적으로 전제합니다. 즉 말은 삶이 진행됨과 동시에 끊임없이 흘러나오는 것이 아니라 해야 하는 장소와 때와 임무가 있고, 따라서 그 한계가 분명히 있습니다.

이성적 인간들과 열광주의자들의 실패

속임수를 속속들이 안다거나 노회한 사람이라고 윤리적 현실을 경험하고 인식할 수 있는 것이 아닙니다. 오직 하나님의 진리 안에 단순히 머물며 하나님의 진리를 바라봄으로 밝고 명료한 눈을 갖게 될 때 그렇게 할 수 있습니다.

이성적인 인간은 악의 깊은 심연도 거룩함의 깊은 심연도 볼 수 없으며, 무너져 가는 구조물을 이성을 사용해 다시 세울 수 있으리라는 선한 의도와 신념에도 불구하고 실패한다는 사실은 매우 충격적입니다. 볼 수 있는 능력을 상실한 상황에서 그는 양쪽 편의 권리를 인정하고자 하지만, 서로 충돌하는 힘 사이에서 교착 상태에 빠져 실제로는 아주 작은 일도 이루어 내지 못합니다. …

이보다 더 충격적인 것은 윤리적 열광주의입니다. 열광주의자들은 그들의 원칙과 의지의 순수함으로 악의 세력에 맞설 수 있다고 믿습니다. 하지만 열광주의의 본질이 그러하듯 그들은 악의 전체 실체를 보지 못합니다. 그래서 마치 황소들이 투우사를 보지 못하고 그가 든 붉은 천을 향해서만 돌진하듯이 결국은 지쳐 쓰러지고 맙니다. 이들은 결국 목표에 도달하지 못합니다. 아무리 진리나 정의라는 숭고한 가치를 위해 일한다 할지라도, 조만간 비본질적이거나 사소한 일에 사로잡히게 되며, 자신들보다 더 영리한 적의 그물에 걸려들고 말 것입니다.

9월 23일
하나님의 목전에서 행하라

사랑의 계명은 기독교에만 속한 전유물이 아닙니다. 예수님이 사역하셨던 시절에도 이미 일반적으로 널리 인정되고 알려진 덕목이었습니다. 놀랍게도 공관복음에서는 이 계명이 아주 드물게 나옵니다. 무엇이 가장 큰 계명이냐는 물음에 예수께서 두 가지로 대답하신 것은 잘 알려져 있습니다. "주 너의 하나님을 사랑하라… 둘째도 그와 같으니 네 이웃을 네 자신같이 사랑하라"(마 22:37-39). 또 "너희 원수를 사랑하라"라고 하신 원수 사랑에 대한 말씀도 있습니다(마 5:44-46). 그런데 만약 이 계명이 예수님이 선포한 말씀의 중심이었다면 말씀하실 때마다 이 가르침을 전하셨을 것입니다. 하지만 예수님은 그렇게 하지 않으셨습니다. 또한 예수님의 가르침은 유대의 랍비나 헬라 이방 철학자들의 가르침과 많은 부분에서, 심지어 표현법까지 유사함을 분명히 발견할 수 있습니다. … 그렇다면 기독교 윤리에 남아 있는 힘은 무엇입니까? 산상설교는 정말로 별로 새로운 바가 없는 것입니까? 윤리적 요구라는 측면에서 볼 때는 '새로운' 바가 없습니다만, 아주 다른 무언가가 있습니다. 예수님의 모든 윤리적 계명의 전체적인 의미는 인간에게 다음과 같이 말씀하시는 것입니다. "너는 어디에 있든지 하나님 앞에 서 있다. 하나님의 은혜가 네 위에서 다스리신다. 하지만 너 또한 세상에서 다른 사람들과 함께 서 있다. 네가 세상에서 행동하고 일할 때 하나님의 목전에서 행하며, 하나님께서 너를 통해 행하시고자 하는 뜻이 있다는 것을 사람들이 너의 행위를 보고 알도록 해야 한다."

9월 24일
그러면 누가 나의 이웃인가?

"그러면 내 이웃이 누구니이까?"(눅 10:29) 이 질문은 불순종을 합리화하려는 자기 확신을 위한 질문이요, 절망 끝에 나온 질문입니다. 예수님의 대답은 이러합니다. "네가 바로 이웃이다. 가서 순종함으로 사랑을 행하라." 이웃이 된다는 것은 다른 사람의 자질에 달려 있는 것이 아닙니다. 그 사람이 나를 필요로 할 때 응하는 것이 중요합니다. 어떤 조건도 필요하지 않습니다. 어떤 순간이든 어떤 상황 가운데서든 나는 순종으로 행동할 것을 요구 받고 있습니다. 문자 그대로 다른 사람의 자격을 물어볼 시간이 우리에게는 남아 있지 않습니다. 우리는 행동하고 순종해야 합니다. 바로 내가 다른 사람의 이웃이 되어야 합니다.

내가 어떻게 행동해야 하는지를 미리 알고 진지하게 생각해야 하지 않는가, 하고 다시금 묻는다면 오직 이런 대답이 있을 따름입니다. 내가 대답을 알고 대답을 진지하게 생각할 수 있으려면 항상 내가 행동을 요구받는 사람이라는 사실을 깨닫는 것 외에는 없다는 것입니다.

순종이 무엇인지는 물음을 통해서가 아니라 오직 순종을 통해서만 알게 됩니다. 오직 순종함으로써만 나는 진리를 알 수 있습니다. 양심과 죄의 갈등에 빠져 있는 우리는 단순한 순종으로 부르시는 예수님을 만납니다. 예수님은 부자 청년에게 제자가 되어 따르라고 은혜로 부르셨으며(막 10:21), 예수를 시험하던 율법학자에게는 가서 계명대로 행하라고 돌려 보내셨습니다(눅 10:25-37).

하나님은 교만한 자를 꾸짖으신다

자기만족에 빠져서 하나님의 법도, 사람의 법도 묻지 않고 자비를 알지 못하는 이들을 하나님은 꾸짖으십니다(시 119:21). 그들은 하나님의 말씀을 조롱하고, 믿는 사람들을 업신여깁니다. 하나님 앞에서 교만한 것은 모든 불순종과 폭력, 경솔함의 뿌리입니다. 그리고 교만은 모든 반발과 폭동, 파괴의 근원입니다. 하지만 모든 교만에 대해서 무서운 경고가 있는데, 교만한 자들은 이를 알지 못하지만 신실한 자들은 알고 있습니다. 그것은 바로 복음입니다. "하나님은 교만한 자를 대적하시되 겸손한 자들에게는 은혜를 주시느니라"(벧전 5:5). 하나님께서 약하고 겸손한 자들과 함께하신다는 사실, 즉 예수 그리스도의 십자가의 복음은 교만한 자들에게는 위협입니다. … 하나님의 말씀을 선포하는 것만이 교만하게 된 인류를 향한 위협입니다. 그러나 하나님께서는 당신의 말씀이 옳다는 것을 증명하시려고 당신의 능력을 증거로 나타내셨습니다. 즉 역사 속 여기저기서 하나님의 위협이 벌로써 나타났고, 현재에도 교회는 놀람과 두려움으로 교만한 자들이 쓰러지고 멸망하는 것을 목격하기도 합니다. 하지만 우리는, 교만의 죄를 짓지 않은 자도 교만한 자와 함께 쓰러지기도 하기 때문에 바리새인적인 확신으로 판단해서는 안 됩니다. 하나님의 심판은 신앙인들에게도 가시적으로 드러나지 않고 비밀스럽게 감추어져 있습니다.

행복과 축복

여호와의 율법에 따라 행하는 자들이 복을 받는 것이 하나님의 뜻입니다(시 119:1). 이 말에 곤혹스러워하고 하나님께서는 우리에게 복을 주시는 것보다 더 중요하고 큰 뜻을 가지고 계신다고 말하는 사람이 더 강하고 성숙한 믿음이 있다는 증거는 아닙니다. 어떤 경우에는 하나님보다 더 영적이고 싶어 하는 신앙인들이 있습니다. 그들은 고난과 금욕, 고통과 십자가에 대해 말하기를 좋아합니다. 그런데 성경이 그와 같은 것들을 말하면서 경건한 자들이 잘되고 의인이 복을 받는 것에 대해 충분히 말하고 있지는 않다는 사실에 대해서 매우 혼란스러워합니다. 그러면 그들은 그러한 언급은 구약적이라든가 이미 지나간 사상이라고 말하기도 합니다. 하지만 그들이 혼란스러워하는 진짜 이유는 그들의 마음이 하나님의 자비하심과 은혜를 담기에는 너무 좁다는 데에 있습니다. 여호와의 법을 따라 행하는 사람들에게 하나님께서 이 땅의 풍부한 선물로 채워 주실 때에도 하나님을 찬양하고 경배할 수 있어야 하는데 그들은 그러지 못합니다.
그들은 성경 말씀의 선생이 되고자 하며, 그 때문에 그리스도인의 충만하고 풍성한 기쁨을 누리길 거부하며 하나님의 크신 은혜에 대해 마땅히 드려야 할 감사를 드리지 못하는 것입니다.

9월 27일

하나님의 손에서 받는 것

놀랍게도 압제와 고난을 당하는 의인들의 한탄과 원망의 기도가 있는 시편에서도 자기 백성에게 행복과 번영을 주시는 하나님의 은혜를 찬양하는 부분이 많이 강조되는 것을 어렵지 않게 관찰할 수 있습니다. 시편 119편에서 기도하는 시편 기자도 많은 환난과 시험을 당하고 있었습니다. 현재 곤경에 빠진 성도도 기도하는 이 순간까지 인생에서 베풀어 주신 하나님의 보호하심과 그 모든 좋은 은사와 축복에 대해 감사해야 하지 않겠습니까? "의인의 적은 소유가 악인의 풍부함보다 낫도다"(시 37:16) 하셨기 때문입니다. 바로 그러한 의인의 심판이 하나님의 집에서 먼저 시작된다는 진리를 알아야 하지 않겠습니까?(벧전 4:17) 그리고 하나님께서 우리의 행한 대로 우리를 평가하여 갚으신다면 무서운 진노와 심판 외에는 우리를 기다리고 있는 것이 없다는 사실을 알아야 하지 않겠습니까? 시편 119편 1절의 "복이 있음이여"라는 말씀과 예수께서 산상설교에서 "복이 있나니"라고 하신 말씀은 히브리 원문에서 보면 같은 말씀입니다. 루터도 1521년 시편을 번역할 때 같은 단어를 사용했습니다. 복이 있다 또는 복되다고 하는 것은 우리가 아무 부족함이 없기 때문이 아니라 무엇이든 하나님의 손에서 받기 때문입니다.

9월 28일

우리의 생명은 목적을 위한 수단이 아니다

생명은 하나님의 복된 선물입니다. 그러므로 생명은 목적을 위한 수단이 아니라 그 자체가 완성된 작품입니다. 하나님은 우리를 살게 하려고 창조하셨습니다. 우리를 구속하여 당신과 화목하게 하신 것은 바로 우리를 살게 하기 위함입니다. … 생명을 하나의 이념이나 이데올로기로 만드는 곳에서는 생명이 그 어떤 사상보다 더 많이 파괴되고 깊은 상처를 입게 됩니다. 생명은 우리를 향한 하나님의 목적입니다.

우리의 생명이 단순히 수단이 된다면, 우리 삶은 필경 고통이 될 수밖에 없는 모순이 존재하게 됩니다. 그렇게 되면 우리는 진정한 선, 목적을 삶 밖에서 찾게 되고, 결국 삶을 부인하며 살 수밖에 없습니다. …

"주의 종을 후대하여 살게 하소서"(시 119:17). 오직 하나님이 주시는 삶만이 복된 삶입니다. 모든 다른 삶은 고통일 뿐입니다. 하나님 안에서 사는 삶만이 충만한 삶이고 목적이 되는 삶입니다. 이 삶만이 현 상태와 이상의 모순을 극복하는 길입니다.

생명은 은혜의 시간이며 죽음은 심판입니다. 생명이 축복인 것은 그 생명을 통해 하나님의 은혜를 위한 시간이 주어지기 때문입니다. 그러한 시간은 하나님의 말씀이 나에게 있을 때만 주어집니다. 이러한 말씀을 굳게 붙드는 것이 하나님께서 긍정하신 삶입니다.

하나님의 말씀은 삶 밖에 있지 않습니다. 말씀은 삶을 수단으로 전락시키지 않습니다. 또 모순과 이데올로기의 지배로부터 우리 삶을 보호합니다. 하나님의 말씀의 목적은 삶을 충만케 하는 것입니다. 그것을 제외한 다른 목적은 존재하지 않습니다. 그러므로 저는 하나님께 기도합니다. 주의 종을 후대하여 살게 하소서.

자유에서 나오는 행위

기독교적이고 윤리적인 행동은 자유에서 나오는 행위입니다. 자기의 것은 없고 모든 것을 전적으로 하나님께 받으며, 언제나 영원을 통해 그의 행위를 확인받고 영원으로부터 새롭게 힘을 얻어 행하는 사람의 자유에서 나옵니다.

신약성경에는 이 자유에 대한 매우 중요한 말씀이 있습니다. "주는 영이시니 주의 영이 계신 곳에는 자유가 있느니라"(고후 3:17). "너희가 내 말에 거하면 참으로 내 제자가 되고 진리를 알지니 진리가 너희를 자유롭게 하리라… 그러므로 아들이 너희를 자유롭게 하면 너희가 참으로 자유로우리라"(요 8:31-36).

그리스도는 자유를 가져오신 분입니다. 그 자유는 세상으로부터의 자유, 영원을 위한 자유가 될 것입니다. 그리스도인에게는 역설처럼 들리지만 자유의 율법 외에는 더 이상 율법이 없습니다(약 2:12). 남이 나에게 지게 할 수 있는 율법도, 스스로가 져야 하는 율법도 유효하지 않습니다. 자유를 포기하는 사람은 그리스도인 됨도 포기하는 것과 다를 바 없습니다. 그리스도인은 하나님과 세상 앞에서 완전히 자유하게 서 있습니다. 그래서 이 자유의 선물을 어떻게 책임 있게 다룰 것인지는 완전히 그에게 달려 있습니다. 하지만 이 자유가 있어야만 그리스도인은 그의 윤리적인 선택과 행동에서 창조적이 됩니다.

율법 조문은 죽이는 것이요 영은 살리는 것

산상설교에 나타난 가르침을 문자적으로 현실에 적용해 율법으로 만드는 것보다 큰 오해는 없습니다. 우리가 그 율법을 완수할 수 없기 때문에 무의미할 뿐 아니라, 율법으로부터의 자유를 가져오신 그리스도의 정신에 반하는 일이기 때문입니다. 신약성경에는 우리가 문자적으로 받아들여야 하고, 받아들일 수 있는 윤리적인 규정이 없습니다. 우리가 잘 아는 대로 바울은 율법 조문은 죽이는 것이요 영은 살리는 것이라고 말했습니다(고후 3:6). 이 말은 영은 오직 행동하고 역동하는 삶, 현재에 있다는 것입니다. 고정된 영은 더 이상 영이 아닙니다. 따라서 윤리도 실천에 있는 것이지 문자로 된 규정, 즉 율법에 있는 것이 아닙니다. 우리가 윤리적인 행위를 할 때 일하시는 영은 바로 성령이십니다. 성령은 오직 현재에 존재하며 윤리적인 결단 속에 함께하시지 어떤 정해진 도덕 규정이나 윤리적인 원칙 속에 계시지 않습니다. 따라서 예수의 새 계명은 새로운 윤리적 원칙으로 정리될 수 없습니다. 결코 문자적으로 이해될 성질의 것이 아닙니다. 그것이 우리를 불편하게 할지라도 변명할 수 없습니다. 자유의 정신과 하나님께 대한 예수님의 이해가 우리에게 그렇게 요구하고 있습니다.

10월

복음을 들으라

우리는 이제 우리를 드러내기 위한 종교 행사를 열 시간이 없습니다.
종교개혁기념일을 그러한 식으로 기념하지 맙시다! 잠든 루터가 편히 쉬도록,
복음을 듣고 성경을 읽고 거기에서 하나님 말씀을 찾아보십시오!

주님의 한결같은 사랑이 생명보다 더 소중하기에

우리의 생명이란 무엇입니까?

우리의 생명이란 보고 만지고 듣고 맛보고 느끼는 모든 것,

우리를 둘러싼 모든 것, 우리가 소유하고 익숙하고 사랑하는 모든 것입니다.

하나님의 사랑은 무엇입니까?

우리가 보지 못하고 만지지 못하고 이해할 수 없는 것,

믿어지지 않는 것입니다.

그리고 우리가 소유하지 않은 것,

전혀 생각지도 못한 신비, 이 세상 너머의 것,

세상에서 일어나는 모든 일을 초월하며,

그 배후에 있으면서도

우리에게 매우 가까이 있어서 우리를 격려하는 것입니다.

누가 이것을 선택하려고 했겠습니까?

인간적으로 볼 때 불가능한 것을 이기게 한 것은 바로 하나님의 사랑.

우리는 시편 기자의 입술을 통해 듣습니다.

"하나님, 주님은 나의 하나님입니다. …

주님의 한결같은 사랑이 생명보다 더 소중하기에,

내 입술로 주님께 영광을 돌립니다"(시 63:1-3, 새번역).

우리의 질문에 대한 대답

나는 성경만이 우리의 질문에 대한 대답이며, 우리가 끊임없이 그리고 겸손하게 질문하기만 한다면 성경에서 대답을 들을 수 있다고 생각합니다. 성경은 우리가 다른 책처럼 간단히 읽어 버릴 수 있는 것이 아닙니다. 우리는 진정으로 질문을 던질 자세가 되어야 합니다. 그래야지만 성경이 우리에게 열립니다.

우리가 성경으로부터 최종 권위를 가진 대답을 기다려야만 그 대답을 들을 수 있습니다. 성경을 통해서 하나님이 우리에게 말씀하시기 때문입니다.

또한 하나님에 대해서는 우리가 스스로 생각해 볼 수 있는 것이 아니고, 하나님께 물어야 합니다.

본문 비평 같은 것을 하기 위해서는 성경을 다른 책처럼 읽을 수도 있습니다. 그런데 그것은 성경의 핵심을 열 수 있는 방법은 아니며, 성경의 표면적인 것만을 살필 수 있을 뿐입니다.

사랑하는 사람의 말은 이리저리 분석함으로써 이해하는 것이 아니라 그 자체로 받아들여 며칠간 우리 마음에 품고 메아리치도록 하듯이 성경 말씀도 그렇게 대해야 합니다. 하나님이 성경에서 진실로 우리에게 말씀하시고 우리를 사랑하시고 우리의 질문을 외면하지 않으신다는 것을 믿고 확신하는 마음으로 성경을 대할 때, 우리는 성경에서 기쁨을 즐거이 발견하게 될 것입니다.

성경은 여러 면에서 우리에게 낯설다

하나님은 우리가 모든 성경 말씀에서 당신을 발견하기를 원하십니다. 성경은
유쾌하다거나 처음부터 쉽게 이해되는 책이 아니라, 여러 면에서 매우 낯설고
우리 생각과 완전히 반대입니다. 하지만 바로 이 책이 하나님께서 우리와 만나
주겠다고 정하신 장소입니다. 그래서 나는 지금 성경을 읽습니다.

나는 구절마다 하나님께서 여기 있는 우리에게 무엇을 말씀하시는지를 묻습니다.
그리고 그분이 우리에게 말씀하고자 하시는 바를 분명하게 밝혀 달라고
기도합니다. 우리는 우리가 생각하는 '영원' 개념에 따라 마치 그 증거라도 되는 듯
성경에서 일반적이고 영원한 진리를 찾으려 해서는 안 됩니다. 우리는 우리에게
매우 생소하고 우리 생각과 반대되는 하나님의 뜻을 찾아야 합니다.

"이는 내 생각이 너희의 생각과 다르며 내 길은 너희의 길과 다름이니라. 여호와의
말씀이니라"(사 55:8).

그런데 하나님의 생각은 우리의 모든 길과 생각이 부딪히는 십자가라는 표지 안에
감춰져 있습니다. 하나님은 세상에서 말하는 영원한 진리라는 것과는 다릅니다.
이러한 영원이란 우리 인간이 고안해 내고 희망하는 것의 산물일 뿐입니다. …
우리가 성경 말씀을 신뢰할 것인지 아닌지, 말씀이 우리 삶에서나 죽음에서
절대적인 기준이 되게 할 것인지 아닌지는 우리가 결단할 문제라는 점이
중요합니다. 우리가 이러한 결단을 내렸을 때에만 우리에게 진정한 기쁨과 평안이
올 것이라고 나는 믿습니다.

태초의 자산

성경이 하나님의 말씀이며 니체 같은 사람의 종교적인 시가 아니라는 사실은, 하나님의 계시의 비밀은 감추어져 있음을 의미합니다. 성경 구절은 모든 하나님의 교회를 하나로 묶는 역할을 합니다. 말씀은 우리가 과거와 미래의 교회뿐만 아니라 현재의 모든 그리스도 교회와 결속되어 있다는 것을 확증해 줍니다. 말씀은 그 자체로 교회를 강하게 결속해 주는 의미를 갖고 있습니다. 이것은 단지 이론적인 의미뿐만 아니라 심리적으로도 이해가 됩니다.

한편 그리스도인이 서로 결속되어 있다는 사실은 다시 성경 말씀을 듣는 자에게 분명하게 인식되어, 성경 본문을 통해 만나는 옛 선조들의 기독교적 삶과 사상을 깨달음과 체험을 통해 받아들이며 감사함과 겸손한 마음으로 듣고 배우게 됩니다.

하나님의 거룩한 역사

성경을 계속 읽어 나가면서 하나님의 말씀을 듣고자 하는 사람은 누구든지
인간의 구원을 위해 하나님께서 행하신 유일한 사건에서 자신을 발견합니다.
특히 예배 시간에 성경을 읽을 때면 성경의 역사서들이 매우 새롭게 다가옵니다.
우리는 우리의 구원을 위해 일어난 옛 사건에 동참하게 됩니다. 성경에 몰입하여
이스라엘과 함께 홍해를 건너고, 광야를 지나며, 요단강을 건너 약속의 땅으로
들어가게 됩니다. 이스라엘과 함께 의심과 불신에 빠지며 징벌과 회개를 통해
다시금 하나님의 도우심과 신실함을 체험합니다.
이 모든 것은 꿈속에서 있는 일이 아니라 하나님의 거룩한 현실인 것입니다.
우리는 일상적 삶에서 벗어나 이 땅에서 일어났던 하나님의 거룩한 역사 속으로
들어갑니다. 그곳에서 하나님은 우리에게 행하셨으며, 오늘도 그곳에서 우리에게
행하시며, 우리의 곤궁과 죄에 대해 진노와 은혜로 표현하십니다.
여기서 강조하고자 하는 것은 하나님이 오늘 우리의 삶을 지켜보시고 우리의 삶에
참여하신다는 사실이 아니라, 우리가 거룩한 역사 속에서 일어난 하나님의 행위,
즉 이 땅에서 일어난 그리스도의 역사를 들으며 거기에 참여한다는 사실입니다.
우리가 이 역사에 동참할 때만 하나님도 오늘 우리 곁에 계시는 것입니다.

우리의 역사는 성경에서 알아 간다

하나님의 도우심과 현존은 우리 삶에서 입증되어야 하는 것이 아니라, 예수 그리스도의 삶에서 이미 증명되었습니다. 하나님이 오늘날 내게 무슨 일을 하시고자 하는지 찾아내려는 것보다 더 중요한 것은, 하나님이 이스라엘과 당신의 아들 예수 그리스도에게 무슨 일을 하셨는지를 아는 것입니다.

예수 그리스도께서 죽으셨다는 사실이 내가 죽는다는 사실보다 중요하며, 예수 그리스도께서 죽은 자 가운데서 부활하셨다는 사실이 나도 최후 심판의 날에 부활하리라는 희망의 유일한 근거입니다.

우리의 구원은 '우리의 밖에' 있으며, 내 삶의 역사 속에서가 아니라 예수 그리스도의 역사 속에서만 찾을 수 있는 것입니다. 오직 예수 그리스도 안에서 자신을 발견하는 사람, 즉 그의 성육신과 십자가의 부활 속에서 자신을 발견하는 사람만이 하나님과 함께 있는 것이며 하나님께서 함께하시는 사람인 것입니다. 이러한 사실은 날마다 우리가 예배드릴 때 성경을 읽어 나가는 일을 더욱 의미 있게 합니다. 우리가 우리의 삶, 우리의 필요, 우리의 죄라고 부르는 것은 결코 현실이 아닙니다. 우리의 삶, 우리의 필요, 우리의 죄, 그리고 우리의 구원은 성경 안에 있습니다.

그곳에서 우리에게 행하시기를 하나님이 원하시기 때문에 우리는 그곳에서만 도움을 받을 수 있습니다. 우리는 우리의 역사를 오직 성경으로부터 알아 나가는 것입니다.

우리의 길은 우리 마음이 아니라 하나님 말씀에 달려 있다

아브라함의 하나님, 이삭의 하나님, 야곱의 하나님은 예수 그리스도의 하나님이며 아버지시고, 우리의 하나님이십니다.

우리는 종교개혁자들이나 우리 선조들처럼 알기 위해서 성경을 다시 배워야 합니다. 배우는 데 시간과 노력을 아끼지 말아야 합니다. 우리는 우선 자신의 구원을 위해 성경을 배워야 합니다. 우리가 성경을 연구해야만 하는 긴급하고 중요한 다른 이유들이 있습니다. 만일 우리가 성경의 기반에 확고히 서 있지 않다면, 개인적인 활동이나 교회 활동을 할 때 어디에서 움직일 수 없는 확고부동한 신념을 얻을 수 있겠습니까? 우리의 길은 우리 마음이 아니라 하나님 말씀에 달려 있습니다.

그런데 오늘날 성경에서 근거를 찾아야 한다는 필요성을 제대로 아는 사람이 얼마나 되겠습니까? 우리는 매우 중요한 결정을 내릴 때 '삶에서' 그리고 '경험에서' 얻은 지혜에 의존하는 것은 수없이 보았지만, 말씀을 근거로 하는 것은 잘 보지 못했습니다. 성경은 아마 그 결정의 정반대 방향을 가리켰을 수 있습니다. 성경을 토대로 한 결정은 믿을 만한 것이 못 된다고 주장하는 사람은 성경을 진지하게 읽지도 않고 알지도 못하며 연구하지도 않은 사람입니다. 스스로 성경을 배우려 하지 않는 사람은 개신교 신앙인이라 할 수 없습니다.

이해하는 것과 보는 것

하나님께서 내게 보여 주시는 것을 보려면 내 생각과 감정에 귀를 기울여서는 안 됩니다. 나에게 말씀을 보여 주기 위해 하나님은 내 눈을 가리십니다. … 우리가 아침에 깨어 눈을 뜰 때나 잠자리에 들어 눈을 감을 때 우리 마음의 눈을 밝혀 주셔서 낮에 우리 눈이 속지 않고 밤에 나쁜 꿈으로 현혹되지 않게 해달라고 매일 새롭게 기도해야 합니다. 우리 눈을 열어서 주의 율법에서 놀라운 것을 보게 해달라고 기도해야 합니다(시 119:18). …

하나님께서 말씀을 보는 눈을 열어 주시면 우리는 기적으로 가득 찬 세계를 볼 수 있습니다. 지금까지 죽은 것으로 보이던 것이 생명으로 충만함을, 모순처럼 보이던 것이 아름다운 조화를 이루고 있음을 보게 되고, 어려워 보이던 명령이 은혜로운 계명임을 알게 됩니다. 그리고 인간의 말 가운데서도 하나님의 영원한 말씀이 들리고, 과거의 역사 속에서 현재 나를 구원하려 일하시는 하나님을 깨닫게 됩니다.

자비로운 하나님의 약속이 새로운 명령이 되고 도저히 질 수 없던 짐이 가벼운 멍에가 됩니다. 하나님의 법에서 가장 큰 기적은 우리 주 예수 그리스도의 계시입니다. 그분을 통해서만 말씀이 생명을 얻고 모순처럼 보이는 것이 통일성과 조화를 이루며, 명백해 보이던 것은 말로 다할 수 없는 깊이를 얻습니다.

주여, 내 눈을 열어 주소서!

성경에서 말하는 자유 개념

성경에서 말하는 자유란 인간이 자신을 위해 갖고 있는 것이 아니라 남을 위하여 갖고 있는 것입니다. 음악적이라거나 지적이라거나 맹인인 사람은 있어도, 자유를 '그 자체로', 즉 외부와 단절된 상태에서 가진 사람은 없습니다.

자유란 인간이 소유한 어떤 자질도, 역량도, 특정 상황도, 내적 소질도 아닙니다. 인간에게 자유라는 것이 있는지 연구해 보았자 발견하지 못할 것입니다. 왜 그렇습니까? 자유란 인간에게서 발견할 수 있는 어떤 특성이 아니며, 소유할 수 있는 것도, 존재하는 것도, 물체도 아니고, 어떤 형태가 있는 것도 아니기 때문입니다. 자유란 관계를 빼면 아무것도 아니기 때문입니다. 그것은 두 사람 사이의 관계입니다.

자유롭다는 말은 '다른 사람들을 위해 자유롭다'라는 말입니다. 다른 사람들이 나와 연결되어 있기 때문입니다. 다른 사람과의 관계 속에서만 나는 자유가 있습니다. … 이것이 복음의 메시지입니다. 즉 하나님의 자유가 스스로를 우리에게 묶으시고 그분의 자유로운 은혜가 우리 안에서 실현되며, 하나님이 자신을 위해서가 아니라 인간을 위해 자유롭게 되길 원하신다는 것입니다.

기다리는 자

"주인이 와서 깨어 있는 것을 보면 그 종들은 복이 있으리로다"(눅 12:37). 우리는 세계관이 다양한 시대에 살고 있습니다. 사람이 무엇을 입고 먹으며, 어떤 운동을 하는지가 세계관 문제가 되어 버렸습니다. 인간은 이제 유례없이 세계관에 교조적이고 비관용적으로 철저히 묶이게 되어 버렸습니다.

어떤 사람은 이러한 현상을 웃어넘기고 하찮다는 듯 관심을 다른 곳으로 돌리겠지만, 그런 태도는 바람직하지 않습니다. 그는 이 의아한 현상 배후에 무엇이 도사리고 있는지 이해하지 못했음을 나타낼 뿐입니다.

우리의 세계관에서 나온 사고가 둘러싸고 움직이는 중심부에는 분명히 하나의 커다란 주제가 있습니다. 그것은 미래의 인간에 대한 질문입니다. 인간을 정치적 존재, 도덕적 존재, 지적 존재, 종교적 존재, 호전적인 존재 혹은 평화적 존재 등 어떤 존재로 생각하든 이 모두가 근본적으로는 미래의 인간은 어떤 인간이 될지에 대한 큰 관심인 것입니다.

성경은 우리 시대가 새로운 종류의 인간을 창조하려는 시도에 대해 한마디 하려는 듯 보입니다. 즉 미래에 대응하여 새로운 이상적인 인간상을 제시하려고 하는 것처럼 보입니다. 성경이 제시하는 사람은 정치적이거나 윤리적적이거나 종교적인 사람이 아닌, 깨어서 기다리는 사람, 즉 기다리는 자입니다.

밭에 뿌려진 씨

하나님의 말씀이 우리에게 다가올 때는 옥토에 심겨지기를 원하지
길가에 남아 있기를 원치 않습니다. …
가시 떨기에 떨어지는 것도 원치 않습니다. 이생의 염려와 재물과 향락에 기운이
막혀 온전히 결실하지 못하기 때문입니다(눅 8:11-15).
전능하신 하나님의 영원한 말씀이 밭에 뿌려진 씨처럼 내 안에서 거할 곳을
찾으며 뿌리를 내리고자 한다는 것은 커다란 기적입니다. 하나님이 하시는 말씀은
나의 생각 속이 아니라 마음속에 남습니다(시 119:11). 말씀이 조각조각 생각 속에
떠돌아다니는 것이 아니라, 우리가 의식적으로 생각하지 않더라도 사랑하는
사람의 말은 마음속에 거하듯이 우리 마음에 살아서 움직여야 하는 것입니다.
이것이 하나님의 입에서 나오는 말씀이 원하는 바입니다.
말씀을 단지 머리로만 받아들이면 내 머리는 자주 다른 생각에 골몰하기 때문에
하나님의 말씀대로 살지 못하게 됩니다. 그러므로 말씀을 읽는 것만으로는
충분하지 않습니다. 말씀이 우리 속으로 깊이 파고들어, 지극히 거룩한 것이
성소에 거하듯이 우리 안에 거해야 합니다. 그래야만 우리가 생각이나 말에나
행위에서 타락하지 않게 됩니다.
어떤 때는 많지 않은 성경 본문을 택해 천천히 읽어 말씀이 마음속 깊이 들어올
때까지 기다리는 것이, 말씀을 많이 알지만 마음에 파고들지 않게 하는 것보다 더
낫습니다.

다시 회복한 연합

신약성경을 피상적으로만 읽는 사람이라 할지라도, 이제 분열과 갈등과 윤리 문제로 가득한 세상은 스러지고 있음을 알 수 있습니다. 신약성경은 하나님과, 타인과, 사물과, 자기 자신과 분열된 인간이 아니라 새롭게 화해와 연합이 이루어진 인간을 말합니다. 이렇게 이루어진 화해의 기반 위에서 이제 인간의 삶과 행위는 문제 많고 괴롭고 어두운 것이 아니라, 명확하고 기쁘고 분명하고 확실한 것입니다.

예수님이 바리새인을 만나심으로써 옛것과 새것이 밝게 드러나게 되었습니다. 이러한 만남을 올바로 이해하는 것은 복음을 총체적으로 이해하는 데 매우 중요합니다. 이러한 만남은 역사적인 상황에서 우연히 이루어진 현상이 아닙니다. 예수님은 일생 동안 오로지 선과 악에 대한 지식만 중요하게 여긴 사람들을 만난 것입니다. 우리가 바리새인을 왜곡된 시각으로 바라본다면, 예수님이 그들과 더불어 전개하신 논쟁은 중요성과 깊이를 상실할 것입니다. 바리새인들은 경탄할 만한 사람들로서, 자신들의 생애 전체를 선과 악에 대한 지식을 위해 바쳤으며, 그러한 지식을 주신 하나님께 겸손한 마음으로 감사를 드리고 영광을 돌리기 위해 이웃뿐만 아니라 자신에 대해서도 엄격하게 심판한 이들이었습니다.

10월 13일

바리새인

바리새인에게는 삶의 모든 순간이 선과 악을 선택해야만 하는 갈등 상황입니다. 죄짓지 않으려고 밤이나 낮이나 갈등 가능성 있는 수많은 경우를 미리 살피고 결단하고 자신의 선택을 결정하는 일에 전념합니다. 그들은 복잡다단한 삶의 상황을 예측하고, 특별한 상황과 긴급한 경우에 대해서는 특별한 조치를 취합니다. … 이들은 냉철하고 인간을 쉽게 믿지 않는 관찰력으로 사람들이 삶의 갈등 상황에서 어떤 결정을 내리는지 시험하여 분별하지 않을 수 없습니다. 그래서 그들은 예수님을 만났을 때 그분을 갈등과 분열 속으로 몰아넣어 과연 어떻게 해결하는지 보려 했습니다. 그들은 그렇게 하지 않을 수 없었습니다. … 이 모든 논쟁에서 중요한 점은 예수님이 갈등 속에서 결단하는 문제에 한 번도 말려들지 않았다는 사실입니다.

예수님은 대답을 통해 늘 갈등의 사례를 뛰어넘으셨습니다. …

바리새인과 예수님은 완전히 다른 차원에서 대화합니다. 그래서 서로 초점이 맞지 않고, 예수님의 대답은 대답이 아니라 오히려 공격으로 보였습니다. 그렇습니다. 예수님의 대답은 실제로 그들에 대한 공격이 되었습니다.

"하나님이 정말로 너희에게 …라고 말씀하시더냐"

예수님과 바리새인 사이에 일어난 일들은 예수님의 첫 유혹(마 4:1-11)의
반복일 따름입니다. 그 유혹에서 사탄은 하나님 말씀과 분리되도록 예수님을
몰아가려 했으나 예수님은 하나님의 말씀과의 본질적인 일치로써 그 유혹을
물리치셨습니다. 이 유혹은 낙원에서 뱀이 아담과 이브를 타락시키려고
던진 질문에서 그 예를 찾을 수 있습니다. 하나님이 정말로 너희에게 …라고
말씀하시더냐(창 3:1, 새번역).

이런 질문은 모든 분열을 품고 있습니다. 인간의 본질적으로 분열되었기 때문에
이러한 질문 앞에 무기력합니다. 이것은 대답할 수 있는 질문이 아니라,
오직 분열을 넘어선 곳에서만 극복될 수 있는 질문입니다.

결국 이 모든 시험은 반복되는데, 우리도 항상 이러한 질문을 갖고 예수님께
나아가 갈등의 상황에 대한 답을 구하며, 우리 질문으로 예수님을 갈등과 분열
속으로 끌어들이며, 해결책을 요구합니다.

신약성경에 보면 예수께서는 양자택일을 요하는 사람들의 질문에 개입하여
대답을 주신 적이 없습니다. …

예수님은 인간의 삶의 문제에서 양자택일에 묶이는 재판장이 되기를
거부하셨습니다. "이 사람아, 누가 나를 너희의 재판장이나 물건 나누는 자로
세웠느냐?"(눅 12:14).

모든 행위에서의 자유와 단순성

예수님은 때로 사람들이 던지는 질문을 전혀 이해하지 못하시는 것처럼 보입니다. 질문의 의도와는 전혀 다르게, 엉뚱한 대답을 하시는 듯 보입니다. 예수님은 바로 그렇게 하심으로써 질문자에게 초점을 맞추어 말씀하십니다. 예수님은 양자택일의 논리에 얽매이지 않으시고 완전한 자유 속에서 말씀하십니다. 바리새인들이 공들여 만들어 놓은 모든 구분을 폐기해 버리십니다. … 예수님은 그들이 던진 분명한 대답을 요하는 모든 질문을 회피하십니다. 그러기에 바리새인들이 보기에 예수님은 허무주의자요, 자기 자신의 법칙만을 알고 따르는 자요, 독선주의자요, 하나님을 모독하는 자입니다.

그렇지만 예수께는 자의로 행하는 사람들에게서 볼 수 있는 불안감이나 염려 같은 것은 볼 수 없습니다. 예수님의 자유는 자신과 그를 따르는 자들에게 확실한 것, 분명한 것, 빛나는 것, 승리케 하는 것을 주십니다. 예수님의 자유는 수많은 가능성 중 하나를 아무렇게나 택한다는 의미가 아니라, 행위의 분명한 단순성에서 표현됩니다. 즉 여러 가능성과 갈등과 대안 가운데서 하나를 선택하는 것이 아니라, 오직 하나만을 택하십니다. 이 하나를 예수님은 하나님의 뜻이라고 부르십니다.

예수님은 이러한 뜻을 행하는 것이 자신의 양식이라고 하십니다(요 4:34). 그분은 선과 악에 대한 지식에 따라서가 아니라 하나님의 뜻에 따라 살며 행동하십니다.

사람의 말과 하나님의 말씀

기독교는 역사 속에서 실제적이고 구체적이고 가시적인—물론 볼 수 있는 눈이 있고 들을 수 있는 귀가 있는 자에게—하나님의 계시에 대한 믿음에 따라 성쇠가 좌우됩니다. 따라서 그 내부에 역사와 정신과의 관계, 성경적인 용어로 한다면 문자와 영, 글과 계시, 인간의 말과 하나님의 말씀 등의 관계에 대한 질문은 항상 남아 있는 것입니다. …

성경을 일반적인 다른 책과 같은 연구 대상으로 삼는 사람을 우리가 막을 수는 없습니다. 그리고 성경을 기록한 사람들이 우리와 같은 사람들이었기 때문에 그렇게 할 필요도 있습니다. 그런데 역사가는 성경을 단지 많은 책 중에 하나라고만 보고 그렇게 연구한다는 데 문제가 있습니다. 사실 성경은 역사상 어떠한 책보다 중요하다는 인정을 받았는데도 말입니다.

약 2천 년간의 기독교 역사에 대한 기록은 성경의 기본 자료가 됩니다. 그래서 성경은 분명히 여러 문서 중 하나지만, 역사적으로 특별히 중요한 문서입니다. 역사비평이 성경을 최초이자 최종의 비평 대상으로 삼고, 여기에서 비평을 위해 매우 예리하게 무기를 연마하는 방법을 배운 것은 놀랄 만한 일이 아닙니다.

파편 더미

역사비평의 일반적인 원칙은 자연과학적이고 기계적인 세계관에 근거를 두고 있습니다. 그리고 그 인식방법론은 무엇보다도 자연과학적입니다. 즉 성경에 나오는 모든 교리적 진술을 처음부터 배제합니다. 이것이 모든 역사 연구가 기댄 기둥이고, 그렇게 해야 하는 것이 역사비평의 방법론입니다. 역사비평이 얻어 낸 지식은 ─인식하는 주체[역사 기술가, 여기서는 성경 기자]와 인식된 사실[실제로 일어난 일]을 구분하는 것을 원칙으로 삼아─모든 이성적인 인간이 수긍할 수 있는 '일반적으로 유효한' 지식으로 간주됩니다.

점점 더 관심을 끌고 있는 심리학은 성경 이해에 결정적인 도움이 될 수 없습니다. 이 방법을 성경의 형성 방식에 적용한다면, 정경의 개념을 용해시켜 의미 없게 하는 것입니다.

본문비평과 문학비평을 적용하여 성경의 원자료가 나뉩니다. 게다가 종교사비평과 양식사비평은 성경 본문을 최소한의 단위로 찢어 놓습니다. 이 비평 방법으로 본문을 난도질한 후에 격전장[성경]을 파편 더미로 만들어 놓고 떠납니다. 이것으로 그들은 그들의 임무를 완수한 것으로 생각합니다.

10월 18일
인간적인 도구를 사용해 성경을 읽는다

사람들은 성경을 시대사를 기록한 책으로 봅니다. 기적에 관한 보도는 그 시대에 일어났던 비근한 사건으로 대치시키며, 예수님에게서 신성을 제거하고 인간적인 고결함까지 제거해, 많은 랍비나 지혜자 혹은 종교적 열광주의자와 별다를 바 없는 인물로 간주합니다.

물론 생각 있는 역사가들도 성경에 무언가 특별하고 깊은 의미가 있음을 인정하고, 성경에 나오는 몇몇 특별한 차원 등등을 발견하는 사람도 있어서 ─그렇지 않다면 그는 제대로 된 역사가가 아닐 것입니다─그러한 사실을 근거로 성경을 하나님의 말씀으로 증명할 수 있다고 믿는다면 그들은 올바른 역사가가 아닙니다. …

인간으로서의 예수님은 역사적으로 증명할 수 없습니다. 역사적 예수님을 알 수 있는 길은 부활하신 예수님을 통해서만 가능합니다. 자신 스스로를 증거하시는 부활하신 예수님의 말씀을 통해서 말입니다. … 그리고 중요한 것은 부활하신 예수님의 증거는 바로 우리에게 전해진 성경에 기록된 말씀 그대로라는 것입니다. 우리는 믿는 사람으로서 냉철하고 객관적이어야 합니다. 우리는 책 중의 책인 성경을 인간적인 도구를 사용하여 읽어야 합니다. … 그러나 불안하게 보이는 성경을 통해 하나님은 부활하신 분으로서 우리를 만나 주십니다.

10월 19일

하나님은 인간을 겁주려 하시는 게 아니다

성경은 우리에게 겁을 주려고 하지 않습니다. 하나님은 인간이 겁을 먹는 것을
원치 않으십니다. 최후의 심판에 대해서도 마찬가지입니다. 하지만 그분은 인간이
자신의 삶과 존재 의미를 깨닫도록 심판에 대해서 알기를 원하십니다. 그분은
인간이 하루하루를 최후의 심판을 고려하며 살아야 함을 알기를 원하십니다.
즉 성경이 우리에게 심판을 말하는 것은, 우리가 예수 그리스도께 가는 길을
찾도록, 우리의 악한 길로부터 돌아서게 하기 위해, 그리스도를 만나려 애쓰게
하고자 하는 이유에서뿐입니다.
하나님께서 우리에게 심판의 말씀을 가르치시는 이유는 겁먹게 하시기 위해서가
아니라, 우리가 좀더 열정적으로, 열심을 가지고 하나님의 은혜의 약속을
붙들도록 하기 위해서입니다. 우리 능력으로는 하나님 앞에 설 수 없고 그분
앞에서 우리는 멸망당해야 하는 존재지만, 우리가 죽는 것을 원치 아니하시고
사는 것을 원하신다는 것을 알게 하기 위해서입니다.
그리스도는 심판하십니다. 은혜가 심판이요 용서요 사랑이라는 의미입니다.
누구든지 이 은혜를 붙드는 자는 심판을 받지 않습니다.

10월 20일
종교적인 색채

요사이 나는 세상과 관련된 일에 골몰하면서 한 가지 생각을 하게 되었습니다. 내가 며칠 동안 성경 없이 살고, 또 그렇게 살 수 있다는 사실에 나 스스로 놀랍니다. 나 자신에게 성경을 읽도록 압박을 가한다면, 그것은 순종하고자 해서가 아니라 자기 암시일 것입니다. 그러한 자기 암시는 큰 도움이 될 수도 있고 실제로 도움이 된다는 사실을 이해하지만, 그런 식으로 읽는 것은 참된 경험을 하지 못하게 막아 결국 참된 도움도 못 얻게 할 것 같아 걱정이 됩니다.

내가 다시 성경을 열 때 신기하게도 성경은 새롭게 다가오며 기쁨을 줍니다. 내가 쓴 책들을 봐도 내가 지금 하는 말과 상반되는 이야기를 한 것을 볼 수 있겠지만, 나를 변호할 생각은 없습니다. 그럼에도 내가 성경을 읽을 때 '영적'으로 훨씬 더 부요한 시간을 갖게 됨을 깨닫습니다. 그런데 나는 마음속에서 모든 '종교적'인 것에 반발심을, 가끔은 본능적인 혐오감까지도 느낍니다. 물론 이러한 것이 좋은 것은 아님을 압니다. 나는 종교적인 체질이 아닙니다만, 늘 하나님과 그리스도를 묵상해야 합니다. 내게는 진정성과 삶과 자유와 자비가 매우 중요합니다. 단지 '종교적인 색채'가 불쾌한 것입니다.

10월 21일
하나님의 말씀은 장식이 필요 없다

복음이 선포될 때 우리가 듣게 되는 성경에 기록된 하나님 말씀은 장식을 필요로 하지 않습니다. 말씀 본연의 영광과 아름다움 자체가 말씀의 장식이 됩니다. 이는 사실입니다. 하지만 특별난 인간의 아름다움이 사람들의 눈에 드러나는 것같이 하나님의 말씀도, 말씀을 사랑하는 자들을 장식으로 삼으셨습니다.

그러나 진정으로 아름다운 사람의 장식과 같이 하나님 말씀의 장식은 자신의 아름다움이 너무도 찬란해서 어떠한 외부의 것도, 거짓된 것도, 순수하지 않은 것도, 자신의 진정한 아름다움을 가리는 어떠한 화장도 필요로 하지 않고, 단지 자신을 있는 그대로 더 뚜렷하게 나타내는 장식인 것입니다.

그리고 2천 년 동안 유지되어 온 하나님의 말씀을 사랑하는 사람들이 있는데, 그들은 지극히 아름다운 것으로 장식에 기여했습니다. 가장 아름다운 것은 보이지 않는 것인 바, 바로 순종하는 마음입니다.

10월 22일

하나님은 온 마음을 원하신다

하나님의 말씀을 받은 사람은 하나님을 적극적으로 찾아야 합니다. 그렇게 하지 않을 수 없습니다. 우리는 하나님을 그분의 말씀 밖에서는 찾을 수가 없습니다. 이 말씀은 생명력이 있고 무궁무진합니다. 하나님이 말씀 안에 살아 계시기 때문입니다.

하나님 말씀이 우리에게 임할 때 우리는 이렇게 말할 수 있습니다. "내가 전심으로 당신을 찾사오니"(시 119:10). 마음을 다하지 않고서는 우상을 찾게 될 뿐, 결코 하나님을 찾을 수 없습니다. 하나님은 우리 마음 전체를 원하십니다. 우리의 어떤 부분만 원하는 게 아니라 우리 자신, 즉 전체를 원하십니다. 그분의 말씀은 바로 이것을 우리에게 가르치고 있습니다. 그래서 우리는 그분을 온 마음으로 찾습니다.

우리에게는 아직 하나의 걱정거리가 있는데, 그것은 우리가 지금 가고 있는 길로부터, 즉 하나님의 법도로부터 벗어난다는 것입니다. 우리가 기도할 때 '벗어난'이라는 말을, 하나님의 계명을 의도적으로 어긴다는 의미에서 사용하는 것은 아닙니다.

악이 우리의 시선을 흐리게 할 때 우리는 얼마나 자주 실수합니까? 우리는 샛길로 빠져 올바른 길을 찾을 수도, 하나님의 계명을 발견할 수도 없게 됩니다. 우리는 주님의 말씀에서 벗어나거나 부지중에 죄를 짓지 않도록 매일 하나님께 기도해야 합니다(민 15:22 이하). 무지 때문에 악의 길로 들어갔다가 즉시 이 악의 길을 좋아하게 되어 결국 의도적으로 죄를 짓게 되기 때문입니다. 그러나 하나님을 전심으로 찾는 자는 말씀의 길을 이탈하지 않을 것입니다.

사랑은 오래 참고

사랑하지 않고 살아가는 사람은 아무도 없습니다. 모든 사람은 사랑을 하고 있으며, 또 사랑의 힘과 사랑의 정열을 알고 있습니다. 사랑이 우리 삶의 의미를 만들어 간다는 것도 알고 있습니다. …

누구나 그 사랑의 능력과 정열과 의미를 아는 사랑이 있는데, 이 사랑은 바로 **자기애**입니다.

자기애는 이웃에 대한 사랑으로, 조국애로, 사회적 사랑으로, 인류애로 나타나면서도 이러한 사실을 인식하지 못하고 있습니다. 그런데 사도 바울은 우리에게 하나님이 인정하는 사랑의 모양을 그려 주면서 자기애를, 책임지는 사랑으로 변화시키라고 합니다.

"사랑은 오래 참고 사랑은 온유하며 …"(고전 13:4-7). 사랑은 기다릴 수 있습니다. 오랫동안 기다릴 수 있습니다. 끝까지 기다릴 수 있습니다. 사랑은 조바심을 내지 않고, 재촉하거나 강요하지 않습니다. 아예 처음부터 길게 잡습니다.

설사 이것이 전혀 효과가 없는 것처럼 보일지라도 기다리고 인내하는 것, 계속 사랑하고 온유하게 대하는 것, 이것만이 사람의 마음을 움직이고 누구나 갖고 있는 두려워하는 마음, 변화와 새 삶에 대한 염려라는 결박에서 벗어나게 해줍니다.

온유함은 불필요하게 보일 때도 있지만, **사랑은 오래 참고 온유한 것입니다.** 사랑은 사람이 길 잃은 자를 기다리듯 기다리는 것입니다. 그리고 길 잃은 자가 돌아오면 기뻐하는 것입니다.

사랑은 투명한 관계를 원한다

사랑은 분을 품지 않는 것입니다. 사랑은 사람들을 매일 새롭게 만나고 새로운 사랑으로 대하며 어제의 일을 잊어버리는 것입니다. 사랑은 이러한 태도 때문에 바보 취급 당하거나 조롱의 대상이 될지라도 흔들리지 않고 계속 사랑하는 것입니다.

그렇다면 사랑은 옳고 그름을 상관하지 않는 것입니까? 아닙니다. 사랑은 불의를 기뻐하는 것이 아니라 진리를 기뻐합니다. 사랑은 사태를 있는 그대로 보려고 합니다. 사랑은 증오를 뒷전으로 숨김으로써 더욱 추해질 수밖에 없는 친절함의 가면을 쓰기보다 증오와 불법과 거짓을 분명하게 대면하기를 원합니다.

사랑은 투명한 관계를 만들어 가기를 원합니다. 그리고 진리를 기뻐합니다. 진리 안에서만 새롭게 사랑할 수 있기 때문입니다.

"사랑은 모든 것을 참으며 모든 것을 믿으며 모든 것을 바라며"(고전 13:7). 여기에서 중요한 것은 '모든 것'이라는 말입니다. 이는 진짜로 모든 것을 의미합니다. 우리는 인생에서 한두 번쯤은 "내가 모든 것을 당신을 위해 한다. 모든 것을 당신을 위해 포기한다. 모든 어려움을 당신과 함께 견딘다"라고 말할 수 있습니다. 그런데 우리가 이 말을 할 때는 항상 무언의 단서를 한 가지 달고 있습니다. "당신도 내가 하는 것처럼 한다면"이라는 조건입니다.

사랑은 조건을 모릅니다. 사랑의 '모든 것'은 조건이 없습니다. '모든 것'이라는 말은 무조건이라는 의미입니다.

10월 25일
끝까지 남는 것은 무엇인가?

불안한 세상에 살고 있는 우리 스스로에게 한번 질문을 해봅시다. 이런저런
생각이 많고 모든 근심과 두려움에 싸이거나 소망과 희망 중에 있을 때, 과연
끝까지 남아 있을 게 무엇일까요? 대답을 성경에서 찾는다면, 그것은 사랑입니다.
즉 우리가 생각과 근심, 소망과 희망 중에도 품고 있던 사랑, 이것 단 한 가지만이
남게 되는 것입니다. 다른 모든 것은 없어집니다.

우리가 사랑으로 생각하지 않고 고대하지 않았던 것은 예언이든 지식이든
방언이든 없어집니다. 사랑만이 없어지지 않습니다(고전 13:8). 왜 다른 모든 것은
없어지고 사랑은 없어지지 않을까요? 사람은 단지 사랑 안에서만 자기 자신을
포기하며, 자신의 의지를 다른 사람을 위해 꺾기 때문입니다. 오직 사랑만이 자기
자아에서 나오는 것이 아니라, 다른 자아 즉 하나님에게서 나오기 때문입니다.
다른 모든 것, 즉 우리의 생각과 말과 지식으로는 우리 자신이 행하지만 사랑
안에서는 하나님 자신이 우리를 통해 행하시기 때문입니다.

우리에게서 오는 모든 것은 없어집니다. 하지만 하나님에게서 오는 모든 것은 항상
남아 있습니다.

우리의 지식은 단편적이다

사랑은 우리의 생각과 인식 활동에 파고들어 오려 합니다. 인식 활동은 사랑에 가장 가깝습니다. 인식은 타인을 대상으로 하며 그 대상에 초점이 맞춰져 있습니다. 인식은 또한 세상과 인간, 그리고 하나님의 비밀을 파악하고 이해하며 설명하려고 합니다. …

사람마다 자신의 지혜를 동원해 던져 보는 큰 질문들이 있습니다. 그리고 그 질문들을 통해 곧 자신의 인식의 한계를 알게 됩니다.

내가 갈 길은 어디며, 타인이 가야 할 길은 어디인가? 인간의 모든 길 배후에 계시는 하나님의 길이란 과연 무엇인가? …

모든 대답은 그냥 지나가 버리는 단편적인 것입니다. 인류 역사상 위대한 사상가 중 한 사람도, 바로 이 질문이 모든 지혜의 시작과 끝임을 깨달았습니다. **"나는 내가 아무것도 모른다는 것을 안다."** 이것만이 그가 확실히 아는 것이었습니다. "우리는 부분적으로 알고 부분적으로 예언하니 온전한 것이 올 때에는 부분적으로 하던 것이 폐하리라"(고전 13:9-10). 온전한 것은 사랑입니다. 지식과 사랑의 차이는 부분적인 것과 온전한 것의 차이입니다. 깨달음이 있는 자가 온전함을 갈망하면 할수록 그만큼 더 사랑을 가질 것입니다. **온전한 지식은 온전한 사랑입니다.** 이것이 이상하게 들릴지 모르겠지만, 사도 바울이 전한 의미심장한 진리의 말씀입니다.

하나님의 거울 문자

사도 바울은 비상한 비유를 했습니다. 어린아이를 단편적인 지식으로, 성인을 온전한 사랑으로 비유한 것입니다(고전 13:11 이하). 사랑 없는 지식은 어린아이와 같아서 어린아이 같은 생각과 행동이 나옵니다. … 사랑 없는 지식을 자랑하는 것은 청소년이 뽐내는 것과 같아서 성인은 그를 비웃을 것입니다. …

사랑은 성숙한 통찰이요, 어른의 참된 지식이라고 사도 바울은 말합니다. 그래서 사랑은 모든 열광주의나 연약함이나 감상주의와는 분명하게 구분되는 것입니다. 사랑은 하나님 앞에서 진리를 뜻하며, 하나님 앞에서 온전한 지식을 뜻합니다. 또 하나의 다른 비유는 다음과 같습니다. "우리가 지금은 거울로 보는 것같이 희미하나…" 하나님의 생각은 인간에게 마치 거울에 비추는 것같이 이해가 됩니다. 우리는 하나님의 생각을 거울을 통해 단지 거꾸로 된 글씨로만 보듯 보게 됩니다. 이러한 글씨는 읽기가 쉽지 않습니다.

하나님은 큰 것을 작다고 하시고 작은 것을 크다고 하시며, 올바른 것을 잘못되었다고 하시고 잘못된 것을 올바르다고 하시며, 희망이 없는 이에게 약속을 주시며 희망에 찬 이에게는 심판이 기다린다고 하십니다. 십자가가 승리이며 죽음이 삶이라고 합니다. 우리는 예수 그리스도 안에서, 그의 삶과 말씀과 죽으심 안에서 하나님의 거울 문자를 읽게 됩니다.

세상에 감춰진 하나님의 행위들

"그런즉 믿음 소망 사랑 이 세 가지는 항상 있을 것인데…"(고전 13:13).
'믿음'은 어떤 사람이든지 어떤 교회든지 자신의 행위로 사는 것이 아니라,
하나님이 행하고 계시며 이미 행하신일로 인해 산다는 말입니다. 그런데 하나님이
행하신 큰 업적은 세상에게는 보이지도 않고 감추어져 있습니다.(이 사실은 매우
중요합니다.)

하나님의 교회는 세상 사람들처럼 혹은 인류의 역사에서 흔히 그랬던 것처럼
자신들이 행한 위대한 일을 드러내 보이는 것이 아닙니다. 그렇게 하고자 한
교회는 이미 세상의 법칙과 권력의 수중에 떨어졌겠지요. 역사상 '성공한 교회'가
진실로 '믿음의 교회'로 오래 유지된 경우는 없습니다. 하나님께서 이 세상에서
하신 행위는 ─ 인류가 그 이후로 그 공로를 덧입고 사는 바 ─ 바로 골고다의 십자가입니다.
이것이 하나님의 '성공'이라는 것이며, 교회와 신자들의 성공이라는 것입니다.
교회와 신자들의 성공도 그들이 믿음으로 행했다면 이와 같을 것입니다.

"믿음은 항상 있을 것"이라는 성경 말씀은, 인간이 보이지 않는 양식으로 산다는
것과, 보이는 자신의 행위로가 아니라 보이지 않는 하나님의 공로로 산다는 것을
의미합니다. 그러한 자는 오류를 보면서 진리가 있음을 믿고, 죄책감을 보면서
죄 사함을 믿고, 죽음을 보면서 영생을 믿고, 아무것도 보이지 않지만 하나님의
행위와 은혜를 믿는다는 것입니다. 이것이 바로 개혁주의 교회가 믿고 있는
것입니다.

개혁주의 교회는 자신의 행위로나 자신의 선행으로 사는 것이 아니라 보이지
않더라도 믿는 믿음으로 삽니다.

소망은 항상 있다

소망이 없는 믿음은 병든 것입니다. 이는 배가 고프면서도 음식을 먹으려고 하지 않는 어린아이, 피곤하면서도 잠을 자려고 하지 않는 사람과 같습니다. 믿음이 확실할수록 소망도 확실히 갖게 되어 있습니다. 소망을 품는 것, 끝없이 소망을 갖는 것은 부끄러운 일이 아닙니다.

하나님에 대해 이야기하고자 하는 이가 어떻게 소망을 말하지 않을 수 있겠습니까? 언젠가 하나님을 보기를 바라지 않는 이가 어떻게 하나님에 대해 이야기할 수 있겠습니까? 영원한 나라에서 평화와 사랑을 누리기를 바라지 않는 이가 어떻게 인류에게 평화와 사랑이 있기를 바라겠습니까? 언젠가 새로운 세계와 새로운 인류와 함께하려는 희망을 품지 않는 이가 어떻게 그것에 대해 이야기할 수 있겠습니까?

우리의 소망을 부끄러워해야 할 이유가 무엇입니까? 언젠가 우리는 우리의 소망 때문에 부끄러움을 당하는 것이 아니라, 하나님께서 약속을 주셨음에도 거짓 겸손으로 약속을 붙잡지 않고 하나님을 신뢰하지 않으며 소망을 붙들지 않아 걱정 속에 비참하게 산 것, 그리고 체념 속에 세상을 살며 장래에 나타날 하나님의 영원한 능력과 영광을 바라보지 못한 것에 대해 부끄러움을 당할 것입니다. 담대히 소망을 품는 사람이 그 소망과 함께 위대해집니다. 사람은 소망과 함께 성장합니다. 하나님과 그분의 능력만을 바라는 소망 안에서 산다면 말입니다. 소망은 항상 있습니다.

너희는 나의 말을 들었느냐?

우리는 이제 우리를 드러내기 위한 종교 행사를 열 시간이 없습니다. 종교개혁기념일을 그러한 식으로 기념하지 맙시다! 잠든 루터가 편히 쉬도록, 복음을 듣고 성경을 읽고 거기에서 하나님 말씀을 찾아보십시오! 하나님께서는 최후 심판 날에 이렇게 묻지는 않으실 것입니다. "너희들은 종교개혁 기념행사를 치렀느냐?" 오히려 이렇게 질문하실 것입니다. "너희들은 내 말을 듣고 그대로 살았느냐?"

다음 말에 귀 기울여 봅시다. "그러나 너를 책망할 것이 있나니 너의 처음 사랑을 버렸느니라"(계 2:4). 이 말을 어떻게 잘 표현해야 우리 모두 양심이 찔릴까요? 이 말씀이 마음을 아프게 해야 합니다. 그렇지 않다면 하나님 말씀이 아니겠지요. 나는 여러분이 마치 삼류 소설을 읽듯이 좋은 결말로 끝나는 내용을 먼저 읽고 난 다음, 다시 처음부터 읽고 있음을 이미 알고 있습니다. 그래야 무슨 내용을 읽어도 지나치게 흥분되지 않고, "어차피 모두 좋게 끝날 것인데, 뭐"라고 할 수 있기 때문입니다.

"그러나 너를 책망할 것이 있나니 너의 처음 사랑을 버렸느니라." 그런데 여기 처음 사랑이라고 표현된 것과 성경이 아닌 다른 곳에서 첫사랑이라고 말하는 것에는 엄청난 차이가 있습니다. 성경에서 말하는 첫사랑은 유일한 사랑입니다. 왜냐하면 그것은 하나님으로부터 온 것이고 하나님을 대상으로 한 것이기 때문입니다. 이 첫사랑 외에는 미움밖에 없으며 첫사랑을 버렸다는 말은 하나님을 떠났다는 말입니다.

10월 31일
믿음은 의롭게 하고 사랑은 완성한다

믿음만이 사람을 의롭게 합니다. 우리의 개신교는 이 한마디 위에 세워졌습니다. "내가 어떻게 하나님 앞에 설 수 있는가?"라는 질문에 루터는 단 한 가지 대답을 찾았습니다. "예수 그리스도 안에 있는 하나님의 은혜와 자비하심을 믿음으로써…" 믿음만이 의롭게 합니다. 그러나 사랑은 완성합니다.

믿음과 소망은 종국에는 사랑으로 바뀝니다. 사랑이란 완성입니다. 세상에서의 완성의 표지는 십자가입니다. 이것은 이 세상에서 완성된 사랑이 걸어가야 할 길이며 계속해서 가게 될 길입니다. 십자가 표지가 지시하는 내용은 이렇습니다. 첫째, 이 세상은 이미 터지기 직전의 과일처럼 무르익었으나 하나님이 형언할 수 없는 큰 인내로 끝까지 기다리신다는 것과, 둘째, 이 세상에 있는 교회는 십자가 밑의 교회로 존재한다는 것입니다. 이 세상에서 미리 화려한 영광에 이르고자 하는 교회는 십자가에 달리신 예수님을 부인하는 교회입니다.

믿음, 소망, 사랑은 모두 다 십자가를 통해 완성에 이릅니다. … 수없이 속임을 당하고 실망을 한 인류는 믿음이 필요합니다. 상처 입고 고난당하는 인류는 소망이 필요합니다. 불화와 불신으로 고통당하는 인류는 사랑이 필요합니다. …

종교개혁기념일에 우리 한번 외쳐 봅시다. 믿으십시오, 소망을 가지십시오, 그리고 무엇보다도 사랑하십시오! 그러면 여러분은 세상을 이길 것입니다(요일 5:4).

한계에 처했을 때

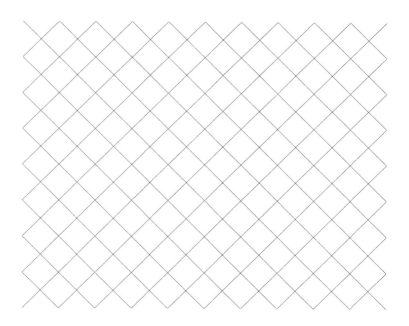

나는 한계에 처했을 때만이 아니라 삶의 한가운데서 하나님에 대해
이야기하고 싶습니다. 연약할 때만이 아니라 강할 때에도, 죄책감이나
죽음에 직면해서만이 아니라 삶 속에서 그리고 인간의 선함 가운데서도
말입니다. 한계에 처했을 때는 침묵하고, 해결할 수 없는 문제는
미해결로 남겨 두는 것이 나은 것 같습니다.

11월 1일
"인간이여, 당신에겐 영혼이 있습니다"

"나의 영혼이 잠잠히 하나님만 바람이여"(시 62:1). 영혼이라는 말을 들으면, 마치 흘러간 노래를 듣는 것처럼, 금색 바탕에 그린 중세 그림을 보는 것처럼, 어렴풋한 어린 시절의 기억이 떠오르는 것처럼 너무나도 낯설다는 느낌을 받습니다. 모든 것이 기계화된 시대, 무한 경쟁과 유행과 스포츠가 지배하는 요즈음에도 영혼이라는 말이 있다면, 그것은 그저 아득한 어린 시절의 회상이 아닙니다. 영혼이라는 말은 혼란스러운 외침에 익숙해져 버린 우리에게는 기이하게 들릴 뿐입니다. 영혼이라는 말은 너무 부드럽고 고요해서, 거칠게 술렁이는 우리의 내면에는 거의 와 닿지 않습니다. 그러나 영혼이라는 말은 깊은 진지함과 커다란 책임감으로 가득 차서 이렇게 말합니다.

"인간이여, 당신에겐 영혼이 있습니다. 그것을 잃지 않도록 조심하십시오. 어느 날 사회생활에서든 개인생활에서든 도취된 삶에서 깨어났을 때, 내면이 이미 공허해졌으며 일의 노예가 되었으며 바람에 날리는 나뭇잎처럼 이리저리 날려 버리는, 즉 당신의 영혼이 없어진 사람이 되지 않도록 조심하십시오. 인간이여, 영혼을 잘 간수하십시오. 영혼에 대해 뭐라 표현할까요? 영혼은 하나님께서 우리에게 주신 생명이며 태초에 하나님께서 만지신 것이고 그분이 사랑하신 것입니다. 그것은 우리 안에 있는 사랑이며 갈망이며 거룩한 불안이며 책임감이며 기쁨이며 고통입니다. 영혼은 하나님께서 썩어져 가는 육신에 불어넣어 주신 생기입니다. 인간이여, 당신에겐 영혼이 있습니다!"

특별한 곤경에 처했을 때의 기도

주 하나님,

제게 큰 시련이 닥쳤습니다.

근심이 저를 질식시키려 해 어찌할 바를 모르겠습니다.

하나님, 저를 긍휼히 여기시고 도와주소서.

당신이 보내주시는 것을 감당할 힘을 주소서.

공포가 저를 지배하지 않게 하시고

아버지처럼 저와 가까운 사람들,

특히 제 가족들을 보살피시고

당신의 강한 손으로

모든 악과 위험에서 지켜 주소서.

자비로우신 하나님,

제가 당신과 사람들에게 지은 모든 죄를 용서하소서.

당신의 은혜를 믿으며

제 생명을 전적으로 당신의 손에 맡깁니다.

당신의 뜻에 합당하고 제게도 유익하게 제게 행하소서.

제가 살든지 죽든지

저는 당신 곁에 있고 당신은 제 곁에 있습니다, 나의 하나님.

주님, 저는 당신의 구원과 당신의 나라를 기다립니다.

아멘.

세월은 흘러간다

"하나님이여, 내가 늙어 백발이 될 때에도 나를 버리지 마시며 내가 주의 힘을
후대에 전하고 주의 능력을 장래의 모든 사람에게 전하기까지 나를 버리지
마소서"(시 71:18). 연말이 다가오니 이런저런 생각을 하게 됩니다. 이미 오래전부터
우리는 장기 계획을 세우지 않는 것이 습관이 되었습니다. 사실 우리는 계획을
세울 수 없으며, 그렇게 해서도 안 됩니다. 그날그날 순종을 배우는 것만으로도
충분합니다. 세월은 흘러갑니다. 오늘의 말씀은 늙는 것을 이야기합니다.
어쨌거나 우리가 오래 살 수 있지 않을까 하는 생각, 예수님의 재림이 오늘내일이
아닐 수 있다는 생각을 해보는 것도 유익합니다.
"사람이 이 땅에서 집과 밭과 포도원을 다시 사게 되리라"(렘 32:15).
새 세대는 그들의 어깨에 새 짐을 질 것입니다. 그래서 우리는 천 년이 하루 같은
그분에게(시 90:4), 우리에게 은혜를 주셔서 생애 동안 그분의 능력을 전파할 수
있게 해달라고 기도해야 합니다.
풀은 마르고 꽃은 시드나 우리 하나님의 말씀은 영원히 설 것입니다(사 40:8).
우리는 긴 사슬의 한 고리에 불과합니다. 그러나 우리는 불안하면서도 즐거운
마음으로 질문해 봅니다. 어느 세대가 마지막 날을 볼 것인지요?

모든 병은 하나님과 관계가 있다

성경에 기이한 말씀이 있습니다. "병이 있을 때에 그가 여호와께 구하지 아니하고 의원들에게 구하였더라"(대하 16:12). 유대 왕 아사는 하나님의 일에 열심을 낸, 성경이 매우 칭찬하는 경건한 사람이었습니다. 하지만 아사는 매우 경건했음에도 현대인과 같은 생각을 했습니다. 하나님과 관계되는 종교적인 영역과 세상일에 관계되는 세상적인 영역을 엄밀히 구분한 것입니다.

육신의 병은 세상적인 데 원인이 있기 때문에 세상의 치료법을 사용해야 하는 것이고, 병이란 의사와 관계된 일이지 하나님과 관계된 것이 아니라는 생각입니다. 이것은 매우 합리적인 생각이며 경우에 따라 종교적일 수도 있습니다. 하지만 옳지는 않습니다.

병에는 물론 세상적인 원인과 세상적인 치료법이 있습니다. 하지만 그것이 전부가 아니며 그런 생각에는 병의 본질에 관한 매우 중요한 사실이 결여되어 있습니다. 당연히 환자는 의사에게 가야 하고, 의사의 도움을 받아야 합니다. 하지만 그것에만 의지하면 가장 중요한 것을 놓치게 됩니다.

세상적인 원인과 치료법 배후에는 그것을 넘어선 초월적 원인과 치료법이 있습니다. 이것을 인식하지 못하면 자신의 병에 관한 진실을 깨닫지도, 직면하지도 못하게 됩니다. 병의 저주와 축복에 대해 깨닫지 못하고 지나게 되는 것입니다.

11월 5일
누가 우리의 짐을 지겠는가?

우리가 언젠가 내적 능력의 한계에 도달할 때, 자신이 도리어 짐이 될 때는 어떤 좋은 말도, 우리 앞에 놓여 있을 수 있는 이상도, 미래의 꿈도 우리를 도울 수 없습니다. 그때는 오직 한 가지만 필요할 것입니다. 무조건 완전히 신뢰할 수 있는 사람, 모든 것을 이해하고 들어 주고 감당해 주고 모든 것을 믿어 주고 우리에게 희망을 갖고 있는 사람, 모든 것을 용서해 줄 사람…. 이런 사람이 어디에 있겠습니까?

그런데 모든 사람이 이런 사람을 갖고 있고 그를 발견할 수 있다면 그것은 기적 중의 기적 아닙니까? 이 사람은 먼저 부르고 자청해서 초대합니다. 이 사람은 예수님입니다. 예수님만이 그 사람이 될 수 있습니다. …

짐에 눌려 사는 사람을 도와주는 방법은 두 가지밖에 없습니다. 모든 짐을 없애 주어 더는 질 필요가 없게 해주든지, 아니면 짐을 가볍게 해주어 능히 질 수 있게 해주는 것입니다. 예수님은 우리를 위해 첫 번째 방법을 택하지 않으십니다. 우리의 짐은 없어지지 않습니다. 자신의 십자가를 직접 지신 예수님은 인간이 본질적으로 짐을 져야 하는 존재라는 것, 즉 자신의 십자가를 지고 가야 한다는 것과 이 짐을 질 때만 구원받는다는 것을 아시기 때문입니다. 예수님은 하나님께서 우리에게 지우신 짐을 제거하시는 것이 아니라, 어떻게 져야 하는지를 보여 주심으로써 그 짐을 가볍게 해주시는 것입니다.

한 방울의 눈물도 헛되지 않다

그리스도께서 이 땅에 오신 것은 우리가 그분을 완전히 이해하게 하는 데 있지 않고, 부활이라는 엄청난 사건으로 우리를 이끄실 수 있도록 우리가 그분을 꼭 붙들게 하는 데 있습니다. 즉 우리가 전혀 이해할 수 없는 가운데서 당신이 하는 말씀을 들으라는 것입니다.

"너희는 죽었다. 그러나 너희는 부활하게 되었다! 너희는 어둠 속에 있다. 그러나 너희는 빛 가운데 있게 되었다! 너희는 두려워한다. 그러나 너희는 즐거워할 수 있다!"

서로 화합할 수 없는 이 두 가지가 머리카락 넓이만큼의 간격으로 나란히 붙어 있습니다. 마치 두 세계처럼, 즉 우리의 세계와 하나님의 세계가 마치 머리카락 넓이 간격으로 붙어 있듯 말입니다. …

우리 눈에 보이는 우리의 삶은 기쁨과 성공이 넘치든, 근심과 문젯거리와 힘겨운 불순종의 삶이든 간에 보이지 않는 하나님의 세계에서는 그리스도의 공로로 말미암아 거룩하고 흠 없고 완전하게 보입니다. 오늘도, 내일도, 영원토록 그럴 것입니다. 하나님께서는 한 방울의 눈물도 헛되이 흐르게 두지 않으시며, 우리의 모든 한숨도 듣고 계시며, 우리의 작은 고통도 지나치지 않으시며, 우리의 기쁜 환호성도 듣고 계십니다.

우리가 보는 이 세상은 잔인하고 비정하게 그리고 폭력적으로 이 모든 것을 무시해 버립니다. 하지만 하나님께서는 은혜와 자비와 큰 사랑으로 불타는 듯 맹렬한 우리의 삶을 모두 모아 기억하고 계십니다. 우리의 진정한 삶은 눈에 드러나지 않습니다. 그러나 그것은 영원이라는 확고한 반석 위에 있습니다.

한계에 처했을 때

종교적인 사람들은 인간의 지식이 (흔히 사유의 태만으로 인해) 한계에 도달했을 때나 인간의 능력이 실패에 부딪칠 때 하나님에 대해 말합니다. 그런데 그들이 말하는 하나님은 언제나 '기계 장치에서 나온 신'★으로서 해결할 수 없는 문제들을 만났을 때 그에 대한 해결책인 양, 혹은 실패에 직면했을 때 힘을 주는 해결사로 제시합니다. 이런 식으로 인간의 약함과 한계에 처했을 때 불러내어 이용하는 신인 것입니다. 그런데 그 해결사로서의 신을 붙드는 것은 필요할 때까지만입니다. 인간이 자신의 능력으로 자신의 한계선을 멀리 밀어 놓으면 해결사가 필요 없게 되는 것입니다. 그래서 나는 인간의 한계를 이야기하는 것에 의구심을 갖게 되었습니다. … 그것은 마치 우리가 불안하니까 하나님을 위한 장소를 마련해 둔 느낌이 듭니다. 나는 한계에 처했을 때만이 아니라 삶의 한가운데서 하나님에 대해 이야기하고 싶습니다. 연약할 때만이 아니라 강할 때에도, 죄책감이나 죽음에 직면해서만이 아니라 삶 속에서 그리고 인간의 선함 가운데서도 말입니다. 한계에 처했을 때는 침묵하고, 해결할 수 없는 문제는 미해결로 남겨 두는 것이 나은 것 같습니다.

★ 고대 연극에서 기계 장치에서 갑자기 튀어나와 문제들을 초자연적으로 해결해 주는 존재를 유비한 본회퍼의 표현. 1월 29일 주 참고.

"하나님, 당신이 시작하셨습니다"

하나님, 당신이 시작하셨습니다.

당신이 나를 따라다니시고 놓아 주지 않으려 하십니다.

당신은 매번 여기든 저기든 나의 가는 길에 나타나십니다.

내가 넋을 잃고 빠져들게 하시고

내 마음이 녹아 거부할 수 없게 하십니다.

당신의 열망과 영원한 사랑을 내게 고백하시고

당신의 신실하심과 능력을 말씀해 주십니다.

내가 힘을 구할 때에 강하게 해주시고

도움을 요청할 때 도와주셨습니다.

용서를 구했을 때 잘못을 용서해 주셨습니다.

내 마음이 내키지 않았을 때도 당신은 내 뜻과 저항을 이기시고 내 마음을 차지하셨나이다.

하나님, 내가 거부할 수 없게 끌어당기셔서

나를 당신께 드렸습니다.

나의 주인이시여, 당신이 설득하시어 나는 설득에 넘어갔습니다.

당신은 아무것도 모르는 나를 잡으셨습니다.

이제 나는 당신을 떠날 수가 없게 되었습니다.

당신은 너무도 강하시기에.

당신이 이기셨습니다.

11월 9일
나는 이 땅의 나그네

"나는 땅에서 나그네가 되었사오니"(시 119:19). 이 말은 내가 이 땅에 늘 머무르는 것이 아니고, 내게는 짧은 시간만 주어져 있음을 고백하는 것입니다. 또 이 땅에서 집이나 재산을 가질 권리가 없다는 말입니다. 누릴 수 있는 모든 좋은 것만 감사히 받아들이는 것이 아니라, 아무도 나를 보호해 주는 사람 없을지라도 불의와 폭력까지도 기꺼이 당해야 합니다. 내게는 확실히 붙들 만한 사람도 재산도 없습니다. 나는 단지 손님으로서 거주지의 법에 따라야 합니다. 나를 먹여 살리는 땅의 법칙에 따라 땀 흘려 일해야 합니다. 내가 사는 이 땅을 경멸할 자격이 내겐 없습니다. 나는 이 땅에 충실해야 하고 감사해야 합니다. 나그네라는 이러한 나의 운명을, 즉 이 외지로 하나님의 부르심을 받았다는 것을 하늘의 삶의 환상에 젖어 피하려 하면 안 됩니다.

저 세상에 대해 하나님과 상관없이 갈망하는 이들이 있는데 그런 이들은 결코 고향에 돌아갈 수 없습니다. … 나는 이 땅에서 나그네에 불과하기에 권리도 의지할 곳도 안전 보장도 없습니다. 나를 그토록 연약하고 작게 만드셨기 때문에 하나님께서는 내가 종착지에 갈 수 있다는 약속으로 확실한 담보물을 하나 주셨습니다. 그것은 그분의 말씀입니다.

세상에서 유일하게 확실한 이것을 하나님께서는 거두어 가지 않으실 것이고, 이 말씀을 나에게 늘 보여 주시고 이 말씀을 통해 당신의 능력을 깨닫게 해주십니다. 하나님의 말씀이 내 안에 있으면, 나는 외지에서도 길을 찾을 수 있고, 불의한 가운데서도 권리를, 불확실성 속에서도 의지할 곳을, 힘겨운 직무에도 능력을, 고난 속에서도 인내를 찾을 수 있습니다.

제자리걸음이란 없다

하나님의 길이란 그분이 먼저 가신 길이며 이제는 우리가 함께 가야 하는 길입니다. 그분은 가보지 않은 길을 가라고 명하지 않으십니다. 그분은 앞장서서 가십니다. 하나님이 우리를 오라고 하시는 길은 그분이 닦으신 길이며 그분이 보호하시는 길입니다. 그래서 이 길은 진실로 그분의 길입니다.

하나님이 함께하시는 길은 제자리걸음이란 없고, 앞으로 나아가게 됩니다. 계속 전진하든가, 가는 길에 하나님과 동행하지 않든가 둘 중 하나입니다. 하나님은 길 전체를 보시지만 우리는 다음 걸음과 마지막 목적지만 알 수 있을 뿐입니다. 멈춤이란 없습니다. 매일, 매 시간 우리는 계속 앞으로 가는 것입니다. …

길이란 원래 다른 사람 눈에 계속 감추어져 있을 수는 없는 법입니다. 이 길에서 좋은 일이 일어나든지 나쁜 일이 일어나든지 누구에게나 보입니다. 이 길에서 가끔 나쁜 일이 일어날 때 우리가 무관할 수는 없습니다. 잘못된 현실에서 벗어나 완벽하게 보이는 이상 세계로 도피할 수 있다든가, 항상 바르게 행동하지는 못해도 올바른 길을 알고 바른 믿음을 가지면 된다는 생각은 잘못된 것입니다. 그분의 길만 따라가는 사람은 나쁜 일을 하지 않습니다(시 119:3). 길을 알고, 올바른 길에 서 있다는 의미는 책임과 죄책이 경감된다는 의미가 아니라 가중된다는 의미입니다. 하나님의 자녀에게는 특별법이 적용되는 것이 아닙니다. 그들이 다른 점은 하나님의 은혜와 길을 알고 악을 행치 않는 방법을 안다는 것입니다.

이 변화하는 시대에서

우리의 삶이 과거의 토양에 깊이 뿌리를 내리고 있다면 그것은 삶에 부담을 주기도 하지만, 동시에 삶을 풍요롭고 더 힘 있게 하기도 합니다. 인간의 삶 전체를 흐르는 기본적인 진리가 있기 때문에 우리 삶은 빠르든 늦든 거듭 그리로 돌아가게 됩니다. 그렇기에 우리는 서두르지 않고 기다릴 수 있어야 합니다. "하나님은 이미 지나간 것을 다시 찾으시느니라"(전 3:15). …

우리는 부모와 조부모들의 경험을 들으며 성장했습니다. 사람은 자신의 삶을 스스로 계획하고 세우고 꾸려 나갈 수 있고 또 그래야 한다고 들었습니다. 사람마다 평생의 과업이 될 일을 택해야 하며 그 일을 이루기 위해 전력을 기울여야 한다고 배웠습니다. 그런데 우리가 경험한 바로는 내일 일조차 계획할 수 없다는 것입니다. 우리가 그간 세워 놓은 것이 하룻밤 사이에 무너지는 것입니다. 우리의 삶은 부모의 삶과는 달리 형체를 갖출 수 없고 단편적인 것이 되어 버렸습니다. …

우리는 사전에 모든 가능성을 고려해 모든 일이 자동으로 이루어지도록 계획하는 것이 가능하다는 생각에 젖어 살아왔습니다. 하지만 우리의 생각이 아니라 우리의 책임 의식이 모든 행위의 근원이 된다는 사실을 뒤늦게야 깨닫게 되었습니다. …

오늘날 우리가 그리스도인임을 증명하는 방법은 오직 두 가지가 있습니다. 기도하는 것과 사람 사이에서 의를 행하는 것입니다. 그리스도인의 모든 생각과 말과 도모는 이 두 가지 면에서 새로워져야 합니다.

공로와 은혜

"만일 은혜로 된 것이면 행위로 말미암지 않음이니 그렇지 않으면 은혜가 은혜
되지 못하느니라"(롬 11:6). 이는 술술 읽어 넘기기 어려운 구절입니다. ··· 이 구절은
두 개의 팽팽한 줄, 서로 속한 곳이 같으면서도 반대되는 두 가능성을 보여 줍니다.
하나는 공로, 다른 하나는 은혜라고 불립니다. 다시 말해 하나의 줄은 인간에게서
시작하여 하나님께 올라갑니다. 다른 줄은 하나님에게서 시작하여 인간에게
내려옵니다. 그런데 이 둘은 서로를 배척하면서도 속한 곳은 같은 것입니다.
이것은 그리스도인의 신앙의 신비입니다. ···
위대한 교부 아우구스티누스는 그의 고백록을 다음 말로 시작합니다.
"당신은 우리를 당신을 향하여 있도록 지으셨기에, 우리 마음은 당신을 찾아 쉼을
얻기 전까지는 평안이 없습니다."
'평안이 없음'이 바로 핵심입니다. ··· 여기서 평안이 없는 것, 불안이라는 말은
초조와 조바심이 덧없는 인간의 본성이라는 말이 아니라, 그것이 영원하신
분을 가리키기 위한 것이라는 말입니다. '평안이 없음'이라는 말 대신 공포,
두려움, 갈망, 사랑이라는 말을 넣어도 됩니다. 인간의 영혼 안에는 ―그가 진실로
인간이라면― 그 영혼을 불안하게 만드는 무언가가 있는데, 그것은 영혼으로 하여금
무한하고 영원한 존재로 향하게 합니다.

계속 마음을 동요시키는 것

그리스도인은 하나님에게서 벗어날 수 없기 때문에 그것이 삶에서 계속 마음을 동요시킵니다. 인간은 일단 하나님과 엮이면, 한번 설복당하면 도저히 벗어날 수 없습니다(렘 20:7). 하나님께서 주시는 말씀을 들은 사람은 그후 하나님을 잊어버릴 수 없습니다. 그리고 하나님은 좋을 때나 나쁠 때나 늘 동행하십니다. 그는 그림자처럼 따라다니십니다.

하나님이 이렇게 늘 곁에 계시기 때문에 너무나 큰 부담이 되어, 그분의 위대함을 감당할 수가 없어 때로 이런 생각을 하게 됩니다. '내가 공연히 하나님을 받아들였구나!' '그분을 감당하기가 너무 어렵다. 이것 때문에 내 영혼의 평안과 행복이 깨지는구나!'

'내가 이것을 도저히 감당할 수 없으니 이제 끝장내야겠다'라고 한다면 잘못 생각한 것입니다. 그는 자신이 함께 엮이고 설복당한 바 있는 그분에게서 이런 식으로 간단히 헤어날 수 없음을 다시금 깨닫게 될 뿐입니다. 그는 결국 그분의 포로이며 그분의 손안에 있게 됩니다.

그리고 하나님이 자신에게 너무 부담이 되어 더는 함께 갈 수 없다고 생각될 때(이러한 시점은 어느 그리스도인에게나 때가 되면 옵니다), 하나님이 우리에게 너무 강해지셔서 우리가 무너지고 낙심할 때, 비로소 하나님께서 가까이 계시다는 것, 하나님의 신실하심, 하나님의 강하심이 우리에게 위안과 도움이 됩니다. 그때에 가서야 하나님을 제대로 알고, 그리스도인의 삶의 의미를 깨닫게 됩니다.

11월 14일
생명이란 하나의 사물, 하나의 본질, 하나의 개념이 아니다

예수 그리스도께서 "나는 생명이다"(요 14:6)라고 말씀하신 이래 어떠한 기독교 사상이나 철학 사상도 예수님의 주장과 이 주장이 내포하는 진리를 간과할 수 없습니다. 예수님의 자신에 대한 이 주장은 생명과 삶의 본질을 나름대로 표명하고자 하는 인간의 모든 시도를 헛되고 이미 실패한 것으로 만듭니다. 우리가 살아 있는 한 삶의 한계선인 죽음도 알지 못하면서 생명이 무엇인지 어떻게 말할 수 있겠습니까? 우리는 주어진 삶을 살아갈 뿐, 그것이 무엇인지 정의할 수 없습니다. 예수님의 말씀은 우리가 예수님 자신과 연관시키지 않고서는 삶에 대한 어떠한 생각도 할 수 없음을 나타냅니다. "나는 생명이다."

"나는 ~이다"라는 말씀 이후에는 더 이상 생명에 대한 질문이 있을 수 없습니다. 여기서 생명이란 '무엇'인가 하는 질문은, '누가' 생명이다, 라는 대답으로 바뀝니다. 생명이란 하나의 사물, 하나의 본질, 하나의 개념이 아니라 한 인격, 즉 유일한 특정 인격입니다. 이 유일한 특정 인격은 다른 인격 가운데서 발견할 수 있는 것이 아니라 본질적으로 예수님의 자아에 있는 것입니다. 예수님은 자신의 자아를, 사람들이 생명의 본질이라고 주장하는 모든 사상과 개념과 방법과 철저히 대립시키십니다.

속고 사는 두 사실

비그리스도인처럼 생각하면서 사는 우리 현대인이 속고 살기로 작정한 사실이 둘 있습니다. 그래야 어느 정도 마음 편하게 살 수 있으니까요. 첫 번째 속임은 지나간 일, 즉 과거에 우리가 행한 것을 까맣게 잊어버렸다고 생각하는 것이고, 또 남도 나도 그것을 거의 기억하지 못한다 해서 실제로 잊어버렸다고 생각하는 것입니다. 쉽게 말하자면 우리는 강력하고 최종적인 망각의 능력을 믿고 살아가는 것입니다. "영원이란 망각이다"라는 모토하에서 말입니다.

두 번째 속임은 숨겨진 것과 밝혀진 것, 비밀스러운 것과 공개적인 것을 구분할 수 있다는 생각입니다. 우리는 누구에게나 드러나는 외적인 삶을 살지만, 한편 다른 사람들이 눈치 채지 못하는 생각과 감정과 희망을 품으며 비밀스럽게 감추어진 삶을 삽니다. 만약 우리가 단 하루 동안 품었던 모든 생각과 감정이 갑자기 모든 사람 앞에 드러나게 된다면 우리는 경악하여 창백해질 것입니다. 우리는 감추어진 것은 당연히 감추어져 있다는 전제하에서 삽니다. … 그러나 영원이란 망각이 아닙니다. 영원이란 기억, 영원한 기억입니다. … 그래서 우리의 선조들은 사람의 전 생애가 기록된 책이 있다고 생각해서 이것을 '생애의 책'이라고 불렀습니다.

우리는 '궁극적 말씀'을 '궁극 이전의 말씀' 전에 말해서는 안 된다

내가 얼마나 구약성경적으로 생각하고 느끼는지 점점 더 의식하게 되었습니다. 그래서 지난 몇 달간 신약보다 구약을 훨씬 많이 읽었습니다. 사람이 하나님의 이름을 부를 수 없다는 것을 알 때만, 예수 그리스도의 이름을 부를 수 있습니다. 사람이 삶과 이 땅을 지극히 사랑하여 그것이 사라지면 모든 게 사라진다고 생각할 정도가 되어야 죽은 자의 부활과 새로운 세상을 믿을 수 있습니다. 인간은 하나님의 율법 아래 신음해 봐야만 하나님의 은혜에 대해 이야기할 자격이 있고, 하나님이 당신의 적에게 진노와 분노로 심판하신다는 사실을 받아들일 때만 용서와 원수 사랑이라는 것이 마음에 와 닿습니다. 너무나 성급히, 직접적으로 신약성경적이 되고 또 그렇게 생각하려는 사람은, 내 생각에는 그리스도인이 아닙니다. 우리는 '궁극적 말씀'을 '궁극 이전의 말씀' 전에 말할 수 없고, 또 그렇게 해서도 안 됩니다. 우리는 '궁극 이전'의 삶을 살면서 '궁극적인 것'을 믿습니다.

하나님은 죽음을 정복하신다

죽음 앞에서 우리는 운명론적인 생각으로 "죽음은 하나님 뜻이다"라고만 말하면
안 됩니다. "하나님은 그것을 원하지 않으신다"라는 말도 해야 합니다. 죽음은
세상이 하나님께서 원래 원하시는 모양이 아니며 세상에 구속이 필요하다는 것을
우리에게 가르쳐 줍니다. 그리스도만이 죽음을 이기셨습니다. 바로 여기에
'하나님의 뜻'과 '하나님이 원하시지 않은 것'의 첨예한 대립과 해결점이 있습니다.
하나님께서는 원하시지 않는 것에 동의하셨고, 죽음은 예수님의 십자가를
통한 구속 사건 이후로 하나님을 섬기게 됩니다. 구속 사건 이후 하나님의 뜻은
하나님이 원하시지 않는 것을 포함하게 됩니다. 하나님은 예수 그리스도의
죽음을 통해 죽음을 정복하고자 하셨습니다. 예수 그리스도의 십자가와 부활
안에서만 죽음은 하나님의 권능의 손에 들어오고 하나님의 목적을 섬기게 됩니다.
운명적인 굴복이 아니라, 우리를 위해 돌아가시고 부활하신 예수 그리스도를
믿는 믿음만이 죽음을 진정으로 극복할 수 있습니다.

사랑은 죽음만큼 강하다

세상에는 인간이라면 누구든지 휘말린, 피할 수 없는 처절한 싸움이 있습니다. 그것은 가장 큰 두 세력의 싸움입니다. 사랑에 도전하는 죽음의 투쟁과 죽음에 도전하는 사랑의 투쟁입니다. 통치권을 다투는 만만치 않은 두 경쟁자, 하지만 사랑은 하나님에게서 온 것이므로 죽음만큼 강합니다(아 8:6).

죽음도 하나님으로부터 온 것이므로 그 권능은 스스로가 아니라 하나님에게서 온 것입니다. 그러한 이유로 죽음만이 사랑에 대항할 수 있지만 사랑을 이길 수는 없습니다. 죽음이란 궁극적인 것 이전의 시간 속에서만 존재하는 것이고, 하나님은 죽음이 아니라 사랑이시기 때문입니다. 죽음은 세상을 지배합니다. 죽음은 결코 완치될 수 없는 상처를 냅니다. … 죽음은 사랑하는 사람을 떼어 놓을 수 있기에, 세상에서 가장 강한 일을 할 수 있습니다. 죽음은 세상에서는 사랑을 이길 수 있습니다. 그러나 사랑은 죽음만큼 강합니다. 죽음은 세상에서만 강하지만, 사랑은 영원히 강합니다. … 하나님은 사람을 영원까지 서로를 위해 존재하도록 창조하셨습니다. 하나님은 친구와 친구, 남편과 아내가 자신의 영혼을 상대를 통해 발견하고 정화하도록, 더 이상 둘이 아니고 사랑으로 하나의 삶을 살아가도록 만드셨습니다.

귀중한 선물

사랑하는 사람이 떠나면 그 빈자리를 대신할 수 있는 것은 아무것도 없으며,
다른 것으로 채우려 해서도 안 됩니다. 그저 마음을 추스르고 견뎌 내야 합니다.
이 말이 지나치게 들릴지 모르지만 큰 위로도 됩니다. 왜냐하면 그 공백이
채워지지 않을 때에만 그것을 통해 서로 연합되기 때문입니다. 하나님께서 그
공백을 채우신다고 말한다면, 그것은 잘못된 생각입니다. 하나님은 공백을
채우시는 것이 아니라 공백 상태로 놔두시며 그것을 통해 진정한 교제가—비록
고통 가운데일지라도—계속 유지되도록 도와주시는 것입니다. .
아름다운 추억이 많을수록 이별은 더 힘든 법입니다. 그러나 감사한 마음을
가지면 기억의 아픔은 조용한 기쁨으로 바뀝니다. 과거의 아름다운 기억을 찌르는
가시가 아니라 귀한 선물처럼 지니고 살게 됩니다. 우리는 기억을 파헤치고 거기에
파묻히지 않도록 주의해야 합니다. 이는 마치 우리가 값진 선물을 항상 보는 것이
아니라 특별한 때만 보고, 다른 때는 숨겨 둔 보물처럼 그것을 자신이 소유하고
있다는 확신을 갖는 것과 같습니다. 그래야 과거로부터 계속 기쁨과 힘을 얻게
됩니다. …
아침에 눈을 떠서 저녁에 다시 잠들 때까지 우리는 다른 사람을 온전히 하나님께
맡기어, 그를 위한 근심이 그를 위한 기도가 되게 해야 합니다.

시간과 죽음

이미 지은 죄는 죄로 남아 있고, 실패는 실패로 남아 있습니다. 이러한 현실은
대가가 있으며 그 대가로 우리는 모두 많은 눈물을 흘릴 것입니다. 일단 일어난
일은 돌이킬 수 없습니다. 또 하나 무서운 사실은 정지란 없고 모든 것은 끊임없는
변화 속에서 전진하고 있으며 죽음이라는 목표를 향해 움직인다는 것입니다. …
시간은 잔인하게도 순간순간을 지나쳐 넘어갑니다. 환희와 기쁨, 행복과 쾌락의
순간을 지나칩니다. …

이 세상도, 그 정욕도 지나갑니다.(요일 2:17).

태고부터 존재했던 별들을 생각한다면 인간 역사의 찬란했던 몇백 년은 아무것도
아닙니다. 인간의 모든 문화와 미와 능력은 영원한 아름다움과 하나님의 무한한
능력과는 비교할 수 없습니다. 티끌, 대양의 물 한 방울, 바람에 날리는 나뭇잎과
같습니다. … 땅도, 세상도 모두 죽게 됩니다. 시간은 이러한 것들을 지배합니다.
좀더 분명히 표현하자면 '죽음'이 지배하는 것입니다.

시간과 죽음은 같은 것입니다. 세상은 죽고 사라져 가는 것들의 세계입니다. 그
안에서 일어나는 모든 일은 궁극의 것에 비교하자면 궁극 이전의 일들입니다.
그러므로 세상에서 최후를 장식하는 것은 삶과 기쁨, 쾌락이 아니라 소멸과
죽음입니다.

하나님을 하나님 되게 하라

"어디서 떨어졌는지를 생각하고 회개하여…"(계 2:5). 이 말씀의 부르심이 바로 마르틴 루터를 움직이게 했습니다. 당신의 마음은 불타고 있어야 하는데 차가워졌습니다. 깨어 있어야 하는데 무기력하며, 배가 고파야 하는데 배부르며, 믿어야 하는데 불안해합니다. 희망 속에서 기다려야 하는데, 세상 권력을 이용하여 일을 이루려 하며, 남을 사랑하라고 하는데 자아를 벗어나지 못하며, 그리스도가 주인이 되도록 해야 하는데 그분을 가로막고, 그리스도 안에서 기적을 이루어야 하는데 주어진 일조차도 안 합니다.

종교개혁이 이룩한 교회는 이 부르심을 실천하는 이들의 교회이며, 하나님을 하나님 되게 하는 이들의 교회요, 이미 선 사람은 넘어지지 않도록 조심하는, 즉 자기가 서 있는 것을 자랑하지 않는 사람들의 교회입니다. 단지 하나님 말씀 안에서만 교회는 서 있으며, 말씀 안에서만 우리는 심판을 받은 자입니다. 교회는 항상 회개하는 이들의 모임이고, 하나님을 하나님 되게 하는 교회만이 사도들과 루터의 교회입니다.

"처음 행위를 가지라"(계 2:5). 이 말씀은 앞의 말씀을 마감하며 함께 하나의 의미를 이룹니다. 이 구절 없이는 앞의 구절도 의미가 없습니다. 믿음, 즉 회개가 아침과 저녁의 경건한 기도 시간을 위한 하나의 순서라고 생각한다면, 이것은 복음을 끔찍하게 오해한 것입니다. 믿음, 즉 회개는 하나님을 하나님 되게 하는 것이고, 바로 우리의 행위로 그분께 순종하는 것입니다.

오늘 무슨 일이 일어나든지

나의 창조주요 구원자이신

삼위일체 하나님,

오늘 하루는 당신의 것입니다.

나의 시간은 당신의 손 안에 있습니다.

나의 창조주, 나의 구원자,

나를 심판하고 구속하신

거룩하고 자비로우신 하나님,

당신은 나를 아시고, 나의 모든 길과 행위를 아시나이다.

당신은 사람을 차별하지 않으시고

이 세상과 저 세상에서 악을 미워하고 벌하십니다.

당신은 진심으로 간구하는 자의

죄를 사하여 주시며,

선을 사랑하시어 보상하시되

이 세상에서는 양심의 위로를 주시고

다가올 세상에서는 의의 면류관을 씌워 주십니다(딤후 4:8).

당신 앞에서 나의 모든 사랑하는 사람들을 생각합니다. …

주여, 자비를 베푸소서. …

주여, 오늘 무슨 일이 일어나든지 당신의 이름은 찬양을 받으소서.

짐을 가볍게 하는 멍에

"나의 멍에를 메고 내게 배우라…"(마 11:28-30). 멍에는 그 자체로 하나의 짐이며, 다른 짐에 또 하나의 짐이 추가되는 것입니다. 그런데 그것은 다른 짐을 가볍게 만드는 특이한 기능이 있습니다. 사람을 내리누르기만 하는 무거운 짐은 멍에의 도움으로 질 수 있을 정도가 됩니다. …

예수께서는 우리 짐이 너무 무거워지지 않도록 바로 이러한 멍에를 지우시기 원합니다. 예수님은 '나의 멍에'라고 하시는데, 이는 자신이 우리의 짐보다 수만 배나 무거운 짐을—그것은 우리 인간의 모든 짐이기 때문에—지신 그 멍에를 말합니다. …

"내게 배우라…." 내가 이 멍에를 어떻게 지고 가는지를 보고 그대로 하여라! "내게 배우라, **나는 마음이 온유하고 겸손하니.**"

그분이 지고 가는 멍에는 바로 **그분의 온유와 그분의 겸손입니다.** 이것이 바로 우리가 지고 가야 하는 멍에이며, 예수님은 이것이 바로 우리 짐을 쉽게 해주는 멍에임을 아십니다. … 이 멍에를 지는 사람, 즉 그분에게서 배우는 자는 중요한 약속을 받습니다. **"그러면 너희 마음이 쉼을 얻으리니."**

이러한 쉼은 최후에 오는 것이지만, 이미 여기 예수님의 멍에 아래에서도 얻기 시작합니다. 즉 온유와 겸손 가운데서 예수님과 함께 지는 멍에 아래에서도, 그 쉼은 오는 것입니다. 그러나 우리가 갈망하는 완전한 쉼을 얻는 것은 모든 짐이 내려지는 곳에서입니다.

진실에 눈을 감는 것은 좋지 않다

장례식에 가지 못하는 사람들이 있습니다. 엄밀히 말하면 장례식에 가지 않으려 하는 사람들입니다. 왜 그렇습니까? 죽은 자에게 가까이 갈 때 오는 충격을 피하기 위해서입니다. 인생의 어두운 면을 보지 않으려 하고, 그것을 피함으로써 자신의 세계에서 그러한 것을 없앨 수 있다고 생각하는 사람입니다.

또한 삶의 어두운 면을 보지 않고, 세상의 재앙에 눈을 감고, 평화로운 낙관주의자로 관조적이며 경건한 삶을 스스로 이끌어 가는 것을 특별히 경건하다고 생각하는 사람이 있습니다.

하지만 진실에 대해 자신을 속이는 것은 결코 좋은 게 아닙니다. 자신의 삶의 진실에 대해 스스로를 속이는 사람은 하나님의 진리에 대해서도 자신을 속일 테니까요. 하나님께서 이웃과 자신의 곤궁함을 보라고 우리에게 주신 눈을 슬프고 경악할 만한 것을 봐야 하는 곳에서 감아 버린다면 결코 경건한 사람이라고 할 수 없습니다. 따라서 우리를 놀라게 하고 낙담하게 하는 것들을 피하려 하는 것은 분명 올바른 태도가 아닙니다.

11월 25일
시간의 한계선에서

죽음은 세상을 진지하게 대하게 합니다. 세상에 끝이 올 때, 즉 죽음이 이르러 세상 것에 한계선이 그어질 때가 되면 비로소 심각해지기 시작합니다. 그리고 우리의 삶이 끝나 시간의 한계선을 넘으면 우리가 더 이상 존재하지 않음을 알 때 진지해집니다. 세상의 희곡은 순간이며, 궁극적인 것의 바로 전 것이며, 사도 요한이 말한 것처럼 이 세상도 그 정욕도 지나갑니다(요일 2:17).

세상에서 진지하게 살지 경박하게 살지, 궁극 이전의 것에 매달려 살지 아니면 궁극적인 것을 향해 나아갈지, 세상에서 갈망하는 것들을 영원한 것으로 여기며 살지 아니면 일시적인 것으로 여기며 살지는 우리 각자에게 달려 있습니다.

구약성경과 함께 세상은 우리에게 죽음에 대해 경고합니다. "모든 것이 언젠가는 끝이 있다는 것을 기억하라. 너는 너의 삶을 결산하게 될 것이다. 죽음의 마지막 순간은 너에게 틀림없이 올 것이며, 세상도 죽음의 세상임이 분명해질 것이다. 어떠한 것도 시간의 권능을 이길 수 없으며 —그것을 이길 수 있는 유일한 것은 영원이다— '너'나 세상이나 모두 끝난다는 사실을 기억하라." …

세상의 끝, 시간의 한계선을 생각하고 삽시다. 그러면 놀라운 일이 일어날 것입니다. 우리는 세상의 끝, 세상의 한계선이 새로운 것, 즉 영원의 시작이 될 것이라는 데 눈을 뜨게 됩니다. 여기에서 시간은 영원에게 그 권능을 잃을 것이며, 세상에서 종말이라로 여겨지는 죽음은 종말 이전의 것이 됩니다.

외적 죽음과 내적 죽음

육체의 죽음은 때가 되면 우리가 맞닥뜨려야 하는 무서운 적입니다. 큰 낫으로
꽃들을 일거에 베어 쓰러뜨리는 남자와 같습니다. … 우리는 그에 대항하여
아무것도 할 수 없습니다. 그가 높으신 하나님께 이 권능을 부여받았기
때문입니다. 그는 전 인류의 생명을 쥐고 있으며, 하나님의 분노이자 모든 삶의
종말입니다.

그러나 우리 안에 또 하나의 죽음이 있는데, 그것은 우리 자아의 죽음입니다.
우리는 예수 그리스도 안에서 매일 죽거나 아니면 그분을 거부합니다. 이러한
내적 죽음은 그리스도에 대한 사랑과 타인에 대한 사랑과 관련이 있습니다. …
이 죽음은 은혜이며 삶의 완성입니다. 우리가 이런 죽음을 죽기를, 이런 죽음이
우리 삶 속에 있기를, 내적 죽음을 통해 죽을 준비가 되었을 때 외적 죽음을
맞이하기를 기도합시다. 그럴 때에 죽음은 진실로 하나님의 완전한 사랑을 위한
관문에 불과하게 됩니다. 우리 주위에서 다툼과 죽음이 사납게 지배하려 할 때,
우리는 말과 생각을 통해서만이 아니라 행동으로서 하나님의 사랑과 평화를
증언하도록 부르심을 받았습니다. 매일 우리는 사랑과 평화가 지배하는 하나님
나라를 어느 곳에서 증언하고 구체적인 행동으로 나타낼 수 있는지 스스로
물어봐야 합니다. 두 사람, 혹은 세 사람 사이에서 평화를 이루기 시작할 때만,
우리 모두가 희망하는 큰 평화도 자랄 수 있습니다.

우리는 몽상가인가?

"땅 위의 삶에 충실하시오. 땅 위의 것을 이루기 위해 분투하시오." 이 말은 많은
사람들에게 절대적인 구호와 같습니다. 우리는 그들의 이러한 열심을 이해합니다.
우리는 그들이 대단한 열심을 품고, 계획하고 일하고 분투하는 것을 이해합니다.
왜냐하면 우리는 이 땅에 매여 있기 때문입니다. 이 땅은 우리가 서고 넘어지는
곳입니다. 여기에서 일어나는 일에 대해 나중에 해명해야 합니다. 그때 수치를
당한다면 우리 기독교인에겐 재앙을 의미합니다. …

우리가 몽상가가 아니라는 것을 세상에 증언할 수 있는 힘이 있는지는 다음에서
분명히 나타납니다. 우리가 모든 일을 되는 대로 내버려 두지 않고, 우리의
믿음이 이렇게 불의가 가득한 세상에서 자신을 만족시키는 아편이 아니라 위에
있는 것을 찾기 때문에(골 3:1) 더 줄기차고 고집스럽게 이 땅에서 항거하며, 무슨
대가를 치르더라도 전진할 수 있도록 말과 행동으로 항거하는가 하는 것입니다.
그렇게 혁명적으로 시작했던 기독교가 지금 와서 보수적이 되어야 하겠습니까?
세상의 모든 운동이 교회를 제쳐 놓고 시작되어, 교회는 20년 후에나 무슨 일이
일어났는지 알아채는 식이 되어 버렸는데, 정말 이래서는 안 되는 것 아닙니까?

11월 28일
삶과 죽음은 동일선상에 있다

"위의 것을 찾으라. 거기는 그리스도께서 하나님 우편에 앉아 계시느니라… 이는 너희가 죽었고 너희 생명이 그리스도와 함께 하나님 안에 감추어졌음이라"(골 3:1-3). 우리가 지혜를 다하여 열심히 연구하고, 머리를 써서 "그리스도와 함께 하나님 안에"라는 말의 의미를 찾아내려 할 때, 번쩍거리는 칼을 높이 쳐든 천사 스랍처럼 이 문장 한가운데에 "너희가 죽었고"라는 말이 서 있음을 봅니다. 그래서 우리가 살아 계신 하나님에 대해 이야기할 때 죽음이라는 말이 항상 그 사이에 서 있다는 것이 두려운 것입니다. …

죽음과 삶이라는 말이 이렇게 동일선상에, 삶이 죽음의 선상에 있다는 사실은, 우리가 하나님의 눈으로 볼 때만 제대로 볼 수 있는 것입니다. 우리 인간이 보기에는 죽음과 삶 사이에는 엄청 큰 차이가 있지만 하나님께서는 그 둘을 하나로 보시기 때문입니다. 하나님께는 인간이 살아 있든 죽어 있든 차이가 없습니다. 즉 살든 죽든 하나님 앞에서 더 크거나 더 작거나 더 멀리 있거나 더 가까이 있거나 하지 않습니다. 하지만 우리는 사람이 살아 있는지 죽었는지의 정황에 대해 인간의 언어로, 이해할 수 있도록 먼저 설명하고 나서 하나님의 눈에는 사람이 죽든 살든 차이가 없다는 말을 해야 한다고 생각합니다. 그런데 위의 구절은 그 반대로 생각하도록 우리에게 단호하게 충고합니다.

헛된 생각

"너희가 죽었고"(골 3:3)라고 사도 바울은 말합니다. 그의 말대로 우리가 살아 있든 죽어 있든 하나님께는 차이가 없는 것이라면, 우리가 어떻게 생각하든 하나님께는 아무런 차이가 없을 것입니다. 그렇다면 우리 스스로 수없이 해보는 이런 생각도 아무 의미가 없을 것입니다. '우리가 하나님께 잃어버린 자가 되지 않는다면, 그런 관계를 맺는 하나님이 계시다면, 삶은 얼마나 더 아름답고 단순하고 건설적일까?'

우리가 죽었다는 것이 정말로 사실이라면, 우리는 하나님이 우리에게 말씀하시는 이 사실을 들어야 합니다. 헛된 생각을 하는 사람은 자신이 그렇다는 것을 알 수 없기 때문입니다. 하나님께서 우리에게 이러한 것을 말씀하지 않으셨더라면, 사도 바울도 우리도 죽음의 선, 그 경계, 잃어버린 상태에 대해 알 수 없었을 것입니다. 하나님이 우리와 말씀하시고, 하나님 스스로 우리에게 오시고, 우리가 잃어버린 자라는 것을 알려 주십니다.

하지만 하나님이 그러한 일을 하신다는 것은 그분이 잃어버린 우리 곁에 계시다는 것을 의미하며, 우리는 이미 오래전부터 도움을 받았다는 것을 의미합니다. 하나님은 우리의 잃어버린 상태를 해결하셔서 우리를 당신과 분리시킬 만한 모든 것을 제거하고 승리하십니다. 하나님은 사랑으로 우리를 잡아당기시며, 세상의 어떠한 힘도 우리를 당신 손에서 빼앗을 수 없게 하십니다. 사도 바울은 바로 이러한, 측량할 수 없는 기적을 말하고자 한 것입니다. "너희는 죽었다." 그는 우리를 괴롭게 하려거나 실망시키려고 이 말을 하는 것이 아닙니다. 단지 이 말을 강조하려 했던 것입니다. "너희 생명이 그리스도와 함께 하나님 안에 감추어졌음이라."

새로운 노래

톨스토이가 말했습니다. "러시아 황제는 러시아에서 베토벤 음악을 금해야 한다. 인간의 정열을 너무나 강렬하게 자극하여 위험하기 때문이다." 그런데 루터는 그 반대로 이야기했습니다. "음악은 인간이 가진 것 중 하나님 말씀 다음으로 좋은 것이다."

두 사람은 서로 상이한 것을 염두에 두고 말했는데, 톨스토이에게는 음악이 인간을 찬양하는 것이고 루터에게는 하나님을 찬양하는 것입니다. 루터는 알고 있었습니다. 음악은 무수한 눈물을 마르게 하고, 괴로워하는 자를 즐겁게 하고, 욕망을 잠재우고, 낙망에 젖은 자를 일으켜 주고, 고난에 처한 자를 강하게 하며, 말라 버린 마음에 다시 눈물이 흐르게 하고, 큰 죄를 범한 이들을 하나님의 선하심 앞에서 회개하도록 자극한다는 것을.

"새 노래로 여호와께 찬송하라"(시 98:1). 여기에서 중요한 말은 '새'라는 말입니다. 새 노래는 인간을 새롭게 만들어 주는 노래, 어둠과 불안과 공포에서 벗어나 새 희망과 믿음과 신뢰를 불러일으키는 노래입니다. 이 새 노래는 하나님께서 직접 우리를 마음속으로부터 새롭게 일깨워 주시는 노래입니다. 그것이 옛날 노래일지라도 말입니다. 욥이 말한 것처럼 하나님은 "밤에 노래를 주시는"(욥 35:10) 분이십니다.

성탄절 제대로 기념하기

성탄절을 제대로 기념할 수 있는 사람은 누구입니까?
모든 권세, 모든 명예, 모든 인기, 모든 허영, 모든 교만, 모든 이기심을
구유 앞에 내려놓는 사람일 것입니다.

12월 1일
끝없는 시작에서의 해방

하나님이 먼저 우리와의 관계를 시작하셨으므로 하나님과 함께하는 삶은 그분의
법을 따라 행하는 삶입니다. 이것은 인간을 율법의 노예처럼 얽매는 것 아닐까요?
아닙니다. 그것은 끝없는 시작이라는 끔찍한 법에서 해방시켜 주는 것입니다.
매일 새로운 시작을 기다리며 드디어 찾았다고 기뻐하기를 수없이 반복하였지만,
저녁이면 이미 그것을 잃어버렸다고 포기하지 않습니까? 그것은 이미 시작을
주셨고 영원히 지속하시는 하나님에 대한 믿음을 완전히 파괴하는 것입니다. …
하나님이 이미 시작을 주셨다는 것은 우리가 믿음으로, 기쁜 마음으로 확신할
수 있습니다. 그러므로 나는 하나님이 주신 새로운 시작을 무시하고 수없이
나름의 시작을 시도해서는 안 됩니다. 나는 바로 이러한 일에서 자유로워졌습니다.
하나님이 이미 시작한 것이 내 앞에 펼쳐져 있으며, 그 시작은 단번에 영원히
된 일입니다. … 우리는 모두 이러한 길을 걸어가고 있는데, 이 길의 시작은
하나님께서 당신께 속한 자들을 발견하신 것이고, 이 길의 끝은 그분이 그들을
다시 찾으실 때 오는 것입니다. 이 시작과 끝 사이에 있는 길은 하나님의 율법
아래의 삶입니다. 그것은 하나님의 말씀 아래의 삶이며, 그러한 삶의 모습은
매우 다양합니다. 이 길에는 단 하나의 위험이 있는데 그것은 **출발점 이전으로**
돌아가려는 것입니다. 그 순간 이 길은 은혜와 믿음의 길이 아닙니다. 이미
하나님의 길이 아닌 것입니다.

하나님이 인간이 되셨다

하나님은 실제로 인간이 되셨습니다. 우리는 인간의 한계를 넘어 성장하려 하며 인간 본성을 벗어 버리려 하지만, 하나님은 인간이 되셨습니다. 하나님은 우리가 인간, 현실의 인간이 되기를 원하신다는 것을 우리는 깨달아야 합니다. 우리는 경건한 사람과 불경건한 사람, 선한 사람과 악한 사람, 고상한 사람과 천박한 사람을 구분하지만 하나님은 가리지 않고 현실의 사람을 사랑하십니다. … 하나님은 현실의 인간 편에, 현실의 세상 편에 서서 그들을 고발하는 자들에 대항하여 변호하십니다. … 하지만 하나님이 사람을 받아들이신다는 말로는 충분하지 않습니다. 이 말은 무한히 심오하고, 헤아릴 수 없이 신비한 사실, 곧 하나님께서 예수 그리스도의 잉태와 탄생을 통해 사람의 몸을 직접 취하셨다는 사실에 근거합니다.

하나님은 당신의 사랑이 가짜라거나 의심스럽다거나 불확실하다는 비난의 여지를 남기지 않습니다. 그분 스스로 인간으로서 인간의 삶 속에 들어오시고, 인간의 본성과 본질과 죄책과 고난을 몸소 받아들이고 감당하셨기 때문입니다. 하나님은 인간을 사랑하셨기에 인간이 되셨습니다. 하나님은 가장 완전한 인간을 찾아내 그와 연합하신 것이 아니라 있는 그대로의 인간 본성을 취하셨습니다.

눈을 들라!

착각하지 맙시다. 우리가 인식하든지 하지 않든지 구원은 가까이 다가오고 있습니다(눅 21:28). 그리고 구원을 받아들이든지 거부하든지 양자택일만 가능할 뿐입니다. 하늘에서 땅으로 내려오는 이 구원에 참여할 것인지, 우리 마음을 걸어 잠글 것인지의 문제만 남습니다. 하지만 성탄절은 옵니다. 성탄의 기쁨에 우리가 참여할지 우리가 제외될지는 우리 각자가 결단할 문제입니다.

이와 같이 하늘에서 내려오는 강림 사건을 참되게 경험하면, 거듭 불안해하고 소심하며 의기소침하고 연약해지기 쉬운 그리스도인, 그래서 매번 기독교를 무시당하게 만드는 이전의 분위기와는 전혀 다른 무언가가 창조됩니다. 이는 이 두 가지 강력한 명령에서 분명해집니다. "눈을 들라. 머리를 들라"(눅 21:28, **RSV**). 대강절★은 사람들을 새롭게 만듭니다. 우리도 대강절 기간 동안 새사람이 되어야 합니다. 눈을 드십시오! 이 땅에 시선을 고정시킨 이들이여, 이 땅에서 일어나는 사소한 일들에 마음을 빼앗겨 일희일비하는 이들이여. 눈을 들어 이 말을 들으십시오! 실의에 젖어 하늘을 외면한 이들이여. 눈을 드십시오! 눈물이 채 마르지 않은 이들이여, 사랑하는 이를 갈라놓는 무자비한 이 땅으로 인해 슬피 우는 이들이여. 눈을 드십시오! 죄로 인해 고개를 들지 못하는 이들이여. 눈을 드십시오! 우리의 구원이 다가오고 있습니다! 우리가 매일 보고 듣는 것과 다른 일이 일어납니다. 마음을 가다듬고 영접할 준비를 하십시오. 조금만 더 기다리십시오. 기다리십시오. 그러면 완전히 새로운 일이 일어날 것입니다. 하나님이 오실 것입니다.

★ 강림절, 대림절이라고도 함. 크리스마스가 되기 이전에 네 번의 주일을 포함해서 지키는 절기.

대강절은 기다리는 기간이다

예수님은 문밖에서 문을 두드리고 계십니다(계 3:20). 걸인의 모습으로, 남루한 옷을 입은 아이처럼, 아주 현실적인 모습으로 도움을 청하고 계십니다. 그분은 당신이 만나는 모든 이의 모습으로 당신에게 다가오십니다. 그리스도는 사람이 있는 곳에서는 어디서나 이웃의 모습으로 오시며, 그를 통해 하나님은 당신을 부르시며 말을 걸고 요청하십니다. 이것은 대강절이 주는 매우 진지하고도 복된 메시지입니다. 그리스도는 문 밖에 서 계십니다. 그분은 인간의 모습으로 우리와 함께 사십니다. 당신은 문을 걸어 잠그겠습니까, 아니면 문을 열어 그분을 맞아들이겠습니까?

예수님을 가까이서 볼 수 있다는 것이 기이하게 들릴지라도, 그분은 그렇게 말씀하셨습니다. 누구든지 이 대강절의 진지한 메시지를 외면하는 이는 그의 마음속으로도 그리스도의 오심에 대해 말할 수 없습니다. …

그리스도는 문을 두드리십니다. 아직 성탄절이 아니며 예수님이 최후에 강림하시는 재림의 날도 아닙니다. 우리가 살면서 기념하는 대강절은 모두 종말에 강림하시는 재림의 날을 향한 기다림입니다. "보라, 내가 만물을 새롭게 하노라"(계 21:5).

대강절은 기다리는 시간입니다. 우리의 전 생애는 마지막 강림의 그날, 새 하늘과 새 땅을 주시는 그날을 준비하는 대강절 기간이라고 할 수 있습니다.

기다림은 능력이다

대강절은 기다리는 기간입니다. 조급한 세대는 기다림의 기술을 잊어버렸습니다. 조급한 마음은 싹이 나오자마자 열매를 따려고 합니다. 탐욕스러운 눈은 열매가 속까지 익지 않은 것을 보지 못합니다. 익지 않은 열매가 그들의 눈에 탐스럽게 보이는 이유입니다. 그리고 이미 반으로 가른 열매에 실망해 불평하는 마음으로 한쪽에 치워 버리지요. 그렇습니다! 그들은 어리석게도 자주 속아 넘어갑니다. 하지만 복된 기다림은 달지 않고 씁니다. 궁핍에서의 희망을 의미합니다. 이것을 모르는 자들은 성취의 축복을 누릴 수 없습니다.

삶에 대해, 자신의 삶에 대해 진지한 질문들을 풀고자 씨름하는 것이 어떤 것인지 모르는 사람, 진리가 드러나기를 기대하며 간절히 기다려 보지 않은 사람은, 진리의 빛이 여명처럼 떠오르는 그 영광된 순간을 모릅니다. 우정과 사랑을 얻기를 기대하며 다른 사람이 들어오도록 자신의 마음을 여는 법을 모르는 사람은 두 영혼이 결합하여 하나의 삶을 이루는 커다란 축복을 영원히 알지 못합니다.

세상에서 가장 크고, 가장 깊고, 가장 부드러운 것을 알기 위해 우리는 기다려야 합니다. 이것은 폭풍처럼 갑자기 오는 것이 아니라, 싹이 트고 성장하고 열매 맺는 하나님의 법칙에 따라 오기 때문입니다.

12월 6일
성탄절에 어울리지 않는 생각

아무나 기다릴 수 있는 것은 아닙니다. 배부른 자, 만족한 자, 불경건한 자는 기다릴 수 없습니다. 세상 무엇보다 그분을 가장 경외하는 마음으로 위를 올려다보며 간절히 기다리는 사람들만 기다릴 수 있습니다. 쉼이 없는 영혼, 자신이 가련하고 불완전하다는 것을 아는 사람, 오실 분의 위대함을 알고 그분 앞에서 겸손하게 허리를 굽힐 수 있는 사람, 구유에 놓여 있는 아기의 모습으로 오신 거룩하신 하나님이 우리에게 오실 때까지 기다리는 이들만이 대강절을 기념할 수 있습니다.

하나님이 오십니다. 예수께서 오십니다. 성탄절이 옵니다. 기뻐하십시오, 성도들이여! … 옛 성도들이 예수님의 재림을 말할 때에는 항상 먼저 최후의 심판을 언급했습니다. 심판에 대한 생각은 성탄절답지 않은 것처럼 우리에게 보일지라도, 이는 초대교회의 신앙이며 우리는 이를 매우 진지하게 받아들여야 합니다. … 하나님의 오심은 진실로 기쁜 소식만이 아니라, 살아 있는 양심을 가진 자들에게는 전율을 일으키는 소식입니다.

먼저 두려워하는 마음이 있어야 하나님의 지극히 크신 은총을 깨달을 수 있습니다. 하나님은 악이 가득한 곳에, 죽음 한가운데로 오십니다. 그리고 우리 마음속에 있는 악과 세상의 악을 심판하십니다. 하나님은 우리를 심판하시면서 우리를 사랑하시고, 정결하게 하시고, 거룩하게 만드십니다. 그리고 은혜와 사랑으로 우리에게 오십니다. 하나님은 우리에게 마치 아이들의 행복과 같은 행복을 선사하십니다.

신비를 경외하는 마음

현대인의 삶에서 신비가 없어졌다는 사실은 빈곤과 몰락을 의미합니다. 신비를 경외하지 않는 삶은 삶의 가치를 잃어버린 것입니다. 사람은 신비를 경외하는 만큼만 어린이의 장점을 잃어버리지 않고 유지합니다. 신비에 둘러싸여 있다는 걸 아이들은 알기 때문에 그렇게 눈을 활짝 열고 있는 것입니다. 그들에게는 이 신비의 세계가 아직 끝나지 않았습니다.

아이들은 어른들처럼 생을 잘 헤쳐 나가지 못하고, 어른들만큼 신비를 피하지도 못합니다. 우리 어른들은 신비는 우리 존재의 한계라고 느끼기 때문에, 우리가 모든 것의 주인이 되어 마음대로 다룰 수 있기를 바라는데 신비의 영역에서는 우리가 그렇게 할 수 없기 때문에 신비를 파괴해 버립니다. …

신비 없이 사는 삶은 자신의 삶의 신비와 타인의 신비와 세상의 신비를 모른다는 이야기이며, 이는 우리 자신과 타인과 세상의 감추어진 능력을 간과하는 것입니다. 그렇게 되면 피상적인 삶을 살면서, 계산하여 이용 가치가 있을 때만 세상을 진지하게 대하며 그것을 넘어선 세계까지는 가 보지도 못하는 것입니다. 신비를 모르고 사는 삶이란, 삶의 중요한 과정들을 전혀 보지 못하거나 그런 것이 없다고 생각하는 삶입니다.

사랑의 신비

신비는 언제나 신비입니다. 그것은 우리 손이 닿지 않는 곳에 있습니다. 하지만 **신비란 단순히 알 수 없는 무엇인가를 의미하지는 않습니다.**
가장 멀리 떨어져 있는 별이 가장 큰 신비가 아니라, 무언가가 가까이 올수록, 그것을 잘 알면 알수록, 점점 더 신비스러워집니다. 가장 멀리 떨어진 사람이 아니라 바로 옆의 이웃이 가장 큰 신비입니다. 그를 알면 알수록 신비가 풀리는 것이 아니라 더욱더 신비스러워집니다. 두 사람이 만나 가까워지고, 서로 사랑한다는 것은 신비 중에 가장 큰 신비입니다. 세상 어떠한 것에서도, 신비의 힘과 놀라움을 사랑에서보다 더 강렬하게 느낄 수는 없습니다. 두 사람이 서로의 모든 것을 알게 될 때, 그들의 사랑의 신비는 무한히 커집니다. 바로 이렇게 사랑할 때만 서로 이해하게 되고, 서로에 대해 모든 것을 알며 서로를 온전히 알게 됩니다. 그들이 서로 사랑할수록, 사랑 속에서 서로 알수록, 그들은 사랑의 신비를 더 깊게 알아 갑니다. 즉 안다는 것은 신비를 제거하지 않고, 신비를 더 깊게 만드는 것입니다. 타인이 나에게 그렇게 가까이 있다는 그 사실이 가장 큰 신비입니다.

기적 중의 기적

하나님은 인간을 놀라운 방법으로 인도하십니다. 하나님은 당신을 인간의 생각에
맞추지 않으십니다. 인간이 원하는 길을 가지 않으시고 당신의 길을 가십니다.
인간의 모든 이해를 초월하여 당신의 자유로운 뜻대로 말입니다.
우리의 이성이 분노하는 곳, 우리의 본성이 그분께 반항하는 곳, 우리의 경건의
한계점, 하나님은 바로 거기에 존재하고자 하십니다. 거기에서 현자의 이성을
혼돈케 하시고, 우리의 본성과 경건에 거침돌을 놓으십니다. 그분은 바로 거기
거하길 원하시고, 아무도 그것을 막을 수 없습니다. 겸허한 자만이 그분을
믿을 수 있고, 사람들이 절망할 때 기적을 행하시는 자유롭고도 놀라운 능력의
그분을 기뻐합니다. 작고 보잘것없는 것을 택하여 영광스럽게 만드시는 그분을
기뻐합니다. 하나님이 비천한 자를 사랑하신다는 사실은 모든 기적 중의
기적입니다. …
하나님은 인간의 초라함을 부끄러워하시지 않습니다. 인간을 당신의 도구로
선택하시며, 인간이 도저히 기대할 수 없는 곳에서 기적을 행하십니다. 하나님은
비천한 자 옆에 계시며, 잃어버린 자, 무시당하는 자, 보잘것없는 자, 버림받은 자,
연약한 자, 마음이 상한 자를 사랑하십니다. 사람들이 "잃었다" 할 때, 그분은
"찾았다" 하시며, 사람들이 "심판받았다" 할 때 그분은 "구원받았다" 하시며,
사람들이 "아니다" 할 때 그분은 "맞다" 하십니다.

하나님이 인간이 되셨기에 인간은 비로소 인간이 된다

예수 그리스도의 형상은 인간 안에 형상을 이루어 냅니다. 인간은 자신만의
독자적인 형상을 이루지 못합니다. 인간에게 형상을 부여하고 새 형상으로
존재하도록 보존하는 것은 항상 예수 그리스도 자신의 형상뿐입니다. 따라서
인간에게 형성된 모습은 예수 그리스도의 형상을 모방하거나 반복한 것이 아니라,
그리스도 자신의 형상입니다. 인간은 자신에게 낯선 형상, 즉 하나님의 형상으로
변화되는 것이 아니라, 자신에게 부여된 고유한 형상으로, 자신만의 본연의
형상으로 변화됩니다. 하나님이 인간이 되셨기에 인간은 비로소 인간이 됩니다.
하지만 인간이 하나님이 되는 것은 아닙니다. 인간은 자신의 형상을 변형할
수 없었고 앞으로도 변형할 수 없지만, 하나님은 친히 당신의 형상을 인간의
형상으로 변형하십니다. 인간이 하나님이 되는 것이 아니라, 하나님 앞에서
인간이 되도록 말입니다.

그리스도 안에서 인간의 형상은 하나님 앞에서 새롭게 창조되었습니다.
인간이 그리스도 안에서 자신의 형상과 희망을 인식할 수 있었던 것은 장소,
시대, 풍토, 인종, 개인, 사회, 종교, 기호에 관한 것에서가 아니라, 자신의 생명
문제에서였습니다. 그리하여 인간은 예수님 안에서 자신의 형상과 희망을
깨닫습니다. 그리스도에게 일어난 일이 인간에게도 일어난 것입니다.

12월 11일
하나님께 기쁨이 거한다

"그들의 머리 위에 영영한 희락을 띠고"(사 35:10). 예부터 교회에는 무기력함으로
이끄는 '마음의 슬픔, 체념'★을 치명적인 죄로 여겼습니다. "기쁨으로 여호와를
섬기며"(시 100:2)라고 성경은 권고합니다. 바로 이 목적을 위해 우리는 생명을
받은 것이며 지금 이 순간까지 생명이 유지되는 것입니다. 아무도 우리에게서
빼앗을 수 없는 기쁨이, 이미 하늘의 본향으로 부름 받은 사람들뿐만 아니라
우리에게도 주어져 있습니다.

우리는 슬픔이 아니라 이 기쁨 속에서 그들과 하나가 됩니다. 우리가 만약
용기와 기쁨을 갖고 살지 못한다면 어떻게 용기와 기쁨을 잃은 사람들을
위로하겠습니까? 억지로 꾸며 낸 기쁨을 말하는 것이 아니라 하나님께 받아서
자연스럽게 우러나는 기쁨을 말하는 것입니다. 하나님께 기쁨이 거하고,
그분에게서 기쁨이 내려와 우리의 몸과 마음과 영혼을 사로잡습니다. 이 기쁨이
사람을 사로잡으면 기쁨 자체가 주변으로 번져 다른 사람도 끌어당기며 닫힌
문도 활짝 엽니다. 그러나 고통과 고뇌와 불안한 마음을 모르는 기쁨이 있습니다.
그러한 기쁨은 오래가지 못하고 잠시 마음을 속일 뿐입니다. 하나님의 기쁨은
구유의 가난함과 십자가의 고뇌로 얻어진 것 입니다. 그러므로 아무도 방해할
수도, 막을 수도 없습니다.

★ 아케디아*acedia*: 라틴어에서 온 다양한 의미로 해석되는 단어로 영어로는 나태, 무관심acedia을 뜻한다.
13세기의 신학자 토마스 아퀴나스는 '슬픔'으로 해석했다. 본회퍼도 여기서 '아케디아'를 '슬픔'의 의미로
썼다.

아무것도 잃어버리지 않는다

몇 주 전부터 이 찬송 가사가 계속 떠오릅니다.

"형제여, 오라 / 그대를 괴롭히는 것에서 벗어나 내게 오라

그대는 자유로워졌나니 / 그대에게 필요한 것 다

내가 다시 찾아 주리라"(독일 찬송가 36장).

"그대에게 필요한 것 다 내가 다시 찾아 주리라"는 무슨 의미일까요? 이 말은 잃어버리는 것은 아무것도 없다는 뜻입니다. 그리스도 안에서 모든 것은 새로운 모습으로, 이기적인 욕망의 고통에서 해방되어 투명하고 깨끗하고 자유로운 모습으로 고양되고 보존됩니다. 그리스도는 모든 것을 하나님이 원래 원하셨던 상태로, 우리의 죄로 훼손되지 않은 상태로 회복시켜 주십니다. 에베소서 1장 10절에 근거하는 만물의 회복 교리는 위대하고 놀라운 가르침으로서 큰 위로를 줍니다. 바로 이 말씀은 전도서 3장 15절 말씀이 성취된 것입니다.

"하나님은 이미 지난 것을 다시 찾으시느니라." 이것을 파울 게르하르트는 어린 예수의 입을 빌려 "필요한 것 다 내가 다시 찾아 줄게"라고 표현했습니다. 이처럼 소박하고 어린아이처럼 표현한 사람이 또 있을까요? …

또 나는 요즘 들어 처음으로 이 노래가 마음에 들어왔습니다. "당신의 구유 옆에 제가 서 있습니다"(독일 찬송가 37장). 지금까지 나는 이 구절을 간과했던 것입니다. 사람은 명상하면서 읽고 읽은 것을 받아들이기 위해 오랫동안 혼자 있어야 하나 봅니다. … '우리'라는 말도 있지만, '나'와 그리스도라는 말도 있는데, 이것의 의미를 이 찬송가보다 더 잘 표현한 것은 없을 것입니다.

성탄절, 성취된 약속

모세는 약속된 땅에 들어가지 못하고 그곳을 멀리서나마 바라볼 수 있는 산 위에서(신 32:48-52) 죽었습니다. 성경에서 하나님의 약속이 선포될 때 그것은 인간의 생사가 달린 문제입니다. … 아주 오래된 이 이야기가 나타내는 의미는 명백합니다. 하나님을 본 자는 죽어야 하며, 하나님의 약속 앞에서 죄인은 죽는다는 것입니다. 성탄절이 임박한 지금 이것이 우리에게 무엇을 의미하는지 생각해 봅시다.

성탄의 날에 하나님의 지극히 큰 약속이 성취된 것입니다. 이 약속은 가나안 땅을 주신다는 약속보다 더 큰 것입니다. … 사람의 힘을 빌리지 않고 하나님 혼자서 이루신 일, 그 커다란 기적이 성취되었다는 기록이 성경 도처에 나옵니다. … 무슨 일이 일어났습니까? 하나님께서 인간의 비참함을 돌아보고 도우려 직접 내려오셨습니다. 지금 그는 여기에 계십니다. 전능하신 분이 아니라, 연약한 인간의 모습으로. 죄와 연약함과 비참함과 불행이 있는 이 세상, 바로 이곳으로 하나님이 오십니다. 그리고 모든 사람이 그를 발견하도록 도우십니다. 바로 이 메시지가 해마다 새롭게 온 세상으로 퍼져 나가고 올해도 다시 다가옵니다.

신학을 사랑한다는 것

어떤 제사장도, 어떤 신학자도, 베들레헴 구유 앞에 서본 적이 없습니다. 그럼에도
모든 신학은 하나님이 인간이 되셨다는 그 기적 중의 기적에서 출발합니다.
거룩한 신학이란 마구간에 누운 하나님 아들의 신비 앞에 경배하며 무릎을
꿇는 데서 시작합니다. 거룩한 그 밤이 없는 신학은 신학이 아닙니다. 하나님이
육신으로 자신을 나타내셨다는 것은 거룩한 신비입니다. 신학의 임무란 바로
이를 지키며 보존하는 것입니다. 하나님의 신비를 풀어헤치고, 그것을 평면적이고
일상적인 인간의 경험에 기초한 지혜로 격하시키는 것을 신학의 임무로 생각할
때 어떻게 그분을 이해할 수 있겠습니까! 하나님의 기적을 기적으로 보존하고,
신비를 신비로서 이해하고 수호하고 영화롭게 하는 것이 신학의 유일한
임무입니다.

초대교회가 지칠 줄 모르는 열심으로 삼위일체와 예수님의 인성의 신비를
이야기한 것은 바로 이러한 이유였습니다. … 만약 성탄절에, 거룩한 신학을
사랑하는 마음이 불붙지 않는다면, 하나님 아들의 구유의 기적에 사로잡혀
하나님의 신비를 경건한 마음으로 묵상하지 않는다면, 하나님의 신비의 불씨는
마음속에서 이미 꺼져 없어진 상태일 것입니다.

아름다운 과거

사랑하는 부모님! 제가 자유를 얼마나 갈망하는지, 또 부모님을 얼마나 보고
싶어 하는지 잘 아실 것입니다. 두 분은 그동안 우리에게 잊을 수 없는 아름다운
성탄절을 맞게 해주셨습니다. 제가 감사한 마음으로 그 일들을 떠올리면 지금 이
어두운 성탄절이 환하게 밝아질 것입니다.

이러한 때를 만나야 비로소 우연적 사건이나 시대가 변해도 변하지 않는 지나간
과거와 아름다운 내적 유산이 얼마나 귀중한지 알 수 있습니다. 수세기에 걸쳐
이루어진 영적 유산을 안다는 것은 모든 과도기적 어려움에 직면했을 때 어떤
안정감을 주는 것 같습니다. 이러한 축적된 힘을 가졌음을 아는 사람들은
아름답고 풍부한 과거를 회상하면 떠오르는 부드럽고 따스한 감정을 부끄러워할
필요가 없을 것입니다. 저는 그런 감정들이 여전히 인간의 감정 중 좀더 높고
고귀한 감정이라고 생각합니다. 아무도 빼앗을 수 없는 가치들을 굳게 붙드는
사람들은 이러한 감정들에 휘말려 요동하지는 않을 것입니다.

선지자란

선지자란 하나님께서 어떤 중요한 순간에 그의 삶에 개입하셔서 불러내시는 것을 아는 이입니다. 그래서 그는 하나님의 뜻을 전하는 것 외에 아무것도 할 수 없습니다. 부르심은 그의 생의 전환점이 되고, 부르심을 좇는 것 외에는 아무것도 할 수 없습니다. 부르심이 그를 큰 재앙이나 죽음으로 인도할지라도 말입니다. … 예레미야가 말한 것처럼(렘 23:9 이하), 진정한 선지자는 늘 평안과 화평, 승리를 외치는 자가 아니라, 재앙을 선포할 수 있는 용기를 가진 자입니다. … 그는 자신이 하나님과 계약을 맺었다는 것을 알고 있습니다. 이 계약이 그의 삶을 비극으로 이끌지라도, 이것은 하나님과의 계약이므로 이 비극은 매우 진지한 것입니다.

선지자는 하나님과 계약을 맺었기 때문에 그토록 비범한 말을 선포할 수 있고, 이 계약이 그를 타협하지 않는 단호한 사람으로 만듭니다. 또한 이러한 이유로 그는 인간이 심리학적 용어로 이해할 수 있는 정도를 넘어선 사람입니다. … 하나님은 인간적 개념에서의 정신적인 균형 상태를 찢고 깨뜨리고 파괴하십니다. 그리고 이를 통해 인간은 그분의 요구를 받아들이게 됩니다. … 하나님 자신이 선지자의 삶을 비극으로 인도하십니다. 이는 인간의 이러한 실패 속에서 하나님의 요구가 얼마나 진지하고, 우리에게 부담을 주는 것인지 밝히 드러납니다.

부드럽고 신비로운 소리

깊은 죄와 환난으로 신음하는 백성에게, 부드럽고 신비로운 소리가 들려왔습니다. 그것은 확신에 찬 축복의 소리였습니다. 하나님의 아들이 탄생한다는 구원의 소리였습니다(사 9:6-7). 그 구원은 700년 후에 실현될 일이지만 선지자는 하나님의 생각과 계획에 깊이 몰입하여 미래의 일이 벌써 실현된 것을 보는 것처럼 말하고, 벌써 예수님의 구유 앞에서 무릎을 꿇고 앉아 있는 것처럼 구원의 때에 대해 말합니다.

"한 아기가 우리를 위해 태어났다"(사 9:6, 새번역). 나중에 일어날 일도 하나님의 눈에는 벌써 실현된 것이며, 그것은 단지 미래의 인류에게만 구원이 되는 것이 아닙니다. 벌써 그것이 오는 것을 보고 있는 선지자들에게도, 그의 백성에게도, 모든 족속에게도 구원이 되는 것입니다. "한 아기가 우리를 위해 태어났다"라는 말을 과연 인간이 지어낼 수 있을까요? 내년에 무슨 일이 일어날지도 모르는 우리가 어떤 사람이 몇백 년 후의 일을 볼 수 있다는 사실을 어떻게 받아들일 수 있겠습니까? 당시의 일들도 제대로 파악하기가 어려웠을 텐데요.

세상의 시작과 종말을 보시는 하나님의 영만이, 그런 식으로 자신이 선택한 사람에게 미래의 일을 알려 주십니다. 신자를 격려하고, 불신자에게 경고하기 위해서입니다. 한 사람 한 사람의 이러한 음성이, 마침내 한밤중에 목자들의 경배 속에 나타났고(눅 2:15 이하), 그리스도를 믿는 교회의 환호성 속에 나타났습니다. "한 아기가 우리를 위해 태어났다. 그분의 아들이 우리에게 오셨다."

모든 것의 위대한 전환점

한 강한 남자의 혁명적인 행위 이야기도, 한 똑똑한 사람의 위대한 발견 이야기도,
한 성인의 경건한 업적 이야기도 아닙니다. 한 아기의 탄생 이야기입니다!
한 아기의 탄생이 모든 것의 위대한 전환점이 되고, 모든 인류에게 구원을
가져다준다는 사실은 실로 이해할 수 없는 일입니다. 왕이나 정치가, 철학자와
예술가, 종교 주창자나 도덕 선생들이 아무리 애써도 이루지 못하던 일을 이제
막 탄생한 아기가 이룰 것입니다. 여기 한 아기가 세계사의 중심에 우뚝 섬으로
인간의 모든 노력과 업적이 부끄럽게 되었습니다. 그 아기는 인간으로 태어난,
하나님이 주신 아들입니다(사 9:6). 이것이 바로 세상을 구원하는 비밀입니다.
모든 과거와 미래가 이 사건에 포함되어 있습니다. 전능하신 하나님의 측량할
수 없는 자비하심이 그분의 아들인 한 아기의 모습으로 우리에게 다가오십니다.
이 아기는 우리를 위해 태어났습니다. 그분의 아들을 우리에게 주신 것입니다.
하나님의 아들이며 인간인 이 아기가 나를 위해 오셨으며, 내가 그분을 알고
소유하며 사랑하는 것, 내가 그분께 속했고 그분이 내게 속했다는 것, 바로
여기에만 나의 생명이 달려 있습니다. 한 아기의 손에 우리의 생명이 달려 있는
것입니다. …
"한 아기가 우리를 위해 태어났다. 그 아들이 우리에게 오셨다"라고
그리스도인들이 외치는 구원의 소식에 노련하고 현명하고 경험 많고 자신만만한
세상 사람들은 머리를 흔들거나 심지어 심술궂은 웃음을 지을 것입니다.

한 아기의 연약한 어깨에

"권세가 그의 어깨에 있으리니"(사 9:6) 이제 막 태어난 아기의 어깨에 세상의 모든 권세가 놓이게 됩니다. 우리가 확실히 아는 바로는, 이 어깨는 나중에 세상의 모든 짐을 질 것입니다. 십자가와 세상의 모든 죄와 고난이 이 어깨에 얹힐 것입니다. 권세란 십자가를 지는 이가 이러한 짐 때문에 쓰러지는 것이 아니라 목적을 이룬다는 것입니다. 구유에 누인 아기의 어깨에 강림한 주의 권세는 인간의 죄를 묵묵히 지신다는 데 있습니다. 이처럼 인간의 죄를 지심은 구유에서, 영원한 하나님의 말씀이 인간의 육신을 입으신 바로 그곳에서 시작됩니다. 세상의 모든 권세가 비천함과 연약함 속에 태어난 바로 이 아이에게서 시작됩니다. 과거에 가장은 자신이 집의 주인이라는 표시로 열쇠를 어깨에 걸치고 다녔습니다. 이는 자신이 원하는 대로 문을 열고 잠그며, 원하는 사람을 들여보내고 내쫓는 권세가 있다는 것을 나타냈습니다. 이것은 십자가를 어깨에 지고 가신 이의 권세와 같습니다. 그는 죄를 용서하심으로 열어 주시고, 교만한 자를 쫓아내심으로 문을 잠그십니다. 이것이 바로 그 아기의 권세입니다. 겸손한 자, 낮은 자, 죄인을 영접하시어 감당하시고, 권세 있고 교만한 자, 의로운 자를 배척하시고 빈손으로 보내시는 권세입니다(눅 1:51-52).

헤아릴 수 없이 현명한 지혜

'기묘한 지혜', 이것이 아기의 이름입니다(사 9:6). 그 아기에게 기적 중의 기적이 일어났습니다. 하나님의 영원한 지혜로 구원자 아기가 탄생하신 것입니다. 하나님께서 우리에게 그분의 아들을 한 아기의 모습으로 주셨습니다. 하나님이 사람이 되시고 말씀이 육신이 되셨습니다(요 1:14). 이것은 우리에 대한 하나님의 사랑의 놀라운 기적이며, 이 사랑으로 우리를 끌어당기고 구원하는 것은 헤아릴 수 없이 현명한 지혜입니다.

이 하나님의 아기가 바로 그분의 놀라운 지혜이므로, 그가 또한 모든 신비와 지혜의 근원이 됩니다. 예수님을 통해 하나님의 아들의 신비를 깨닫는 자는 예수님의 말씀과 행위 하나하나가 신비로움을 깨닫고, 모든 환난 중에서 생겨나는 물음에 예수님에게서 심오하고 진정으로 도움이 되는 궁극적 지혜를 얻을 수 있습니다. 그 아기는 말을 하기도 전에 이미 신비와 지혜였습니다. 구유에 누이신 아기께 가십시오. 그분이 하나님의 아들임을 믿으십시오. 그리하면 그분에게서 모든 신비와 지혜를 얻을 것입니다.

12월 21일
하나님이 아기가 되셨다

아기는 '전능하신 하나님'이라고 불립니다(사 9:6). 구유에 누인 아기는 바로 하나님 자신입니다. 하나님이 아기가 되셨다는 것보다 더 큰 선포는 있을 수 없습니다. 바로 예수님 안에, 마리아의 아기 안에 전능하신 하나님이 계십니다. 잠깐 멈추십시오! 말하지도 말고, 생각도 멈추십시오. 이 말씀 앞에서 멈추어 서십시오. 하나님이 아기가 되셨습니다! 여기에 그분이 계십니다. 우리처럼 가난하고 불쌍하고 도울 자 없는 그분이 우리와 같이 피와 살을 가진 사람, 우리의 형제가 되셨습니다.

그럼에도 그분은 하나님이시며 능력입니다. 아기의 신성과 능력이 어디에 있습니까? 우리처럼 되신 그 위대한 사랑에 있습니다. 가난함이 구유에 놓인 그분의 권능입니다. 사랑의 권능으로 하나님과 인간 사이의 간격을 메우고 죄와 죽음을 이기고 죄를 사하고 죄인을 죽음에서 일으켜 주십니다. 이 비천한 구유 앞에, 가난한 사람들의 아기이신 이분 앞에 무릎을 꿇으십시오. 그리고 믿음으로 선지자가 먼저 말한 대로 따라해 보십시오. "전능하신 하나님." 그러면 아기는 당신의 하나님, 당신의 능력이 될 것입니다.

아버지와 평화의 왕

영원한 아버지(사 9:6). 어떻게 이것이 아기의 이름이 될 수 있을까요? 인간을 향한 하나님 아버지의 영원한 사랑이 그 아기에게서 드러나고 아기가 아버지의 그 사랑을 이 땅에 가져오기 때문입니다. 이렇게 아들은 아버지와 하나가 되기에, 아들을 보는 자는 아버지를 보는 것입니다. 이 아기는 스스로를 위해 있지 않으며, 인간적인 의미에서 신동도 아닙니다. 오로지 하늘에 계신 아버지에게 순종하는 아들이 될 것입니다. 그분은 시간 속에 태어나심으로 인간에게 영원을 가져다주셨고, 하나님의 아들로서 우리에게 하나님의 모든 사랑을 가져다주셨습니다. 구유로 가서 찾으십시오! 바로 여기에서 하나님 아버지를 발견해 보십시오. 그는 여기에서 당신을 사랑하는 아버지가 되셨습니다. '평화의 왕' 하나님이 사랑으로 인간에게 오셔서 인간과 하나가 되는 곳에서 하나님과 사람, 사람과 사람 사이에 평화가 맺어집니다. 하나님의 진노가 두렵습니까? 그러면 구유에 누이신 아기께 가십시오. 그리고 거기에서 하나님이 주시는 평화를 누리십시오. 만약 당신이 형제와 투기와 미움으로 반목하고 있다면, 얼마나 순전한 사랑으로 하나님이 우리 형제가 되었고 우리 사이를 화해시키시는지 여기에 와서 보십시오. 세상은 폭력이 지배하지만, 이 아기는 평화의 왕이십니다. 그분이 있는 곳에서는 평화가 지배합니다.

12월 23일
비가시적인 신비한 권세

이 연약한 아기의 권세는 점점 더 커질 것입니다(사 9:7). 온 세상을 포괄할 것이고, 모든 사람은 의식하든 의식하지 못하든 종말이 올 때까지 그 권세 아래에서 섬길 것입니다. 그분의 권세는 모든 사람의 마음을 다스릴 것입니다. 그러나 각 나라와 그 왕들은 이 권세의 능력 아래 강해지거나 아니면 무너질 것입니다. 사람들의 마음을 다스리는 아기의 비가시적인 신비한 권세는 이 땅 통치자들의 가시적이고 막강한 권력보다 든든한 기반에 서 있습니다. 지상의 모든 권세는 결국 모든 사람을 통치하시는 예수 그리스도의 권세를 섬기게 되어 있습니다.
예수님의 탄생과 함께 거대한 평화의 왕국이 시작되었습니다. 예수님께서 진정으로 사람을 다스리는 곳은 평화가 지배한다는 것이 기적이 아니겠습니까? 사람이 사는 이 어지러운 세상에 평화가 지배하는 곳, 즉 예수님이 계시는 곳이 있다는 것이 기적이 아닙니까?
예수님을 통치자로 모시지 않는 곳, 곧 사람들의 고집과 반항, 미움과 욕심이 꺾이지 않고 만연한 곳에는 평화가 있을 수 없습니다. 예수님은 평화의 왕국을 무력으로 이루려 하지 않으셨습니다. 예수님이 통치하도록 사람들이 자발적으로 기꺼이 복종하는 곳에만 예수님은 놀라운 평화를 주실 것입니다.

하나님의 자비하심을 양식으로 삼다

우리는 다른 아기들이 누운 곳에 가듯 아기 예수님이 누우신 구유에 다가갈
수 없습니다. 아기 예수님의 구유로 갈 때 우리에게는 어떤 일이 일어납니다.
구유를 떠날 때는 심판을 받거나 구원을 받은 상태가 됩니다. 거기서 우리를 향한
하나님의 자비하심을 깨닫게 되거나 멸망하거나 둘 중 하나입니다.
이것이 무슨 의미입니까? 이 모든 것이 그저 아름다운 신적인 전설을 목회를 위해
과장되게 꾸미는 상투적인 말에 불과합니까? 어린 예수에 대해 그런 말을 할 수
있다는 것은 무엇을 뜻합니까?
이것을 상투적 표현으로 받아들이려는 사람은 대강절과 성탄절의 진정한
의미에 무관심한 채 불신자들처럼 보내고 맙니다. 우리에게는 그 말이 상투적인
표현이 아닙니다. 왜냐하면 하나님, 만물의 창조주가 여기에서 가장 작아지셨기
때문입니다. 이 세상의 어느 구석진 곳, 아무도 모르는 곳에 들어오셔서 볼품없는
모습으로, 무력하고 무방비 상태인 아기의 모습으로 우리를 만나 주시며 우리와
함께하려 하시기 때문입니다.
그러한 것들이 우리에게 감동을 주기 때문에 하나님이 장난이나 운동처럼
계획하신 것이 아니라, 그러한 것을 통해 하나님이 어디에 계시며 그분이
누구신가를 보여 주길 원하신 것이며 또한 이 비천한 구유에서 인간의 모든
야망을 심판하고 가치 없고 무력하게 만들고자 하신 것입니다.
이 땅에서 하나님의 보좌는 왕의 보좌가 아니요, 인간의 깊은 곳에, 즉 구유에
있습니다. 이 보좌 주위에는 아첨을 떠는 신하들이 있는 것이 아니라, 전심으로
하나님의 자비하심으로만 살려는 사람들이 서 있습니다.

심판과 구원

하나님께서 마리아를 도구로 택하셔서 하나님 스스로 베들레헴의 구유로 오고자 하신 것은 한 목가적 가정의 일이 아니라, 만물의 완전한 전환과 새 질서의 시작을 의미합니다. 우리가 이 대강절과 성탄절을 진정으로 기념하며 참여하려면, 친밀한 장면을 즐기는 극장의 관객처럼 관람해서는 안 됩니다. 우리는 지금 일어나는 이 사건, 즉 만물의 대전환에 함께 참여하여 몰입해야 합니다. 무대 위에서 함께 움직여야 합니다. 여기서의 관객은 항상 극에 참여하는 자를 말합니다. 우리 자신이 극에서 제외되면 안 됩니다.

그렇다면 우리는 어떤 등장인물이 될까요? 무릎 꿇는 양치기? 예물을 가져온 동방박사? 마리아가 하나님의 아들을 낳고, 하나님이 누추한 구유에 인간의 모습으로 오시는데, 도대체 무슨 일이 일어나고 있는 것입니까? 세상을 심판하고 세상을 구원하는 일이 바로 여기에서 일어나는 것입니다. 구유에 놓인 아기 예수가 세상을 심판하고 구원할 권위를 쥐고 계십니다. 권세 있고 강한 자들을 물리치시며 권력의 왕좌에 앉은 자들을 쫓아내시며 교만한 자를 낮추십니다. 그의 팔은 모든 높고 강한 것들을 누르시고, 그의 인자하심으로 낮고 천한 것들을 높여 위대하고 영화롭게 하십니다.

12월 26일

구유의 권능과 영광

이 세상에서 강하고 능력 있는 자들이 용기를 잃고 매우 두려워하며 피하고자 하는 장소는 단 두 곳밖에 없습니다. 예수님의 구유, 그리고 십자가입니다. 권력자는 감히 구유에 올 수 없습니다. 헤롯 왕도 오지 못했습니다. 왜냐하면 바로 여기에서 왕좌는 흔들리고, 강한 자와 높은 자는 넘어지고 낮아지기 때문입니다. 구유에서 하나님은 낮은 자와 함께하시고, 부유한 자들은 빈손이 되게 하시기 때문입니다. 그분은 가난한 자와 배고픈 자와 함께하시고 배고픈 자들을 배부르게 하시는 반면 배부른 자들을 빈손으로 보내십니다. 마리아 앞, 예수님의 구유 앞, 낮아지신 하나님 앞에서 강한 자는 무가치하게 되고 아무런 권리도 희망도 없습니다. 심판을 받는 것입니다.

우리는 구유 앞에서 실제 삶에서의 높고 낮음의 진정한 의미가 무엇인지 분명히 이해해야 합니다. …

성탄절을 제대로 기념할 수 있는 사람은 누구입니까? 모든 권세와 명예와 인기와 허영과 교만과 이기심을 구유 앞에 내려놓는 사람입니다. 그리고 자신은 낮아지고 하나님 한 분만을 높이는 사람, 구유에 놓인 아기를 보고 낮고 비천한 곳에서 하나님의 영광을 볼 수 있는 사람입니다.

단 하나의 참 길

우리의 삶은 우리의 의지와 이성이 구상하는 단순한 직선이 아닙니다. 두 가지 상이한 길, 두 가지 상이한 요소와 힘으로 구성되어 있습니다. 인간의 생각과 하나님의 길, 이 두 가지가 함께 삶에 작용합니다. 인간의 길이라는 것은 실제로는 없는 것입니다.

"사람이 마음으로 자기의 길을 계획할지라도"(잠 16:9). 인간이 계획한 길은 생각과 이론과 환상에서만 존재한다는 의미입니다. 진정한 길은 하나밖에 없으며 우리는 이 길을 피할 수 없이 가게 됩니다. 이것은 하나님의 길입니다. 사람은 자신의 미래의 삶을 일목요연하게 보고자 하지만, 하나님의 길은 단지 한 걸음씩만 갈 수 있는 것입니다.

"사람이 마음으로 자기의 길을 계획할지라도 그 걸음을 인도하는 이는 여호와시니라." …

하나님은 인간이 한 걸음 한 걸음씩 가는 것을 원하십니다. 삶에 대한 자신의 관념에 이끌리지 않고 한 걸음씩 내딛으면서 물어볼 때마다 받는 하나님의 말씀에 인도되어 가기 원하십니다. 우리의 전 생애를 보여 주는 하나님의 말씀은 없습니다. 하나님의 말씀은 오늘도 내일도 새롭게 열려 있습니다. 말씀은 우리가 그것을 듣는 순간에만 우리의 길을 밝혀 줍니다.

하나님은 기다리실 수 있다

인간은 패자이며 하나님은 승자이십니다. 하나님은 인간에게 시작과 진보와 성공을 허용하십니다. 그분은 완전히 수동적인 것처럼 보입니다. 그분의 반응은 미미하게 보여 우리 눈에는 잘 보이지 않습니다. 이렇게 우리는 자만과 자신감에 차 성공과 최후의 승리를 확신하며 전진합니다. 하지만 하나님은 기다리실 수 있습니다. 그분은 때로 몇 년을 기다리십니다. …

인간이 결국은 하나님의 반응을 이해하고, 인간 스스로 하나님께 향한 삶을 살기를 기다리시면서 말입니다.

하지만 모든 인간의 삶에서 단 한 번은 — 이것이 마지막 죽음의 순간일 수도 있습니다 — 하나님께서 그의 길을 한 걸음도 더 나아갈 수 없도록 가로막으십니다. 이때 우리는 멈춰 서서 두렵고 떨림으로 하나님의 권능과 자신의 약함과 비참함을 깨달아야 합니다. …

우리는 하나님이 삶을 인도하신다는 것이 무슨 의미인지 오직 생의 위대한 이 순간에만 이해하게 됩니다. 그리고 하나님의 인내와 분노가 어떤 것인지 깨닫게 됩니다. 그리고 하나님께서 길을 막고 계신 시간이 삶에서 진정한 의미를 갖는 유일한 시간이라는 것을 비로소 깨닫습니다. 그 시간만이 우리의 삶을 가치 있게 합니다.

역사에서 하나님이 일하시는 방법

하나님은 모든 것, 아니 가장 악한 것에서도
선을 이루실 수 있으며 그렇게 하고자 하심을
나는 믿습니다.
그것을 위해 하나님은
모든 것을 통해 자신의 삶에서 선을 이루려는 사람들을 필요로 합니다.
하나님께서 우리가 역경 가운데 있을 때마다
우리에게 필요한 만큼의 저항력을 주시고자 하심을
나는 믿습니다.
하지만 우리에게 그것을 미리 주시지 않는 이유는
우리가 자신을 의지하지 않고 오직 그분만 의지하게 하고자 하심입니다.
이러한 믿음이 있을 때 우리는 미래에 대한 모든 불안을 극복하게 됩니다.
우리의 잘못과 오류조차 헛된 것이 아니라는 것,
또 하나님께는 우리의 잘못과 오류가 우리가 생각하는 선한 행실보다
더 처리하기가 어렵지 않다는 것을
나는 믿습니다.
하나님은 영원한 운명이 아니라,
우리의 진지한 기도와 책임 있는 행동을 기대하고 그것에 응답하시는 분이심을
나는 믿습니다.

12월 30일
"그분이 모든 일을 다 잘하셨습니다"

한 해가 저무는 시간에, 한 해를 엮어 온 매 주일 매 순간에 대해
"그분이 모든 일을 다 잘하셨습니다"라고 기도드립니다.(막 7:37)
"그분이 모든 일을 다 잘하셨습니다"라는 고백을 차마 하고 싶지 않은 순간이 전혀
남지 않을 때까지 기도드립니다.

유난히 힘들고 괴롭고 불안하게 하던 날들에 대해, 쓰디쓴 아픔을 남긴 그날들에
대해, 오늘 꺼내고 싶지 않은 날들에 대해 "그분이 모든 일을 다 잘하셨습니다"
라고 감사하며 겸손히 고백하기 전에는 한 해를 마치지 않으렵니다. 그러한
날들을 잊기 위해서가 아니라 극복하기 위해서입니다. 그것은 감사할 때만
가능합니다.

풀리지 않는 과거의 수수께끼를 풀려고 헤어나올 수 없는 생각의 쳇바퀴에 빠지지
말고, 이해할 수 없는 것들일지라도 그대로 둔 채 하나님의 손에 편안히 맡겨
드리십시오. 이는 "그분이 모든 일을 다 잘하셨습니다"라는 겸손한 고백으로만
가능합니다.

그런데 아직 가장 두려운 가시가 남아 있습니다. 나의 죄, 나의 죄여!… 내 죄의
악한 열매는 여전히 활동하고 있습니다. 내가 어찌 그것을 끝장낼 수 있겠습니까?
당신이 스스로의 죄에 대해 "그분이 모든 일을 다 잘하셨습니다!"라고 고백할
수 없다면 당신은 그리스도인이 아니라 아직도 자기 죄를 완악하게 고집하는
것입니다. "그분이 모든 일을 다 잘 하셨습니다!" 이 말씀은 "우리가 모든 일을 다
잘했다"는 의미가 아닙니다. 그리스도인이 심지어 자기 죄에 대해서도 "그분이
모든 일을 다 잘하셨습니다!"라고 말할 수 있다는 것은 매우 놀라운 깨달음입니다.

12월 31일
선한 힘들에 감싸여*

선한 힘들에 감싸여 신실하고 고요하게
놀라운 위로와 보호 아래서
이 날들을 그대들과 더불어 살고 싶습니다.
그대들과 더불어 다가오는 새해를 향해 나아가고 싶습니다.

지난해가 여전히 우리 마음을 괴롭히려 들지만
악한 날의 무거운 짐이 여전히 우리를 짓누르지만
오, 주님. 우리의 겁먹은 영혼에 구원을 베푸소서.
그 구원을 주시려 우리를 만드셨사오니.

주님께서 우리에게 무거운 잔을 건네신다면
가득 채워진 슬픔의 쓴잔을 건네신다면
주님의 선하신 사랑의 손에서
떨지 않고 감사히 받겠습니다.

이 세상의 찬란한 태양 빛 아래에서
다시 한 번 기쁨을 우리에게 주신다면
지나간 일들을 기억하겠습니다.
그리고 우리의 삶을 온전히 당신께 드리겠습니다.

오늘은, 당신이 어둠 속의 우리에게 가져오신
따뜻하고 밝은 촛불이 타오르게 하소서.
그리고 할 만하시다면, 우리를 다시 하나 되게 하소서!
당신의 빛은 밤에도 빛을 발하는 것을 우리가 아오니.

이제 깊은 적막이 우리를 둘러쌀 때
보이지 않게 주변에 퍼지는
세상에 가득한 소리를 듣게 하소서.
당신의 자녀들이 함께 부르는 고음의 찬송 소리를.

선한 힘들에 감싸여 경이롭게 보호받으며
우리에게 다가올 것을 확신하며 기다립니다.
하나님은 밤에도 아침에도 우리와 함께하시며
매일 새로운 날에도 함께하심을 확신합니다.

★ 지하 감옥에서 쓴 시. 원본은 약혼자인 마리아 폰 베데마이어에게 쓴 1944년 12월 19일자 편지에
동봉되었다. 친구, 부모, 형제자매에게 보낸 성탄절 인사. 1945년에 약간 수정한 원고는 독일 개신교
찬송가에 실렸다.

부록

디트리히 본회퍼 연보

1906. 2. 4	브레슬라우에서 탄생.
1923-1927	튀빙겐, 로마, 베를린에서 복음주의 신학 공부. 이어서 박사 학위 취득 및 교수 자격 논문 통과.
1928-1929	에스파냐 바르셀로나 루터교회에서 강도사 생활.
1930-1931	뉴욕 유니온 신학교에서 공부.
1931	베를린 대학의 객원강사, 교목. 에큐메니칼 운동에 참가.
1933	교회에서 히틀러 저항 운동 시작. 런던에서 교환 목사로 활동.
1935	핑켄발데에 있는 신학교(당시 법으로 금함)의 책임자가 됨.
1937	경찰에 의해 신학교가 폐지된 후에도 비밀리에 일을 계속함.
1939	여름에 뉴욕 방문. 전쟁 직전에 베를린으로 돌아옴.
1940	저항운동을 위한 정보원으로 활동.
1941-1942	모반을 계획하기 위해 스위스, 노르웨이, 스웨덴, 이탈리아로 여행함.
1943. 1	마리아 폰 베데마이어와 약혼.
1943. 4. 5	체포되어 베를린 테겔 형무소에 투옥. 에버하르트 베트게와 활발한 서신 교환. 이는 후에 '저항과 복종'의 기초가 됨.
1944. 8. 8	게슈타포 감옥으로 이송.
1945. 2. 7	부헨발트 수용소로 이송.
1945. 4. 5	히틀러에 의해 사형 언도.
1945. 4. 8	플로센베르크 수용소로 이송.
1945. 4. 9	사형 집행.

성경 색인

71:9, 18 3월 24일
71:18 11월 3일
75:1 2월 9일
90:4 11월 3일
98:1 11월 30일
100:2 12월 11일
119 9월 27일
119:1 2월 14일, 9월 26-27일
119:3 11월 10일
119:5 2월 23일
119:6 2월 6일
119:7 2월 24일
119:8 3월 24일, 6월 9일
119:10 10월 22일
119:11 10월 11일
119:13 5월 20일
119:16 1월 14일
119:17 9월 28일
119:18 10월 8일
119:19 2월 2일, 11월 9일
119:21 9월 25일
121:1 4월 3일
127:1, 2하 2월 10일

잠언

1:7 8월 26일
3:27-28 8월 17일
16:9 12월 27일
18:10 2월 9일
21:25 2월 23일
24:10 6월 4일

전도서

3:1, 4, 5, 7 1월 3일
3:15 1월 3일, 11월 11일, 12월 12일

아가

8:6하 5월 17일, 11월 18일

이사야

9:6-7 12월 17-23일
11:1-9 1월 10일
35:10 12월 11일
40:8 11월 3일
43:1 6월 3일
45:6-7 3월 22일
50:4 1월 4일
53:2 1월 7일
53:4-5 3월 31일
55:8 10월 3일
57:18 6월 5일
65:17 6월 26일

예레미야

20:7 11월 13일

마가복음

1:16-17	1월 13일
2:14	1월 13일
7:37	12월 30일
10:21	9월 24일
10:48	3월 3일
15:34	4월 21일
16:15-16	4월 23일

누가복음

1:51-52	12월 19일
2:7	6월 13일
2:14	9월 7일
2:15-20	12월 17일
2:51	2월 28일
4:3-4	1월 11일
4:5-8	3월 1일
4:28-30	4월 9일
6:20	9월 4일
8:11-15	10월 11일
9:62	1월 2일
10:25-37	9월 24일
10:31	7월 10일
12:14	10월 14일
12:35-40	5월 25일, 10월 10일
16:19-31	8월 12, 9월 4일
18:11	2월 24일
21:28	12월 3일

23:34	3월 21일
23:46	4월 14일

요한복음

1:3-4	3월 10일
1:7	1월 20일
1:14	12월 20일
1:46	1월 9일
2:1-11	1월 7일
3:16	5월 18일
3:21	5월 31일
4:34	10월 15일
5:17하	1월 25일
8:31-32	5월 28일, 5월 30일, 7월 16일, 9월 29일
8:36	9월 29일
8:44	9월 20일
10:11	6월 19일
10:16	6월 20일
11:16	4월 28일
13:34	3월 18일
14:5	4월 28일
14:6	11월 14일
14:23	3월 27일
14:26	6월 11일
14:27	9월 11일
14:27-31	5월 27일
16:33	5월 5일

18:36   5월 17일

19:30   4월 14일

20:17   4월 29일

20:25   4월 28일

20:26-28   4월 29일

사도행전

2:1-13   6월 4일

10:40-41 4월 22일

로마서

4:25   4월 22일

5:1-5   4월 4-5일, 4월 15일

5:10   3월 21일

8:26   2월 23일

10:17   6월 23일

11:6   4월 12일, 6월 27일,

          11월 12일

12:11   6월 7일

12:18   3월 21일

12:21   9월 6일

고린도전서

2:7-10   5월 21-22일

13   6월 2일, 7월 18-19일,

          10월 31일

15:17   4월 18일, 4월 22일

15:20-23 4월 22일

15:26   4월 16일

15:35 이하   4월 23일

고린도후서

1:20   3월 2일

3:6   6월 11일, 9월 30일

3:17   9월 29일

5:17   6월 12일

12:9   6월 3일

갈라디아서

3:28   7월 12일

4:6   6월 5일

4:9   5월 5일

에베소서

1:10   12월 12일

2:14-16   7월 4일, 9월 6일

4:29   7월 7일

5:14   1월 28일

빌립보서

1:21   5월 4일

4:7   9월 11일

골로새서

1:16-17   8월 2일

3:1-3   11월 27-29일

데살로니가전서

5:16-18 2월 19일

디모데전서

3:1-7 6월 27일

디모데후서

1:7 6월 4일
4:8 11월 22일

히브리서

4:9 1월 24일

야고보서

1:8 8월 28일
2:12 9월 29일
4:4 5월 24일
4:14 1월 4일

베드로전서

1:7-9 5월 26일
2:20 3월 13일
3:9 5월 23일
3:14 3월 13일
4:17 9월 27일
5:4 6월 19일
5:5 9월 25일

베드로후서

3:13 8월 10일

요한일서

2:15 5월 24일
2:17 7월 31일, 11월 20일, 11월 25일
2:22 9월 20일
3:24 6월 6일
4:7-10 7월 20일
4:16 6월 21일, 7월 20일
5:4 10월 31일

요한계시록

1:9-10 6월 4일
2:4 10월 30일
2:5 11월 21일
3:20 12월 4일
21:5 12월 4일

엮은이의 말

1995년에 디트리히 본회퍼의 글을 모은 선집 《일용할 말씀*Worte für jeden Tag*》
을 출간할 때 이런 고민을 했다. '본회퍼의 글을 이렇게 발췌하여 출간해도 될까?
텍스트에 폭력을 가하는 것은 아닐까? 그의 생각들의 연관성을 깨뜨리는 것은
아닐까? 그렇다면 이게 무슨 유익이 될까?'

이에 대한 대답을 여러 독자가 해주었다. 그들은 《일용할 말씀》을 읽고 본회퍼의
삶과 그의 책에 관심을 갖게 되었으며, 또한 자신의 삶을 돌아보고 생각하게
되었다고 했다.

이제 나는 이 책 《본회퍼와 함께하는 하루》를 통해 내가 전에 던졌던 질문을
다시 던져 본다. 본회퍼가 1927년부터 1944년 사이에 쓴 텍스트를 시간순으로
배열하지 않고 월별 주제로 엮었다.

"인식은 삶의 특정 순간 얻어진 것이다. 따라서 인식은 삶과 분리되지 않는다."
1935년 본회퍼가 적어 놓은 글이다. 그러나 삶을 통해 얻어진 인식을 시간순으로
배열하지 않고 섞어 배열했을 때 본회퍼 사상에 대한 새로운 이해가 가능해진다.
아마도 독자는 에버하르트 베트게(**Eberhard Bethge**, 1909~2000)가 형제처럼
지내던 친구 본회퍼에게 다음과 같이 쓴 편지를 공감하게 될 것이다.

"형은 생각이 결정結晶처럼 지나치게 굳어지면, 그 생각들을 다시 한 번
휘저어서 다른 조합으로 나타나게 하여 바라보는 사람을 고취시키고 오랫동안
만족시킵니다."

이 책의 하루하루 제목과 본문은 〈디트리히 본회퍼 작품 전집*Dietrich*
Bonhoeffer Werke〉의 원문에서 가져온 것이다.

성경 구절은 본회퍼가 적어 놓은 대로 옮겼고, 〈디트리히 본회퍼 작품 전집〉의
편집자들이 각주에 단 것을 다시 본문에 표기하고 도표로 만들어 책 뒤에
부록으로 넣었다. 표기된 구절들을 읽어 볼 것을 권한다. 본회퍼는 성경을
위대한 말씀으로 여기기 때문이다. 말씀 안에 잠자고 있는 위대한 힘이
태초로부터 그랬던 것같이 지금까지도, 그리고 모든 세대를 통해 그러했듯 곧
능력을 발휘할 것이다.

사람이 진지하게 성경에 질문을 던진다면 성경은 모든 질문에 대한 답이 된다고
본회퍼는 확신한다.

"이날들을 그대들과 더불어 살고 싶습니다." 이 구절은 1944년 말에 쓴 시 '선한
힘들에 감싸여'의 한 구절인데, 이 책(독어판)의 제목이 되었다. 이 구절에 대해
지극히 개인적인 평을 쓴 사람이 있다.

"본회퍼가 새해로 가는 이날들을 약혼녀, 부모, 친구들과 더불어 '살며' 힘차게
새해를 향해 나아가고자 하는 의지를 감옥의 벽도 막지 못할 것이다. 이러한
확신을 몇 마디 말로 표현한 것을 보니 감동이 밀려왔다"(알브레히트 쇤헤어).

본회퍼가 오늘의 우리에게 물려준 유산 중 하나는 "타인을 위해 존재한다"는 것이
무엇인지를 매일 체험하며 살게 해준 것이다.

이 책은 2005년과 2006년에 본회퍼(순교 60주년, 탄생 100주년)를 기념하면서 그의
작품을 새롭고 특별한 방법으로 출판한 것이다. 귀터슬로어 출판사가 수년 전에
크리스천카이저 출판사를 인수해 본회퍼와 카이저 출판사 사이에 1933년부터
시작된 역사를 계승해서 오늘날까지 그의 작품을 출판하고 독일어권을 넘어

여러 외국어로 번역 출판을 도모하게 되었다. 1993년 이후 이러한 중요한 일을 맡아서 해온 귀터슬로어 출판사 직원들에게 감사를 표한다. 출판사의 원고 심사부로 이 책을 소개해 준 크리스텔 게어만 씨에게 감사한다. 이 원고를 수집하는 데 도움을 주고 텍스트 선택에 비판적 조언을 해준 아내에게 감사한다. 본회퍼의 삶과 작품은 지난 수십 년간 세계적인 관심을 끌었다. 그가 태어난 1906년 2월 4일과 그가 비명에 간 1945년 4월 9일 사이에는 39년의 삶밖에 없다. 명상과 설교, 묵상과 편지, 비망록에서 만나는 그의 사상은 지금 우리 시대에도 놀라울 만큼 적용되며 '그리스도인의 세상에서의 삶'이 어떠해야 하는지 가르쳐 준다.

만프레드 베버

옮긴이

권영진 Lukas Y. Kwon
1956년 대구에서 출생하여 서울대학교 생명과학대를 졸업했다. 대학 시절 선교단체 간사로
활동했으며 1980년 CMI Europe 소속으로 독일에 자비량 선교사로 파송되어 캠퍼스 제자
사역에 헌신했다. 국제 개혁신학대학원대학교(M. Div.)에서 공부하고 현재는 CMI Germany
일용할 양식부 책임간사로 사역하며 독일 프랑크푸르트에서 인터네셔날 교회, 포도나무 교회
(Weinstockgemeinde)를 협동목회로 섬기고 있다.
저서로는《아둘람으로 가는 길》(뉴스앤조이, 아내 권영선과 공저),《엘베강변 하얀 언덕 위의 친구들》
(예영커뮤니케이션)이 있고, 역서로는《진노의 잔》(홍성사)과《사비네 발》(홍성사, 아내 권영선과 공역)
이 있다.

송상섭 Daniel Song
서울대학교 불어교육과를 졸업했으며 독일 하이델베르크 신학대학과 마틴 부처 신학대학에서
신학(M. Div.)을 공부했다. 현재 유럽개혁신학원 원장을 맡고 있으며, 프랑크푸르트 개혁교회에서
사역하고 있다.

본회퍼와 함께하는 하루

So will ich diese Tage mit euch leben

2014. 12. 4. 초판 1쇄 인쇄
2014. 12. 10. 초판 1쇄 발행

지은이 본회퍼
엮은이 만프레드 베버
옮긴이 권영진 · 송상섭
펴낸이 정애주
곽현우 국효숙 김기민 김의연 김준표 김진성 박상신
박세정 박혜민 송승호 염보미 오민택 오형탁 윤진숙
임승철 정한나 조주영 차길환 한미영

펴낸곳 주식회사 홍성사
등록번호 제1-449호 1977. 8. 1.
주소 (121-885) 서울시 마포구 양화진4길 3
전화 02) 333-5161
팩스 02) 333-5165
홈페이지 www.hsbooks.com
이메일 hsbooks@hsbooks.com
트위터 twitter.com/hongsungsa
페이스북 facebook.com/hongsungsa
양화진책방 02) 333-5163

• 잘못된 책은 바꿔 드립니다.
• 책값은 뒤표지에 있습니다.

ISBN 978-89-365-0325-3 (03230)